JN013018

ビジネス・リサーチ

佐藤郁哉

はしがき

　本書は、社会調査の方法論に関する入門的な解説書です。「方法論」という言葉には、いかにも専門書というイメージがあったりして、何となく敬遠したくなるかも知れません。しかし、この本ではむしろ、ふだんの生活でも触れることが多いビジネス関連の情報との「つき合い方」に重点を置いています。

　実際、私たちのまわりには、企業経営や経済動向に関する情報があふれ返っています。その種類は多岐にわたっており、質という点でもかなりのバラツキがあります。まさに玉石混淆なのです。たとえば、新聞や雑誌あるいはインターネット上には、各種の業界や市場の動向に関するデータや記事が掲載されることが少なくありません。また、ビジネス誌や経済誌などには、特定の企業が達成した目覚ましい経営業績やその立役者であったとされる経営者のエピソードが紹介されています。

　当たり前のことですが、それらの記事や情報は、たとえ詳細な数値データが大量に盛り込まれた図表やグラフが添えられていたとしても、決して、現実世界を一点の曇りもなく正確に映し出す鏡などではありません。それらは全て、何らかの意図のもとに、どこかで誰かの手によって収集されたデータを特定の方法で加工した末に出来上がってくるものなのです。

　したがって、ビジネス関連の情報についてその質を見きわめながら読み解いていくためには、調査データの「作られ方」について最低限の知識を身につけておくことがどうしても必要になります。また、料理や運転の仕方あるいは PC の操作法などと全く同じように、調査法（「作り方」）について知るためには、解説書やマニュアルを何冊も読むよりは実際に調査をおこなってみることが何よりの近道です。

調査（＝謎解き）の魅力

　本書では、以上のような点を踏まえた上で、読者が何らかのテーマを設定して調査を実施してみることを想定して、その際の基本的な考え方

や具体的な方法について解説していきます。

　特に重視したのは、調査の企画や設計をめぐる一連の作業です。その中には、たとえば、特定の研究テーマに関連するリサーチ・クエスチョン（問い）を立て、それに対応する仮説（仮の答え）を設定していく作業が含まれます。また、最終的な調査報告書や論文の構成を念頭に置きながら分析図式を組み立てていく際の手順や、調査対象となる事例を選び出した上で、具体的なデータの収集方法の詳細について決めていくことも非常に重要です。

　本書で調査の「基本設計」に関するこれら一連の作業に焦点をあてて解説することにしたのには、主に２つの理由があります。

　１つは、調査の設計（デザイン）は、調査活動を通して得られるデータや情報の本質的な価値を左右するほど非常に大きな意味を持っている、というものです。

　当然ですが、まともな設計図もなしにイキナリ建築工事に取りかかったとしたら、とんでもない欠陥住宅が出来上がってしまうでしょう。同じように、いい加減なデザインをもとにして実施された欠陥調査で得られたデータの情報価値はほとんどありません。もっとも実際には、「何をどこまで明らかにしたいのか」という点すら曖昧なままに実施されてしまうアンケート調査は、それこそ山のように存在しています。その種の、「出たとこ勝負」的な調査にありがちな問題を的確に見抜いていくためにも、調査の基本設計に関わるルールや「作法」について改めて確認しておく必要があるのです。

　本書で調査デザインに重点を置いて見ていくもう１つの理由は、従来の教科書や調査法のマニュアルなどではその種の作業について必ずしも十分な解説がなされてこなかった、というものです。

　調査計画の策定には、ある意味で、前人未到の地への探検旅行を企画していく際の作業に似たところがあります。実際、そもそも調査というのは、まだ誰にもよく分からない事柄があるからこそ、その事実の解明を目指しておこなわれるものです。その意味で、調査研究には、本来、知的興奮をともなう「謎解き」としての魅力と独特の面白さがあるはず

なのです。

　ところがどういうわけか、通常の入門書の多くは、本来そのように大きな魅力や楽しさと面白さがあるはずの、調査の設計に関わる作業については、ごく簡単な紹介程度で済ませています。その一方で、データの収集や分析に関する各種の調査技法については、かなりのページ数を割いて詳しく説明しているのです。

　本書では、従来の解説書や教科書の解説では不足しがちだった以上のような部分を補っていくためにも、調査全体の設計に関わる基本的な考え方を中心にして説明していくことにしました。

技法論ではなく方法論

　一方でこの本では、具体的な調査テクニックについては、ほとんどふれていません。つまり本書では、データを収集する際に使われる調査技法（質問紙法、インタビュー、現場観察など）やデータ分析の方法（統計解析、観察情報や文字資料の分析など）については特に解説を加えていないのです。

　これは1つには、調査技法に関わる事柄については、既に優れた解説書や教科書が何点も存在しているということがあります。本書では、むしろそれらの本ではあまり詳しく解説されてこなかった事柄を取りあげます。

　たとえば、魅力的な問いの立て方や「美しい」分析図式の組み立て方、あるいは、研究テーマにとって最もふさわしい事例を選び出していく際の目のつけどころなどです。また、この本では、教科書や通常のマニュアルなどでは主に建前的な原則しか述べられていない事柄や初学者が見落としがちな「盲点」などについても比較的詳しく解説しています。

　要するに、本書では主に、データの収集と分析に関するテクニックという意味での「技法論」ではなく、その前提となる「方法論」について解説していくのです。

本書の構成

　本書は全部で 9 章から構成されています。

　導入部の第 1 章では「リサーチ・リテラシー」、つまり調査によって得られた情報の質について見きわめたり、質の高い情報を有効に活用したりしていくための基本的な能力の重要性について確認します。

　第 2 章以降では、次の 8 つの項目について解説していきます。

・リサーチ・クエスチョンの設定（第 2 章）
・仮説の構築（第 3 章）
・論文のアウトラインの決定（第 4 章）
・先行研究の検討（第 5 章）
・実態把握と因果推論の関係の確認（第 6 章）
・分析図式の作成（第 7 章）
・事例の選択とサンプリング（第 8 章）
・社会的測定の本質的性格についての検討（第 9 章）

　以上の 8 章は 3 つのパートに分けられます。

　第 1 部（2 章・3 章）では、調査研究というものが「何らかの問いに対する答えを提供するものである」という、非常に重要でありながら、ともすれば忘れられがちな点について改めて確認します。ついでそれを踏まえて、リサーチ・クエスチョンを魅力的な「謎」として育てていき、またそれに対応する仮説（仮の答え）を、調査全体のプロセスを通じて徐々にきたえあげていく際のポイントについて解説していきます。

　第 2 部（4 章〜7 章）では、最終的に書き上げられる報告書や論文のストーリーラインを念頭に置いて調査全体の設計をおこなう際の要点とコツについて見ていきます。この部分で特に強調しているのは「先行研究」、つまり、過去におこなわれた調査研究のアイディアや情報を踏まえて調査を構想していくということです。また、原因と結果の関係を明快な分析図式（モデル）の形で表現することによって、調査全体の骨組みを明らかにしていく際のポイントや注意事項について解説します。

第3部（8章・9章）は、実際にデータ収集と分析の作業に入る前に確認しておかなければならない2つの点について解説します。1つは、調査研究を進める上で最適の調査対象を戦略的に選び出していく、「サンプリング」と呼ばれる作業の基本的な性格です。もう1つは、統計情報をはじめとする各種の数値データの価値や質を見きわめるための「データ鑑識眼」を身につけていくことの重要性です。

想定される読者層と本書の使い方

　本書の主な読者として想定しているのは、卒業研究などの一環として初めて調査研究に取り組むことになった学部生です。実際、この本は、私が前任校と現在の本務校である同志社大学の商学部で担当してきた、ゼミナール演習における卒論指導の際に使用してきた教材がベースになっています。

　本書は、そのような「ゼミテキスト」という用途以外にも色々な使い方ができるでしょう。たとえば、講義形式でおこなわれる授業の教科書として使用する場合には、各章を1回ないし2回の講義に割り当てることになると思われます。

　実際に私は、本書の草稿を学部生向けの「ビジネス・リサーチ」という講義でテキストとして使ってきました。その経験からすれば、第2章、第3章、第6章、第7章などの内容については、簡単な実習やクイズなどを織り込んだ上で2回ないし3回程度の講義で説明していく必要があると思われます。なお、第5章で紹介している、オンラインデータベースを活用した文献検索については、受講者全員が教室にPCやタブレットを持ち込んで検索実習をしてみるとかなり効果的でしょう。

　本書は、副読本として使うこともできると思われます。たとえば、私は修士課程の初年度科目として「研究基礎」という方法論の講義を担当しています。その講義の受講生には、既に学部時代に何冊か調査法のテキストを読んだことがあり、また実際に調査経験もある大学院生が含まれています。そのような受講生には、改めてこの本の草稿を読んでも

らった上で講義内での実習なども通して、調査デザインを策定していく際に重要となるポイントについて確認してもらうようにしました。

　もっとも、修士論文や博士論文を作成する際には、調査法の基本的な考え方についてもう少し詳しく検討しておく必要があるでしょう。そのような場合は、本書の姉妹編である『社会調査の考え方［上］［下］』（東京大学出版会）に目を通してみることをおすすめします。その姉妹編では、具体的な調査テクニックについても、実験、サーベイ（質問表調査）、フィールドワーク（現場観察とインタビュー）、既存資料の分析という４つの代表的な技法に分けて、それぞれの技法のエッセンスについて解説しています。

　なお本書の執筆にあたっては、独習用の教材として使われる場合も想定しておきました。そのために、これまで本格的な調査をおこなった経験が全くない読者の場合でも、一種の読み物として読めるように工夫をしてみたつもりです。たとえば、この本の中で優れた研究事例として取りあげている経営学書などについては、特に予備知識が無くても理解できるように、ある程度のページを割いてコラムや「補論」の形で紹介しました。そのような事情もあって、本書は学部生向けの教科書としては少しばかり分厚いものになっています。

　本書には、さまざまな講義の経験やゼミナール演習における論文指導の体験などを通して私自身が学んできた内容が盛り込まれています。特に、それらの授業や演習の際に学生や院生の皆さんから得たフィードバックは、何物にも代えがたい貴重な情報としてこの本の骨格をかたちづくっています。また、同志社大学商学部の同僚の崔容熏、髙橋広行、太田原準、河合隆治、山内雄気の諸先生には、草稿段階の原稿に目を通していただき数々の貴重ご意見とご指摘を頂戴しました。原稿を最終的に本にしていく際には、東洋経済新報社の中山英貴さん、佐藤敬さんに、全体の分量の減量化（ダイエット）や出版時期の調整なども含めてさまざまな点でご苦労をおかけすることになってしまいました。

　以上の皆さんに、この場を借りて改めて感謝の念を捧げたいと思いま

す。

　最後に私事にわたって恐縮ではありますが、日本と米国での大学院時代を含めて、この本に盛り込まれた調査研究（リサーチ）の基本的な発想について学ぶ上で大きな糧となった、長期にわたる学生生活を物心両面で支えてくれた父の亨と母のはま子、そしてまた国内外での調査で留守がちの家庭を守り、健哉、悠大、茉央という３人の子どもたちを一緒に育ててくれた妻の妙美に心から感謝していることをここに記しておきたいと思います。

　2020 年 11 月 3 日　京都今出川にて

佐藤 郁哉

CHAPTER
3

仮説をきたえる
「仮の答え」をめぐる 5 つの病いとその治療法　59

<table>
CHAPTER
4
</table>

論文のストーリーラインを踏まえて
調査を企画し実行する
ワイングラス（IMRAD）の効用　　　　105

CHAPTER
7 リサーチ・デザイン
調査企画における計画と創発　213

リサーチ・リテラシーを目指して
健全な懐疑心を身につけていくために

　「クズ中のクズですね！」。『ハラスメントゲーム』は、2018年10月から12月にかけてテレビ東京系で放映されていた痛快なテレビドラマです（脚本：井上由美子、出演：唐沢寿明・広瀬アリス・古川雄輝ほか）。上にあげたのは、大手スーパーの本社でコンプライアンス室室長をつとめる主人公の秋津渉（わたる）（演：唐沢寿明）が、各回のドラマの山場で、ハラスメント行為の加害者に対して放っていた決めゼリフです。いわゆる「アンケート」などをはじめとする各種の調査報告やそれをもとにして書かれた新聞や雑誌の記事を眺めていると、このドラマの主人公と同じように、思わず「クズ中のクズ」とでもつぶやきたくなってしまうことがあります。

1 GIGO（屑入れ屑出し）とは？

1-1　調査結果が無意味で無価値なものになる理由

　社会調査の世界では、GIGO（ガイゴウ）という言葉がよく使われます。Garbage In Garbage Out の略語であり、「屑入れ屑出し（くず）」と訳すことができます。もともとは情報処理に関する一種の警句（けいく）であり、そのメッセージは次のようなものです——〈どのような優れたコンピュータ・プログラムであっても、インプットされる情報が意味のない「ガーベージ（屑）」であれば、アウトプットとして出てくる結果もガーベージのような、無意味で無価値なものでしかない〉。

　この警句は、ある時期から、社会調査の関係者のあいだでも使われるようになりました。つまり、調査データの質が低ければ、どのように高

度な解析手法を適用したとしても調査結果は無価値なものにしかならない、というわけです。上の図は、そのような状況をイラストとして示しています。

調査結果がほとんど価値のないものになってしまう理由としては、データの質をめぐる問題以外にもさまざまなものがあげられます。たとえば次章で見ていくように、テーマ設定の段階で根本的な思い違いをしているような場合、その調査の結果はほとんど無意味なものになりかねません。一方で、たとえ筋の良いテーマを設定しており、良質のデータが収集できていたとしても、その貴重な調査データを分析したり解釈したりしていく際に思わぬ失敗を犯してしまうこともあります。

どちらのケースも、調査結果はあまり意味のない情報、場合によっては文字通り「クズ」としか言いようのない無価値なものになってしまいます。さらに最悪の場合には、重要な意思決定に際して致命的な誤りを引き起こす有害な情報になることさえあるのです。

1-2 「健全な懐疑心」の必要性

現代社会には、まさに「ガーベージ」とでも言えるようなデータや情報があふれています。たとえば、主要各紙誌を含む新聞や雑誌に紹介さ

れているいわゆる「アンケート調査」に関する報告は、そのかなりの部分が無価値な情報であると言っても過言ではありません。全く同じことが、各種のランキング（企業ランキング、大学ランキングなど）についても指摘できます。さらに、官公庁が発表する統計データや報告書の中にも、かなり問題のある手法で収集・分析された情報が含まれています。

それらの深刻な問題を含む情報は、調査法に関するどんな初歩的な入門書にも書いてあるはずの——もしくは「書かれていなければならないはず」の——ルールを守っていないことによって作り出されてきたものです。しかし、同じような誤りは、調査の専門家であるはずの大学関係者や調査会社の関係者が発表してきた論文や報告書の中にも、比較的高い頻度で見つけることができます。

その点からしても、私たちは「**健全な懐疑心**」、つまり各種の調査報告を鵜呑みにして信じ込まないようにする心構えを身につけておく必要があると言えるでしょう。

2 全ての人にとって必要なリサーチ・リテラシー

2-1 調査に関する読み書き能力

ガーベージ的な調査データを重要な意思決定（進学、就職、経営計画の策定など）に際して不用意に使ってしまうと、重大な判断ミスを犯すことにもなりかねません。こうした事態を避けるためにどうしても必要になってくるのが**リサーチ・リテラシー**です。調査によって得られた情報の質を見きわめたり、質の高い情報を有効に活用していく上で最低限必要とされる能力のことです。

現代社会では、リサーチ・リテラシーは「**情報リテラシー**」と呼ばれる能力の中でも特に重要な要素の1つになっています。情報リテラシーという場合、普通は、コンピュータをはじめとする情報機器を使いこなして情報（化）社会を生き抜いていくための能力を指します。他方で、広い意味での情報リテラシーには、自分自身の手で情報を作り出し、それを他の人たちに分かりやすく、また誤解のないように適切な

形で伝えていくための能力も含まれることになります。実際、「リテラシー（読み書き能力）」という言葉自体には、本来、「読み」の能力だけでなく「書き」の能力も含まれているのです。

　本書で解説していくリサーチ・リテラシーについても、「読む力」だけでなく「書く力」が重要な要素になっています。したがって、この場合のリサーチ・リテラシーは、単に社会調査にもとづくさまざまな報告（調査報告書、各種データベース、新聞・雑誌の記事、学術論文等）に盛り込まれている情報を確実に読み取っていく能力だけを意味しているわけではありません。それに加えて、みずから適切な形で調査をおこない、またその結果を的確に表現していく上で要求される能力やセンスが含まれているのです。

2-2　基本的なリサーチ・リテラシーの必要性

　とはいえ、ほとんどの人には社会調査をみずから実施する機会はあまりないでしょう。しかし、そのような調査をもとにして提供される情報の純粋な「消費者」に近い立場にある人にとっても、基本的なレベルでのリサーチ・リテラシーは不可欠です。というのも、社会調査による情報は、さまざまな形で私たちの生活に大きな影響を及ぼしているからです。

　たとえば住民意識調査や世論調査をはじめとする「アンケート調査」の結果は、自治体あるいは国家レベルでの政策決定にあたって重要な根拠にされることが少なくありません。また、その政策次第では、貴重な税金が無駄に使われたり、公共サービスのあり方（教育、医療、通信など）に対して思わぬ影響を及ぼしてしまうことがあります。したがって納税者である私たちは、そのような政策がどれほど信頼できる調査にもとづいて策定されたものであるかという点について「目を光らせて」おく必要があると言えるでしょう。そのためにも、最低限度のリサーチ・リテラシーは不可欠になります。

　また、各種のマーケティング・リサーチの情報が、特定の消費者層をターゲットとする広告を介して私たちの行動を左右しているという点も

よく知られています。この点は、近年の情報技術の驚異的な進歩によって、より巧妙なアプローチがとられるようになってきました。たとえば、以前検索したことのある商品やサービスに関連する広告が、次にインターネットを利用した時に自動的に表示されている、という経験をした人は少なくないはずです。これは「ターゲティング広告」などと呼ばれる手法の一種ですが、これも調査にもとづく情報が私たち消費者の行動をたくみに誘導する上で使われている例だと言えます。

2-3 賢明な意思決定をおこなうために

　私たち自身が重大な意思決定をおこなうにあたって、各種の調査データを参考にしていくような場合には、より高いレベルでのリサーチ・リテラシーが必要になってきます。

　たとえば、自分自身あるいは家族の進学ないし就職活動にあたっては、進学先や就職先についてできるだけ多くの情報を集めようとするでしょう。それらの情報の中には、十分に信頼できるものもあります。しかしその一方には、たとえば各種の大学ランキングのように、不確かな手法にもとづいて作成されたものが少なくありません。実際、一般に流通している調査データというのは、文字通り玉石混淆と言っても過言ではないのです。

　したがって、私たちは、それらの情報の真偽や正確さあるいは精度について慎重に見きわめた上で意思決定をおこなっていく必要があると言えます。他の種類の商品やサービスの場合と同じように、社会調査の質を厳しく選別することができる消費者としての知識や鑑識眼を育てていく必要があるのです。また、そのような消費者の厳しい視線にさらされてこそ、個々の調査データの質が向上していくだけでなく、社会調査という活動それ自体の質が上がっていくに違いありません。

3 段階のリサーチ・リテラシー

3-1 **「情報の生産者」に要求される基本的な能力と職業倫理**

　以上の解説から浮かび上がってくる重要なポイントが1つあります。それは、必要とされるリサーチ・リテラシーやそのレベルは、その人が置かれた立場や職業によって異なる、ということです。実際、通常の意味でのリテラシー（読み書き能力）の場合も、文章を書くことが本業になっている人々（作家、ジャーナリスト、評論家など）には、一般の読者とは本質的に異なるレベルの能力と職業倫理が求められるはずです。それと全く同じことが社会調査についても言えます。

　本格的な調査を実施してデータや情報を提供することを職業にしている、いわば「プロ」の調査者には、本来、その職業活動を通して得られる報酬や社会的評価に見合うだけの能力が要求されます。また、専門家としての活動には、当然、倫理的責任がともないます。そのような「調査のプロ」ないし「調査のエキスパート」には、たとえば、調査会社やシンクタンク、コンサルティング企業の関係者あるいは大学教員などが含まれます。また、統計調査関連の実務にあたる官庁職員なども情報の生産者であり、プロの調査者としての実行責任と結果責任を負っていると言えるでしょう。

　もしそれらの人々がみずからの立場や職業にふさわしい能力を持っておらず、そのため質の低い欠陥だらけの情報しか提供できなかったとしたら、それは一種のスキャンダルに近い事態です。社会的な悲劇であるとさえ言えるでしょう。

3-2 **エビデンス・ベーストとは？**

　一方で、近年さまざまな分野で「**エビデンス・ベースト（evidence-based）**」という点が強調されるようになってきました。

　これは、医療の分野における「**エビデンス・ベースト・メディスン（EBM）**」という考え方が起源になっています。つまり、診断や治療に際して、病理学の知識や臨床経験だけでなく、疫学研究や臨床実験など最

新の科学研究の成果を活用した総合的な判断を重視する、という発想です。

　この考え方は、その後、国家政策や経営の世界にまで適用されるようになり、「エビデンス・ベースト・ポリシー・メイキング（EBPM）」（公共政策）、「エビデンス・ベースト・マネジメント（EBMgt）」（組織経営）などが強調されてきました。要するに、「勘と経験と度胸」あるいは「思惑や忖度」ではなく、きちんとした科学的根拠にもとづいて物事を計画し、また実行していこう、という考え方です。

　当然ですが、そのような筋の通った確実な意思決定の根拠となる「エビデンス」には、高度の精度と正確さとが要求されます。それは取りも直さず、エビデンスとなるデータや情報の生産者であるプロの調査者に対しては高い能力とモラルが要求される、ということでもあります。

　　Column　アンケート調査は百害あって一利なし？
　　　　　　——「アンケート」ではなく「質問表調査」を

　少し意外に思えるかも知れませんが、実は、研究者や調査会社あるいは大手広告代理店やシンクタンク（総合研究所）の関係者、つまり調査のエキスパートであると思われる人々が公表してきた調査報告にもかなり深刻な問題があるものが少なくありません。このような調査が抱えている問題を見きわめていく上で重要なポイントになるのが、それらの関係者や組織・機関が「アンケート」という言葉を無造作な形で使っているかどうか、という点です。というのも、アンケートないしアンケート調査という言葉の不用意な使用は、調査法について無自覚であるという点を露呈しているからです。

　実際、アンケートは正式の学術用語などではなく一種の俗語に過ぎません。たとえば社会学などの専門分野の事典や辞典では、アンケートについて「不正確な調査」という位置づけがなされています（この点については、本書の姉妹編の『社会調査の考え方［上］』の第1章で詳しく解説しています）。

ですので、ここでは、アンケートに替えてたとえば「質問表調査」や「サーベイ」などの言葉を使うことを提案したいと思います。ただし、質問表への記入を要請される人々の抵抗感を和らげることを意図して「アンケート」を使うような場合（たとえば、いじめ行為に関する調査など）は、当然全く別の配慮が必要になってきます。

　なお、質問表のデザインやレイアウトに関する基本原則については、鈴木淳子『質問紙デザインの技法』（ナカニシヤ出版）が参考になります。また、ビジネス関連の質問表調査に関しては、山田一成『聞き方の技術』（日本経済新聞出版社）が必読書だと言えるでしょう。

3-3　2種類のプロ——調査者と発注者

　もっとも、ひと口に「調査のプロ」とは言っても、業務の一環として調査活動にたずさわる人々の中にはさまざまな立場や役職の人々がいます。また、その仕事の内容や立場の違いに応じて異なる種類の能力やセンスが要求されます。これについては、「調査者」と「発注者」に分けてみると理解しやすいかも知れません。

　ふつう調査のプロといってまず頭に浮かぶのは、調査票を設計したり、現場でデータを収集し、またそのデータの分析にあたったりする人々のことでしょう。この本で調査者（生産者）と呼ぶ、これらの人たちには、まさに調査のエキスパートとしての**専門力**とセンスが要求されます。つまり、実際にデータの収集や分析をおこなう上での技術的な知識やノウハウが必要になってくるのです。時には、「職人技」とも言えるようなコツ、あるいはまた調査現場の状況にあわせて微妙な調整をおこなうためのノウハウを体得することも求められます。

　一方で、職務の上で調査に関わる人たちの中には、みずからは調査をおこなわずに、第三者に調査の実施を依頼して、その結果の提供を求める人々もいます。たとえば、企業の調査部門や官庁の担当者は、自分自身は調査活動に直接関わることなく、調査会社やコンサルティング企業などに対して調査を発注することがよくあります。

　そのような**発注者**の場合、必ずしも調査データの収集や分析をおこな

図表1-2　3種類のリサーチ・リテラシー

	身につけるべきリサーチ・リテラシー	GIGOとの関係で要求される能力とセンス
消費者	玉石混淆の調査情報の質について判断する**読解力**としてのリテラシー	直観力(「どこかおかしい」)
発注者	調査の基本的な設計を理解し、また調査者の力量を見きわめることができる**鑑識力**としてのリテラシー	眼力(「どこがおかしい」)
調査者 (生産者)	情報価値の高いデータを生み出すことができる優れた**専門力**としてのリテラシー	修正力(「どこを直すべきか」)

う上での具体的なテクニックに関する知識やノウハウは必要ではないかも知れません。しかし当然ですが、彼ら・彼女らには、最終的に「納入」されてきた調査による情報の質を的確に見きわめられる**鑑識力**ないし鑑識眼が要求されます。

　また、実際の作業を請け負う調査会社やシンクタンクあるいは大学などの公的機関に対して、調査の基本的な仕様(スペック)を確実な形で指定しておく必要があります。つまり、「どのような問題について、どのような範囲の調査対象を想定して、どの程度の精度の情報を入手して分析すればいいのか」というような点について具体的な指示ができなければならないのです(建築に喩えれば、調査者が施工業者であるのに対して、調査の発注者は設計事務所の役割を担っていると言えるでしょう)。

　したがって、発注者の鑑識力の中には、調査データの質だけでなく、調査を請け負う組織や機関あるいは担当者の力量についても正確に見きわめることができる能力が含まれることになります。

3-4　3段階のリサーチ・リテラシー
──「どこかおかしい」から「どこを直す」まで

　上の図表1-2は、調査者と発注者、そして純然たる消費者に要求される種類のリテラシーを一覧表形式でまとめたものです。

　表の右側の欄には、先にふれた GIGO との関係で必要とされる能力とセンスの特徴を書き添えました。これは要するに、〈重大な欠陥のあ

る調査データに対して、消費者・発注者・調査者という立場の人々がそれぞれどのように対処すべきか〉をまとめてみたものです。

　消費者に最低限必要とされるのは、ガーベージ的な性格を持つ無価値なデータや情報について、「どこかおかしい」と直観的に気づくことができる、一種の読解力とセンスです。そのような直観力さえ身につけていれば、初歩的な誤りが含まれている「欠陥調査」を比較的容易に見破ることができるはずです。先に述べたように、現在の日本には、そのような問題を抱えた調査があふれています。それらの調査に潜む欠陥を直観的に察知することができれば、無意味な情報に惑わされることなく、より的確な判断を下せるようになるでしょう。

　一方、発注者の場合には、データに何らかの問題や欠陥があるという事実に気づくだけでなく、具体的に「どこがおかしい」のかを正しく見抜き、また指摘することができる眼力が備わっていなければなりません。たとえば、ある種の世論調査や市場調査のデータが情報価値に乏しいものになっているのは、ごく一部の限られた人たちから得られた回答を「日本人（消費者）全体の傾向」として扱っているからなのかも知れません。あるいは、調査の際に使われた質問表自体に本質的な欠陥が含まれていたという可能性もあります。発注者である企業や官庁は、そのような問題を含むデータを納入してくる業者に対しては、断固たる対応（再調査の指示、発注停止など）をとらなければなりません。

　当然ですが、納入データの「品質」について最終的な責任を負う調査者としては、もし発注者からそのような指摘を受けたような場合には、即座にその要求に応じて問題を修正しなければなりません。したがって調査者には、具体的なレベルで「どこを（どう）直すべきか」という点に関して的確な判断をおこなうことができる修正力が不可欠になります。

3･5　本書が目指すリテラシーのレベル

３段階のリテラシー

　ここまで述べてきたことからも明らかなように、消費者・発注者・調

	消費者	発注者	調査者
レベル I 直観力：気づく	◯	◯	◯
レベル II 眼力：見抜く		◯	◯
レベル III 修正力：直す			◯

査者という３つの区分は、立場の違いであるとともにリテラシー・レベルの違いでもあります。つまり、「読解力・鑑識力・専門力」ないし「直観力・眼力・修正力」はそれぞれ別次元に属する３種類の能力ではなく、「積み上げ式」に段階を踏んで修得していくべきものなのです。

　実際、調査の方法やデータに含まれる欠陥に気づくことができなければ、調査を実施した人々や機関の力量に関する鑑識眼を養うことなどできるはずはありません。また、調査データについての基本的な読解力や鑑識力がなければ、調査のプロとしての実力を発揮して良質の情報を提供することはできないでしょう。

　このような３つのリテラシー・レベルの関係を図解してみたのが、図表1-3 です。

気づく→見抜く→直す

　この表に示したように、現代社会において調査データや情報の「賢い消費者」として生活していくためには、第一段階（レベル I）のリテラシーを身につけておくことが不可欠です。つまり、データに「どこかおかしい」ところがあると、直観的に気づくことができるような素養を身につけておく必要があるのです。

　一方、発注者の場合には、それに加えてレベル II の能力が必要になります。つまり、調査データの質や調査者の力量を見きわめ、欠陥を含むデータについては、そのデータや調査のやり方の「どこがおかしい」か

という点について的確に見抜くことができなければならないのです。

　さらにデータの「製造責任」を負う調査者であれば、質の高い情報の生産を心がけることは当然ですが、それだけでは済みません。プロフェッショナルである調査者は、データや調査の設計それ自体に問題があることが判明した場合には、具体的に「どこをどう直すべきか」を的確に判断して修正していく（直す）ことができなければならないのです。つまり、調査をおこなう人々は、レベルⅠ、Ⅱ、Ⅲ全てのリテラシー・レベルをクリアしていなければならないのです。

　入門書であるこの本では、図表1-3で言えばレベルⅠに該当する「直観力」を獲得していくことを当面の目標にしています。一方で本書では、レベルⅡ（眼力）およびⅢ（修正力）の能力を獲得していくための土台となる基本的な知識や心得についても解説していきます。

　　Column　「データそのものに語らせる」のウソ
　　　　　　──社会調査と三重のフィルター

　著名な歴史学者で英国ケンブリッジ大学の教授だったE・H・カーは、ベストセラーの『歴史とは何か』で次のように述べています。

　　事実はみずから語る、という言い回しがあります。もちろん、それは嘘です。事実というのは、歴史家が事実に呼びかけた時にだけ語るものなのです。いかなる事実に、また、いかなる順序、いかなる文脈で発言を許すかを決めるのは歴史家なのです（カー、1962：8）。

　全く同じことが社会調査についても言えます。実際、上の引用の「事実」を「調査データ」、歴史家を「調査者」に置き換えてみれば、それはそっくりそのまま社会調査の場合に当てはまります。
　この点に関してよくある誤解の1つに「調査の理想は、データそれ自体に語らせることだ」というものがあります。また、よく「数字は

嘘をつかない」とも言います。しかし、データそのものは決して語りません。調査者である人間が得られたデータについて適切な解釈をほどこし、またその解釈を適切な言葉や文章表現あるいは数値情報によって伝えることによって初めて、まるで「データそのものが語っている」ように見せかけることができるだけなのです。裏返せば、数字に「ウソ」をつかせることはそれほど難しいことではありません。

　これについては、社会的な現実と調査データのあいだには、少なくとも次のような３つの「フィルター」が介在しているという点について改めて確認しておく必要があるでしょう──①視点（分析枠組み）、②指標（尺度）、③利害関心（思惑）。実際、ある対象に関して最終的にどのような調査データが得られるかは、調査者がどのような特定の視点にもとづいてその対象にアプローチし、またそれをどのような指標ないし尺度（モノサシ）を使って測定した上でデータとして加工しているか、という点に左右されます。また、その視点や指標の選択に関しては、何らかの利害関心や思惑がその背景にあることも珍しくありません。以上の三重のフィルターのどれか１つにでも違いがあれば、最終的なデータや情報の内容とその解釈には大きな違いが生じることになります。

4 「座学」の効用と限界──やってみなければ分からない

4-1 レベルⅢについての解説は必要だろうか?

　ここで少し不思議に思えてくるかも知れません。というのも、本書は入門書であるはずなのに、調査者が身につけていくべきレベルⅢの能力についてまで解説するというのは、少し「欲張りすぎ」のようにも思えるからです。自分自身が本格的な調査をおこなうことなどまずあり得ないだろうと思っている読者も多いことでしょう。

　しかし、少し考えてみれば明らかなように、物事には実際に体験してみることによって初めてよく理解できる、という種類のものが少なくありません。たとえばコンビニエンスストアや飲食店などでのアルバイト

経験が一度でもあれば、それらの店舗における業務には、来店客として外側から見ているだけでは、ほとんど理解できない面があるということが実感を通して理解できていることでしょう。同じように、文章の読み方や書き方に関しても、自分で作文をしたことがあるのとないのとでは、見方が全く違ってきます。

4-2　実習体験のすすめ

　それとほとんど同じことが、社会調査についても言えます。自分で研究テーマを設定し、また実際にデータを収集して分析してみた経験が一度でもあるのと無いのとでは、調査の結果として提供される情報の有効性や限界に関する理解の程度は全く違ったものになります。

　たとえば、一度でも自分で質問表——俗に言う「アンケート」——を作ってみた経験があれば、文章だけで回答者から情報を引き出すということがどれだけ難しいものであるかが実感として理解できるはずです。また、試しに友達や家族など身近な人を相手にして簡単なインタビューをしてみてもいいでしょう。そうすれば、限られた時間内で必要な事柄について聞き出した上で、それを「データ」として使えるような形で文字の記録としてまとめることがいかに実に難しく、また手間のかかる作業であるかが理解できるに違いありません。

　ですから、読者の皆さんには、一度でもいいですから何らかの調査をおこなってみることをお勧めします。この本は、もともと入門的な教科書として使われることを想定して書かれています。少人数のゼミナール用のテキストとして使われる場合などを除けば、受講者数の関係もあって「座学」が中心となる場合も多いでしょう。しかし、ごく初歩的で小規模なもので構いませんので、何らかの形で実際の調査を体験してみることは、レベルⅠやレベルⅡのリサーチ・リテラシーを身につけていく上でも非常に効果的なのです。

　そのような実習体験を通して初めて見えてくるのは、新聞や雑誌の記事あるいは研究論文など、形で提供されている情報の背景にある調査現場の事情です。それは取りも直さず、それらの調査報告で提供されてい

る情報の質について、その「作られ方」まで含めて改めて見直していくということに他なりません。

　以上のような点を踏まえて、第2章以降では、調査研究を実際に企画していく際に配慮しておかなければならないさまざまな問題について、調査データや調査報告書および論文の「作り方」という観点を中心にして解説していくことにします。

考えてみよう

　「エビデンス・ベースト」という発想がさまざまな分野で強調されるようになったのは1990年代に入ってからでした。なぜその時期にこの発想が注目されるようになったのでしょうか。それぞれの分野の特殊事情も考慮に入れて考えてみましょう。

調べてみよう

　新聞や雑誌あるいはインターネット上は、毎日のように「アンケート調査」をはじめとする社会調査の結果が記事として取りあげられています。図表1-2や図表1-3なども参考にしながら、それらの記事を「格付け」してみましょう。

CHAPTER 1　5つのポイント

1.　現代社会には、情報価値があまりにも低い、まさに GIGO（ガイゴウ）としか言いようがない調査データが満ちあふれている。しかし、その種のクォリティの低いデータが私たちの生活に対して深刻な影響を与えている例が少なくない。

2.　調査データに含まれる情報の内容と質を見きわめた上で、質

の高い情報を有効に活用していくためには、基本的なリサーチ・リテラシーを身につけていく必要がある。

3. 身につけるべきリサーチ・リテラシーのタイプは、立場や役割によって変わってくる。それは読解力（消費者）、鑑識力（発注者）、専門力（調査者）という3つの能力に大別できる。

4. 3種類のリサーチ・リテラシーは3段階の能力レベルであり、また、積み上げ式に修得していくべきものでもある。GIGOとの関係で言えば、それは、調査データが抱える欠陥の存在に気づき（レベルⅠ）、欠陥の正体を見抜き（レベルⅡ）、欠陥に対して修正を加えていく（レベルⅢ）ことができる能力である。

5. 真の意味でのリサーチ・リテラシーを身につけていくためには、何らかの形での実習体験が必要とされる。実際の調査体験は、各種の調査報告で提供されている情報の質について深いレベルで理解するための第一歩になる。

問いを育てる
面白くなければリサーチじゃない

　経営学でチャンドラーといえば、一般には、「組織は戦略にしたがう」という命題で知られる経営史学の泰斗アルフレッド・D・チャンドラー（1918-2007）を指します。一方、文学の世界では、何といっても探偵小説の巨匠レイモンド・チャンドラー（1888-1959）です。そのチャンドラーが魅力的な登場人物として造形した私立探偵フィリップ・マーロウには、「タフじゃなくては生きていけない。やさしくなくては、生きている資格はない」（生島治郎訳）という、あまりにも有名な台詞があります。これをもじって言えば、調査研究のテーマについては、次のようになるでしょう――面白くなければリサーチじゃない。独創性がなければ、リサーチと名乗る資格はない。

1 魅力的な調査研究を目指して

1-1 本当はエキサイティングな「リサーチ」

　前章では、「調査」「社会調査」「リサーチ」という３つの言葉を特に区別しないで使ってきました。しかし、日本語で調査というと何となくいかめしくて、しかも少しばかりネクラな感じがしないでしょうか。実際、調査には「捜査」という言葉に近い語感があります。また、国語辞典で【調査】の項を引いてみると、たいてい「取り調べ」という定義が出てきます。その定義から浮かんでくる、いわく言い難い印象は、「身辺調査」とか「身元調査」などの用例を見るとさらに強くなってきます。

　一方、「調査」と一部意味が重なる「探求」や「探検」という言葉の

場合はどうでしょう。こちらの場合は、一転してかなりポジティブな感じがしてこないでしょうか。実は、前章でリサーチ・リテラシーという、一般的にはなじみの薄い片仮名言葉を使った理由の1つには、社会調査という活動が本来持っているはずの、ポジティブで「エキサイティング」な側面を前面に出したかったというものがあります。実際、英語のリサーチ（research）には、もともと積極的な探求という意味合いが含まれているのです。

　色々な辞典にあたって調べてみた限りでは、この点について最も明快な形で解説しているのは、次にあげるウェブ版のオックスフォード英語辞典による定義でした（ゴシック体による強調を加えてあります）。

　【research】the systematic investigation into and study of materials and sources in order to establish facts and reach new conclusions［事実について明確にし、**新しい結論に達するために**おこなわれる、資料や情報源についての**システマティックな探求と研究**］

　上の定義に含まれている幾つかのポイントのうち、この章で解説していく、「調査テーマやそれに関連する研究上の問いの設定」という問題との関連で特に重要なのは、次の2つです。

①調査研究（リサーチ）の目的は**新しい知識や情報を得る**ことにある
②その目的を達成するための手段は**システマティックな探求**でなければならない

1-2　きちんとした手続きで新しい知識や情報を求めていく

　オックスフォード英語辞典で明確に示されているように、「リサーチ」というのは、本来は、まだ誰にもよく分かっていない事柄があるからこそ、その事柄に関する事実を**新しい知識と情報**として獲得するためにおこなわれるものです。すなわち、リサーチの究極の目的は何らかの

「ニュース」を提供することにあるのです。

　当然ですが、ただ単に目新しいだけでは意味がありません。リサーチによって提供される新しい情報は、**システマティックな探求**、つまり、きちんとした調査の手続きを経た上で入手されたものであるべきなのです。この2つ目のポイントが十分に確認されていないからこそ、新聞や雑誌などで大々的に取りあげられてきたいわゆるアンケート調査の多くが、「ガーベージ」のような無意味で無価値な情報をもたらすものになってしまっているわけです。

　それは特に、「アンケートの結果、意外な事実が判明！」などという煽り文句とともに公表される新聞や雑誌の記事について指摘できます。同じようなことは、たとえば、「激変する大学序列!!」「就職人気ランキング激変！」などと感嘆符付きで囃し立てて読者の注意を引きつけようとする大学や企業のランキングに関する特集記事などについても言えます。

　それらの記事は、たしかに一時的には読者の興味を引きつけるものであるかも知れません。しかし、それは本当の意味での面白さではなく、見かけだけの目新しさないし「面白おかしさ」という程度のものに過ぎません。本来のリサーチは、もっと深いレベルでの好奇心や探究心を満足させる情報を含むもの、つまり英語にすれば That's interesting! ないし That's exciting! と言えるようなものでなければならないのです。

1-3　面白いことをまじめに

井上ひさし氏の座右の銘

　優れた戯曲家でありまた小説の名手としても知られた井上ひさし氏は、次のような言葉を遺しています。

　　むずかしいことをやさしく、やさしいことを深く、深いことを面白く、面白いことをまじめに、まじめなことをゆかいに、そしてゆかいなことはあくまでゆかいに。

井上氏が芝居づくりに際して座右の銘にしていたとされるこの言葉には、リサーチに取り組んでいく際にも参考になる貴重な教訓が含まれています。とりわけ、「面白いことをまじめに」の部分が最も重要なポイントです。

　学部学生が卒論のテーマを決めていく際には、面白さ、つまり個人的な興味や関心にもとづいて調査対象を選ぶ例が少なくありません。たとえば、多数の人気アイドルグループを抱える芸能事務所の経営戦略、アニメーション業界の盛衰、SNSの集客効果、恋愛における告白成功要因などといったものがあげられます。

　その時々に話題になっている事柄を調査テーマとして選択すること自体には、何の問題もありません。しかし、個人的に面白いと感じているテーマを他の人たちにも興味を持ってもらえる魅力的な内容に仕立てあげるのはなかなか容易ではありません。

トレンディなテーマの問題点

　というのも、時流に乗ったテーマあるいは「トレンディなテーマ」というのは、まだ先行研究による情報の蓄積が乏しいこともあって、あるレベル以上は掘り下げようがない場合が多いからです。その結果、新聞や雑誌の記事やウェブ上の二次情報、あるいは薄手の新書やビジネス書などに盛り込まれている情報だけで「お茶を濁」すことになり、「興味本位のテーマ選び」と酷評されてしまう可能性があります（このようなトピックをより魅力的な研究課題にしていくためのヒントについては、本章の最後で紹介します）。

　実際、そのようなテーマを選んでしまうと、十分な裏づけがないままに、もっぱら主観的な印象だけにもとづいて断定的な書き方をしてしまうことにもなりがちです。その種の「決めつけ」に過ぎない結論を含む報告であったとしても、調査対象の目新しさだけで一部の人には面白がってもらえることがあります。しかし、それには「俗受け」程度の意味しかありません。井上ひさし氏が「ゆかい」という言葉を使って強調していたのとは全く性格が違う「面白さ」なのです。

繰り返しになりますが、リサーチにもとづく報告というのは新しい情報をもたらす「ニュース」でなければなりません。しかし、一方でその新奇性は「まじめな」調査によって裏打ちされている必要があります。言葉を換えて言えば、調査対象の面白さは、それを分析する際の視点（切り口）の確かさと組み合わされた時にこそ初めて、深いレベルで面白くかつ「ゆかい」なもの、つまり良い意味での好奇心（＝知的好奇心）にアピールするものになるのです。

1-4　究極の理想像＝調査＋研究

足で稼ぐこと、頭で考えること

　上で述べたような、深いレベルで面白くてしかも確かなデータに裏付けられた調査を指す言葉としてうってつけなのが「調査研究」です。

　この言葉は、「調査」とほとんど同じような意味でかなり無造作に使われる例も少なくありません。また、主に文献をもとにして理論的な検討をすることがメインとなる研究、つまり「理論研究（theoretical research）」と区別するために、実際にデータや資料を収集しておこなう研究を指すものとして調査研究（英語で言えば、empirical research［実証研究］）という言葉を使うこともあります。

　しかし考えてみれば、調査研究というのは少しばかり不思議な言葉です。というのも、「調査」と「研究」に該当する英語の単語は両方ともresearch だからです。ですので、この2つの言葉を組み合わせた「調査研究」は「調査・調査」あるいは「研究・研究」という冗長な表現になってしまいかねません。しかし私は、この調査研究という言葉は、リサーチに含まれる「調査」と「研究」という2種類の手続きのあいだの違いと、両者のあいだの理想的な関係を示すものとして非常に示唆的なものだと思っています。その2つの手続きというのは、次のようなものです。

・**調査**＝「足で稼ぐ」──信頼できる確実なデータの収集
・**研究**＝「頭で考える」──得られたデータや情報が、先行研究の知

見や理論的枠組みの中でどのような位置づけになるのかという点に関する的確な把握

調査と研究のバランス

リサーチにもとづいて提案される理論的主張は、信頼できるデータの裏付けがなければ、単なる「頭でっかち」の空理空論になってしまいます。一方で、たとえばフィールドワークなどを通して「足で稼いだ」資料やデータがあったとしても、それだけでは何の意味もありません。実際、それらの情報が同じようなテーマに関する先行研究の蓄積の中でどのような位置づけになるのかが明らかでなければ、かなり困ったことになります。その場合、単に「私は（現場で）見た、聞いた」と報告するだけの見聞録、あるいは小中高段階の「調べ学習」と同じようなものになってしまうからです。実際、そのような見聞録は価値のある「ニュース」を提供することもなければ、深い意味で面白いものにはならないでしょう。

経営現象に関する調査研究が「リサーチ」と呼ぶのにふさわしいものになるためには、この２つの要素、つまり、いわば「靴の底をすり減らして」足で稼いだデータと、頭を使って考え抜いた上で設定した理論的視点の両方が必要になってきます。したがって本書では、この２つの本質的な要素が組み合わされた、一種の理想形のリサーチを指す言葉として「調査研究」を使っていくことにします。

ただし、これはあくまでもプロの調査者がおこなうリサーチを想定した上での究極の理想です。第５章で改めて指摘しますが、初めて調査研究に取り組むような場合には、調査（データの収集）あるいは研究（理論的検討）のどちらかでも可能な範囲で徹底しておこなうことができれば、それだけでも十分と言えるでしょう。実際、調査現場に直接おもむいて「靴の底をすり減らして足で情報を稼いで」くるか、研究テーマについて「脳みそを振り絞って考え抜く」ことさえできれば、それは次のステップにつながっていく貴重な体験になるはずです。

2 研究テーマを「リサーチ・クエスチョン」に落とし込んでいく

2-1 リサーチ＝問いに対する答えを求める作業

謎の解明を目指す

先にあげた研究テーマの新奇性（新しさ・面白さ）と分析の確かさという2つの要素、そしてまた、上で指摘したデータの確実性と理論的検討の徹底という2つのポイントについて考えていく上でのカギになるのが**リサーチ・クエスチョン**という言葉です。

調査の対象やテーマを示す言葉には、「リサーチ・クエスチョン」以外にもさまざまなものがあります。代表的なものとしては、調査課題、問題関心、問題意識、トピック、リサーチ・プロブレムなどがあげられます。これらの言葉の中でもリサーチ・クエスチョンは、**リサーチの本質は、問いに対する答えを求めるところにある**という点を最も的確に示しているという点で、他の言葉よりも格段に優れています。

リサーチというのは、本来、まだよく分からないことがあるからこそ、その解明を目指して実施していくものです。言葉を換えて言えば、リサーチにおける問いは一種の謎（ミステリー）であり、それに対する答え、すなわち「謎解き」の結果として得られるものが新しい知識や情報なのです。

企業経営やビジネスに関連のあるもので、魅力的な謎の候補になりうる研究テーマの代表例としては、たとえば次のようなものがあげられるでしょう。

・創業後わずか数年で成長を遂げてきた新興企業がある時期から突然失速していった経緯とその背景
・同種の製品が軒並み売上を落とし「縮小市場」と呼ばれる状況の中で、むしろ逆に売上高、利益率ともに急激な伸びを見せている製品の快進撃を支えてきたマーケティング戦略の詳細
・大手コンサルティング企業によって提唱され、目覚ましい成功事例が喧伝されていた経営戦略を採用した主要企業の多くが、その直後

に業績不振に陥っていった経緯とその失敗の背後にあるメカニズム

推理小説との類似点

　上の例のように事態の詳細やその背後にあるメカニズム（因果関係）が不明である場合、それらはまさに「謎」と呼ぶに値する状況だと言えるでしょう。またその謎を解明していく作業としてのリサーチが首尾良くおこなわれたあかつきには、貴重な知識や情報がもたらされるに違いありません。

　このように謎を解き明かしていくことを目指すという点で、調査研究は推理小説（ミステリー）によく似ています。たいていの推理小説では、何らかの犯罪（殺人、窃盗、詐欺など）が発生した場面から始まり、続いてその犯人や動機あるいは詳細な手口を解明していきます。つまり「謎解き」のプロセスとその結末というのが物語の主要な筋立てになるのです。これはつまり、一連の「問い」に対する「答え」を求めていく作業だということになります。たとえば殺人事件を扱った小説であれば、「誰がどのような動機と手口でいつ殺人を犯したのか？」という問い（謎）に対する答えを求めていくことがストーリー展開の軸になります。

　先に、調査という言葉には「捜査」という意味合いが含まれていることを指摘しました。実際、以上のような点でも、リサーチのプロセスと犯罪捜査や推理小説とのあいだには本質的な共通性があると言っていいでしょう。

2-2　謎解きの旅としてのリサーチを目指して

謎解きの面白さ

　もっとも、必ずしも全てのリサーチが、上質の推理小説にも似た、ワクワクドキドキするような謎解きの面白さと知的な興奮をもたらしてくれるわけではありません。たとえば、調査会社やコンサルティング企業における調査の多くは、ルーチンワークとしての性格が強いものであるかも知れません。調査対象やテーマだけでなく報告書の仕様や納期も含めて多くの部分が事前に細かく指定されているような種類の調査では、

自分の裁量で決められることは当然限定されるでしょう。

　一方で、今この本を手にしている読者の皆さんの場合は、必ずしもそのように制約の多い調査をおこなう必要があるケースは多くないはずです。たとえば、これから学部や大学院の授業の一環として調査を実施し、その結果を卒業論文（以下「卒論」）や修士論文（「修論」）にまとめようとしているのであれば、研究テーマの選択に関する自由度はかなり高いでしょう。

　そのような場合、せっかくこれから1年あるいはそれ以上の時間と労力をかけて調査をおこなうのです。また、調査の実施にあたってはある程度の出費が必要になることもあるでしょう。それだけの「自己投資」をするのですから、自分自身にとって面白いテーマを選ぶのは当然だと言えます。しかし、その一方で、調査報告書を目にする人々にも興味や関心を持って読んでもらえる卒論・修論に仕上げていかなければなりません。

　こうしたことを念頭に置いて研究テーマを選び、またそれをいくつかのリサーチ・クエスチョンに落とし込んでいく必要があります。その際に重要なのは、できるだけ魅力的な「謎解きの旅」になることを念頭に置いてリサーチ・クエスチョンを設定することです。

魅力的な謎の有力候補——パラドックスとアイロニー

　魅力的な謎を含むリサーチ・クエスチョンにはさまざまな種類のものがありますが、「パラドックス」と「アイロニー」はその代表例です。パラドックス、つまり逆説的なリサーチ・クエスチョンでは、一見常識や通念に矛盾しているように見える現象の解明を目指します。一方、アイロニーを含むリサーチ・クエスチョンを設定する場合は、当初意図していた目的とは正反対の皮肉（アイロニカル）な結果に終わったり、想定外の「副作用」とも言える影響が生じたケースを取りあげた上で、その背景や原因について探っていくことが主な研究目的になります。

パラドックス　前項であげた3つの研究テーマは、いずれもパラドッ

クスの解明を目指す問いであると考えることができます。実際、これら
のテーマは、それぞれ、次のような疑問文形式のリサーチ・クエスチョ
ンとして言い換えることができます。

- ○○社の経営戦略は、数々のビジネス・ケーススタディに取りあげ
  られた、近年珍しい「勝ちパターン」であるという定評を勝ち得て
  いたはずなのに、なぜ同社の業績は、ある時期から急に失速して倒
  産の危機にまで陥っているのか？
- ☆☆製品の市場は 10 年も前から飽和しており成長が望めないはず
  なのに、なぜ□□社の製品だけは急激な売上増を示しているのか？
- △△戦略については、数多くの成功事例が存在しているとされ、
  「鉄板」の経営戦略であるはずなのに、なぜそれを全社的に採用し
  た主要企業の半数以上が業績不振に陥ってしまったのか？

　このように、パラドックスをめぐる問いは「常識や通念からすれば○
○であるはずなのに、実際にはその予想とは全く異なる状況になってい
るのはなぜなのか？」というような内容が中心となる文章の形式で表現
できます。

アイロニー　アイロニーを含む問いのエッセンスは、次の 2 つの例の
ように、「最初の意図としては○○というつもりだったのに、実際の結
果としては、その意図とは正反対の事態を招くことになってしまうのは
なぜなのか？」という形式の文章で言い表すことができます。

- 訪日外国人観光客は、なぜ、「本物らしさ」や日本らしさを求めて
  京都を訪れてきているつもりなのに、結果としてはその意図とは裏
  腹に、いかにも京都風（和風）の「チープな偽物」でしかない商品
  やサービスを増殖させることによって、実際の結果としては、古き
  良き京都の伝統的な文化や景観を破壊してしまう「観光公害」を引
  き起こす上で少なからぬ役割を果たしてきたのか？

・偉大な企業の多くは、なぜ、市場での優位性を維持していくつもり
で、常に競争環境に対して目を配り、顧客の声に注意深く耳を傾
け、しかも最新の優れた技術に対して積極的に投資してきたのに、
実際の結果としては、それらの施策がことごとく裏目に出ることに
なって新興企業の台頭を許し、結果的にリーディングカンパニーと
しての地位を失ってしまうのか？

　２つめのリサーチ・クエスチョンは、イノベーション研究の古典とし
て高く評価され、世界的なベストセラーになった『イノベーションのジ
レンマ』（クレイトン・クリステンセン著）の中心的な研究テーマを、ア
イロニーの側面に焦点をあてて文章化してみたものです。同書のタイト
ルにある「ジレンマ」には、まさにイノベーション戦略の意図とは裏腹
の皮肉な結果に関する分析が、この本の中心テーマになっていることが
示されています（『イノベーションのジレンマ』については、本章の補論で
改めて紹介します）。

他の種類の魅力的な問い　ここで特にパラドックスとアイロニーを取り
あげたのは、これら２つが、調査研究における問いが本来持っている
はずの「謎」としての側面を最も明瞭な形で示しているからです。しか
し、このように常識を裏切るような現象や皮肉な結果と言える傾向、つ
まり「反直観的（counter-intuitive）な事実」などと呼ばれる側面を特
に前面に出していない場合でも、魅力的なテーマや問いとなっている例
は少なくありません。
　たとえば、後のコラムで解説する『孤独なボウリング』（ロバート・
パットナム著）は、米国社会における「社会関係資本」（信頼関係にもと
づく社会的絆）の衰退をテーマにしています。社会的絆の衰退という傾
向それ自体は、深刻な問題として認識されていたものであり、この現象
自体には特にパラドックスやアイロニーの要素は含まれていません。し
かし、その詳しい状況や背景が明らかにされてはきませんでした。だか

らこそ、その「謎」の解明が強く求められ、それがまた数々の魅力的な
リサーチ・クエスチョンへと結びついていったのでした。

　いずれにせよ、リサーチを魅力的でエキサイティングなものにしてい
くためには、研究テーマに関連する無数の問いの中から、調査者自身に
とっても、また報告書を目にする読者の側から見ても知的好奇心をかき
立てられるリサーチ・クエスチョンを掘り起こし、また育て上げていく
必要があります。

Column　面白くなさそうに見えて実はとても大切な「追試研究(再現研究)」

　学術研究の場合には、独創的なリサーチであることが何よりも重視
されます。それを象徴的に示しているのが、論文指導や学会発表など
の際における「その研究のどこが新しいの？（What's new?)」というコ
メントです。たしかにリサーチの第一義的な意義は、誰にもまだよく
分かっていない「ニュース」を提供することです。もっとも、そのオ
リジナリティを強調するような考え方が、度を越してしまう場合があ
ります。その典型が、いわゆる「追試研究」に対する不当な扱いです。

　追試研究というのは、既に誰かがおこなった研究と同じような結果
が得られるか、つまり「再現」されるかどうかという点について確認
するためにおこなわれるリサーチです。したがって、追試研究の原語
である replication study は「再現研究」と訳される場合もあります。

　追試研究は、問題設定だけでなく研究方法も含めて先行研究を忠実
になぞる形で実施される場合が多く、一見、オリジナリティに欠ける、
地味で退屈なリサーチのようにも思えます。また、本章の冒頭で「面
白くなければリサーチじゃない。独創性がなければリサーチと名乗る
資格はない」と書いてしまったことで、全ての追試研究が「イケてい
ない（＝さえない）」リサーチであるかのような印象を与えてしまったか
も知れません。事実、学術雑誌などでは、「独創的な貢献」が投稿論文
の重要な採択基準になっている例が多く、追試研究が不利な扱いを受
ける場合もあります。

しかし、社会科学的なリサーチが今後より良いものとして発展していくためには、先行研究の信憑性や妥当性について検討していく作業がどうしても必要になってきます。その意味では、オリジナリティやユニークさだけを偏重する風潮はあまり好ましくないのだとも言えます。言葉を換えて言えば、私たちは新しさ（what's new）をひたすら追い求めるだけでなく、その一方で、調査によって得られる知見の確からしさ（what's true）を今まで以上に真剣に問い直していく必要があるのです（Pfeffer, 2007: 1339）。

2-3　調査全体のプロセスを通してリサーチ・クエスチョンを中核的な問いとして育てあげていく

　パラドックスやアイロニーに焦点をあてて問いを立てる場合にせよ、未だによく分かっていない実態の詳細（ディテール）を解明していくことを目指す場合にせよ、研究テーマを選択しリサーチ・クエスチョンを設定する際には、2つの点について認識しておく必要があります。1つは、魅力的なリサーチ・クエスチョンは、調査全体のプロセスを通して次第に絞り込まれていく場合が多い、という点です。2つめは、リサーチ・クエスチョンという時には、調査の過程で浮かび上がってくる無数の問いの中でも最も中核的な問いである「セントラル・クエスチョン」を指す例が少なくないという点です。

出発点としてのリサーチ・クエスチョン 対 到達点としてのリサーチ・クエスチョン

　1つめのポイントに関連して注意しておきたいのは、研究テーマの決定やリサーチ・クエスチョンの設定という作業を調査の出発点だと考えないようにする、ということです。この誤解の背景には、論文や報告書では多くの場合、テーマや調査課題についての記載が最初の方（導入部、序章など）に置かれているという事情があります。しかしこれは、あくまでも全体の文章を読みやすいものにするための便宜的な工夫に過ぎません。その意味では、一種のフィクションだとさえ言えます。調査

研究の本質は、問いに対する答えを求めていくところにありますが、必ずしも調査の開始時点で最初から問いが明快な形で認識されているとは限らないのです。

　現実には、〈調査研究のごく初期の段階で分かりやすい文章の形でリサーチ・クエスチョンが示されて一連の作業がスタートし、また調査の全プロセスの中で終始一貫してその謎を解いていく〉というような経緯をたどることはむしろ稀です（この点については、第4章でもう少し詳しく解説します）。むしろ、「何が一番面白い謎」であるかという点は、調査の作業それ自体を通して次第に絞り込まれていくケースの方が多いのです。その意味では、リサーチ・クエスチョンは、調査の出発点というよりはむしろ「ゴール」の近くに置かれていると言ってもいいでしょう。

　この点については、調査の専門家たちのあいだで長年にわたって共有されてきた、次のような見解が参考になるでしょう——「リサーチ・クエスチョンが明確にできた段階で、調査は8割ないし9割方終わったようなものだ」「調査があらかた終わってしまった頃になって、ようやく自分が本当に調べたいと思っていたことが何であったのかが分かったような気がする」。つまり、リサーチ・クエスチョンに関しては、最初の段階で「テーマを選ぶ」あるいは「リサーチ・クエスチョンを設定する」というよりは、むしろ調査全体を通して時間をかけてテーマや問いを育てていく、という言い方がふさわしい場合が多いのです。

調査者と読者のためのセントラル・クエスチョン

疑問文形式の効用　調査法や論文の書き方などを扱った解説書の中には、リサーチ・クエスチョンという言葉を「研究テーマ」や「トピック」あるいは「問題意識」などと特に区別しないで使っている例が少なくありません。しかし、テーマや問題意識という場合、その多くは、たとえば「コンビニエンスストア業界の主要プレイヤーの動向」というように、名詞を単純に幾つかつなぎあわせた文章になります。それに対して、この本では、主に疑問文形式の文章を指してリサーチ・クエスチョ

ンと呼ぶことにします。

　上の例で言えば、次のように疑問符つまり「？」の記号が最後につけられた文章がこれにあたります。

　　・なぜ、コンビニエンスストア業界における主要プレイヤーの１つ
　　　であるシックステンは、セオリー通りのドミナント戦略を採用して
　　　業界首位の地位にのぼりつめ、またその地位を長年にわたって維持
　　　してきたはずなのに、過去10年ほどのあいだにトーソンの急速な
　　　追い上げにあって苦境に陥ることになったのか？（「ドミナント戦略
　　　（集中多店舗展開戦略）」：特定地域における圧倒的な市場占有率を目指し
　　　て採用される集中的な出店戦略）

　疑問文形式の文章をリサーチ・クエスチョンと呼ぶのは、〈リサーチは何らかの問いに対する答えを求めることを目的にしておこなわれるものである〉という点を強調するためです。実際、疑問文形式で表現しておけば、調査者自身が、リサーチというものに本質的に含まれているこのような性格について常に意識できるようになるでしょう。

調査者にとっての見取り図　そして、リサーチ・クエスチョンが持つ重要な役割の１つには、どこに調査の焦点があるのかという点を明らかにできる、というものがあります。つまり、リサーチ・クエスチョンを疑問文形式で表現することによって、調査研究の作業を通して「何をどこまで、どのような方法で収集したデータにもとづいて明らかにしていくのか」ということが明確になる場合が多いのです。

　この点からすれば、リサーチ・クエスチョンは、研究テーマとの関連で浮かび上がってくる無数の問いの中でも「**セントラル・クエスチョン**」などと呼ばれる最も中核的な問いでなければなりません。

　そのセントラル・クエスチョンは、調査者にとっては、全体の基本的な方向性を示す見取り図としての役割を果たすことになります。上にあげたコンビニエンスストア業界（以下「コンビニ業界」）のメインプレイ

ヤーの交代の可能性という事態をめぐる疑問文形式の問いは、そのような中核的なリサーチ・クエスチョンの一例だと言えます。

読者にとっての見取り図　中核的な問いとしてのリサーチ・クエスチョンは、調査論文や報告書では、通常の場合、序章や導入部などで紹介されることになります。また調査報告の中には、たとえば『日本のコンピュータ産業――なぜ伸び悩んでいるのか』『日本の化学産業――なぜ世界に立ち遅れたのか』のように、中心となるリサーチ・クエスチョンを書籍のタイトルあるいは副題に掲げている例もあります（いずれも、一橋大学の伊丹敬之ゼミの卒業研究をもとにして書かれた書籍（NTT出版）のタイトル）。

　これによって、論文や報告書の読者は、全体を読み始める前の段階で、調査報告の焦点がどこにあるかを明確に認識できるようになります。つまり、疑問文の形式で示されたリサーチ・クエスチョンは、読者が論文や報告書を読み進めていく際には、その目安となる見取り図のような役割を果たすのです。

　なお、「中核的な問い」とはいっても、リサーチ・クエスチョンの数は必ずしも1つや2つに限られるわけではありません。実際、調査を進めていく中では、セントラル・クエスチョンに付随してさまざまな調査課題や調査トピックが浮かび上がってきます。調査全体を1本の巨木に喩えるとするならば、それら無数の課題に対応する問いは枝や葉に、また、調査全体を貫き、またその方向性を明らかにするために設定される中核的なリサーチ・クエスチョン（セントラル・クエスチョン）は、太い幹の部分に該当します（次章ではこの点を「大局観樹」（93ページの図表3-4）として図解します。なお、姉妹編と本書では「調査課題」と「リサーチ・クエスチョン」の相対的な関係に違いがあります。これについては、姉妹編の第5章を参照してください）。

Column　セントラル・クエスチョンと調査課題レベルの問い
　　　　──『孤独なボウリング』の事例

　中核的な問いとしてのリサーチ・クエスチョンと枝葉の部分に該当する具体的な調査課題レベルの問いの関係について考える上で参考になるのは、米国の政治学者ロバート・パットナムが2000年に刊行した『孤独なボウリング（Bowling Alone）』です。この本は、日本語を含む各国語に翻訳されて世界的なベストセラーとなり、「社会関係資本」という概念が、経営学を含む社会科学の各分野に浸透していく上で非常に大きな役割を果たすことになりました。

　サブタイトルに「米国コミュニティの崩壊と再生」とあるように、パットナムは、この本において、1960年代以降になって米国社会のさまざまな領域で社会関係資本が崩壊していった経緯とその原因について分析を加えています。そして、その分析を踏まえて、米国における社会的絆の再生の道を探っていきます。

　したがって、『孤独なボウリング』の場合の中核的な問いとしてのリサーチ・クエスチョンは、次のようなものであったと考えられます──「米国における社会関係資本は、過去数十年のあいだにどのような変遷を遂げてきたのか？　それは、どのような原因によるものであり、また米国社会のあり方にどのような影響をもたらしてきたのか？」。

　次のページの図表2-1は、『孤独なボウリング』の訳者が同書の構成を図式的に示したものです。

　この図からも見てとれるように、パットナムは『孤独なボウリング』の中で14章にわたって、さまざまな原因（時間・金銭的プレッシャー、世代変化など）が、社会関係資本の急減という傾向を介して多様な生活局面（政治参加、宗教参加、ボランティア活動など）に対して及ぼしてきた影響について検討を加えています。さらに、それらの生活局面における社会的絆の衰退が児童福祉や経済発展などに対してもたらした各種の甚大な影響について、6つの章で考察を加えています。

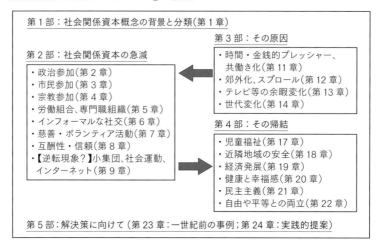

図表2-1　『孤独なボウリング』の構成

第1部：社会関係資本概念の背景と分類（第1章）

第2部：社会関係資本の急減

・政治参加（第2章）
・市民参加（第3章）
・宗教参加（第4章）
・労働組合、専門職組織（第5章）
・インフォーマルな社交（第6章）
・慈善・ボランティア活動（第7章）
・互酬性・信頼（第8章）
・【逆転現象？】小集団、社会運動、
　インターネット（第9章）

第3部：その原因

・時間・金銭的プレッシャー、
　共働き化（第11章）
・郊外化、スプロール（第12章）
・テレビ等の余暇変化（第13章）
・世代変化（第14章）

第4部：その帰結

・児童福祉（第17章）
・近隣地域の安全（第18章）
・経済発展（第19章）
・健康と幸福感（第20章）
・民主主義（第21章）
・自由や平等との両立（第22章）

第5部：解決策に向けて（第23章：一世紀前の事例；第24章：実践的提案）

（出所）パットナム（2006：572）。

　そして、それぞれの章では、具体的な調査課題に関連する問いとそれに対する答えが提示されています。このように、『孤独なボウリング』は、書籍全体を貫く幾つかのリサーチ・クエスチョンと個別の調査課題に対応する無数のトピックレベルの問いとが見事に組み合わされた調査報告書だと言えます。

3　テーマの選択とリサーチ・クエスチョンの絞り込み

　実際に研究テーマを設定し、またリサーチ・クエスチョンを絞り込んでいく際には、3つの点について考慮しておかなければなりません。

　1点目は、調査結果をまとめた論文や報告書の読者として誰を想定するか、という問題です。すなわち、誰を主な読者ターゲットにし、またその人々に対してどのような「新しい知識や情報」を提供することを目指してリサーチをおこなうか、という点について見定めておく必要があるのです。

　2つ目のポイントは、具体的にどのような種類の問いをセントラル・

クエスチョンとして設定するか、という点です。経営やビジネスに関するリサーチの場合、この点に関しては次の３つの問いが中心になります——① What（何が起きているのか）、② Why（なぜ、それは起きているのか）、③ How（事態を改善するためにはどうしたら良いか？）。本書ではこれらをまとめて、「2W1H の３点セット」と呼ぶことにします。

　以上の２つの作業、すなわち調査報告の読者の想定および問いの具体的な内容の確定という作業と並行しておこなう必要があるのが、３つ目の、調査活動の実現可能性についての検討というポイントです。つまり、中核的なリサーチ・クエスチョンあるいは個々の調査課題に関わる問いが、現在の時点で入手可能なデータや動員できる時間的・人的資源の範囲内で実際に答えが出せるものであるか、という点について検討しておく必要があるのです。

3-1　誰にとっての面白さ？　誰のためのリサーチ？

調査報告の読者（読み手）

　前節では、リサーチの魅力ないし「面白さ」について何らかの規準が存在することを前提にして話を進めてきました。しかし、調査研究のテーマや具体的なリサーチ・クエスチョンの魅力について、誰もが納得できるモノサシ（評価軸）が存在するということは考えにくい面があります。たとえば、ある種の人々からは絶大な評価を受けたリサーチが、他のタイプの人たちにとっては退屈きわまりないもの、ある場合には、全く無意味なものとしか思えない場合だってあるかも知れません。

　小説や映画あるいはマンガについても、同じようなことが言えます。評論家や一部のコアなファンには絶賛されても、興行成績・売上が振るわない作品は沢山あります。その反対に、一般受けはしていても専門家の評価は散々なものであり、結局一時的なブームの後に忘れ去られていく小説・映画・マンガも山のようにあります。

　同じようなことは、前章では GIGO の例が多いとして酷評した「アンケート調査」についても指摘できます。この場合も、新聞や雑誌の読者に面白がってもらえるし、それで部数や売上が伸びるのであれば、そ

れだけで十分に価値があるという考え方だってできないわけではありません。実際、新聞社や出版社は、そのような想定にもとづいて「確信犯」的にアンケート調査の結果を引用したり、みずから実施したアンケートにもとづいて企業や大学のランキングを発表したりしているのかも知れないのです。

３つのタイプの「面白さ」

こうしてみると、リサーチの結果として提供される情報を利用したり、その価値を評価する「聴衆」や「読者」のタイプの違いについて考えておく必要があることが明らかになってきます。つまり、調査のテーマや対象を選択して、リサーチ・クエスチョンを絞り込んでいく際には、調査報告の受け手となる人々の範囲や特徴に関してある程度の見当をつけておく必要があるのです。

図表2-2は、このような点を考慮に入れて、リサーチにおける問題関心を、経営学者の田村正紀氏による分類を参考にして次の３つに分けてみたものです。

・**個人的関心**──主として調査者個人に限定される問題関心（領域E）
・**産業界・社会の関心**──実務上・実践上の問題解決に関わる関心（領域G）
・**学界の関心**──新しい知識や技術の創造に関わる問題関心（領域F）

それぞれの問題関心の特徴

田村氏は「個人的関心」として分類した問題関心の典型として、学部学生が卒論のテーマを選択する際の動機づけをあげています。小中学校での「調べ学習」などのテーマなども多くの場合はこれに分類できるでしょう。２番目の「産業界・社会の関心」の場合は、文字通り、産業界や社会で重要なものとして考えられている問題の解決を目指すことが主な関心事になっています。企業や官公庁あるいはNPOやNGOなどがおこなう調査研究の場合には、本来、このような問題関心が最優先され

図表2-2 問題関心の3領域

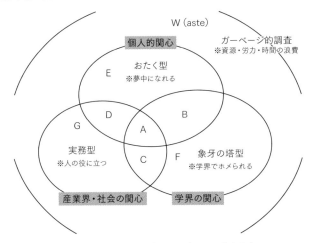

（出所）田村（2006：10）、Alvesson et al.（2017：19）をもとに著者作成。

るべきであることは言うまでもありません。最後の「学界の関心」の典型は、主として大学や研究所の関係者などが抱く問題関心です。

　以上の3種類の問題関心は、調査に関わる人々が、それぞれ、もし誰かに「その事実が分かったからといって、どうなるの？（どのような意味・意義があるの？）」、つまり英語で言えば、"So What?" と聞かれた際の答えになるものだと言えます。

　そして、図中に※印で示したように、それぞれの問題関心は、「誰にとって意味や価値があるか」という観点からも区別することができます。おたく型の場合は、文字通り自分が「おたく」的に夢中になれるということが調査を実施していく上での最大の関心事です。それに対して実務型の場合は、実社会で役に立ち、また現場の人たちに興味や関心を持ってもらえるという点が最優先事項になります。最後に、象牙の塔型では、（国内あるいは国内外の）学界関係者たちに評価される＝「ホメてもらえる」ことが最大の関心事項になっていることでしょう。

ハイブリッドな問題関心

　当然ですが、実際に調査をおこなう際の動機は、上であげた３つの問題関心のどれか１つだけに限定されるわけではありません。むしろ、複数の問題関心が重複している場合の方が多いでしょう。これが、図表2-2ではAからDまでの記号で示された４つの領域です。

　たとえば領域Bは、調査者本人が情熱を持って取り組んでいるリサーチが、同時に学界でも高く評価されている場合です。領域Cは、調査者自身は個人的にはそれほど情熱や意欲を持って取り組んでいるわけではないものの、学界内では高く評価され、また実務的にも役に立ちそうな見込みのあるリサーチだと言えます。

　領域Dの場合は、実務の上で有用でありまた個人的にも強い関心を持って取り組める課題です。たとえば、学問的にはそれほど新味がない「枯れた」知識や技術がどれだけ実務に応用できるか、という点について確認するために調査をおこなうような場合です。

　そして最も理想的なのは、言うまでもなく、図の「ど真ん中」に位置している領域Aの問いです。つまり、学問上で革新的な意味があるだけでなく社会的にも意義のあるリサーチ・クエスチョンであり、かつその問いが個人的な問題関心にも支えられているという例です。

　少し前のコラムで紹介した、『孤独なボウリング』や先にふれた『イノベーションのジレンマ』は、いずれも領域Aに分類できます。学界の関心・社会の関心・個人的関心の全てが交わるところに中核的な問いを設定してリサーチがおこなわれた結果、斬新で明快な結論が答えとして提供されているという点で傑出した調査報告になっているのです。

調査がツマラナイもの（＝領域W）になってしまう理由

　なお、図表2-2には、全ての問題関心が交わる領域Aとは対極的な、領域「W」をあげておきました。３種類の問題関心のどれにも属さない、いわば「ガーベージ的調査」の荒野です。Waste（無駄・廃棄物）の頭文字を取って「W」としました。

　その典型としては、たとえば行政機関などで予算消化のためだけに実

施される調査などがあげられます。また、たとえば当初の計画で「科学的エビデンスの入手を目指して調査をおこなう」などと宣言してしまったために、苦し紛れに、リサーチ・リテラシーに乏しい職員や社員を担当者に据えて調査を実施した場合なども、結果としては領域 W に分類される調査報告が出来上がってきます。

その種の、いわば「アリバイづくり」だけのために実施される調査の場合、調査者自身が意欲を持って作業に取り組めるはずなどありません。また、社会的にもほとんど何の役にも立たないでしょう。当然、アカデミックな世界から高い評価が得られるわけはありません。

以上の点からすれば、卒業研究の一環などで調査をおこなう場合には、少なくとも個人的な関心があり、しかもそれが維持できるようなテーマを選んだ上でリサーチ・クエスチョンを設定するように心がけたいものです。実際、結果的に「卒業単位のための卒業研究・卒業論文」に終わってしまった場合、図表 2-2 で言えば領域 W に分類される調査になってしまいかねません。

したがって、卒論のテーマを選んでいく際には、先行調査などを中心にして事前に十分に下調べをした上で、最後まで情熱を持って追究できそうな課題であるかどうかを確認しておく必要があります（第 5 章では、文献レビューをおこなう際の基本的な考え方や具体的なテクニックについて解説します）。

3-2　2W1H の「3 点セット」

3 つのタイプの問い

リサーチを企画していく際には、調査の目的（何のための調査か？）と調査報告の読者（誰に向けて調査結果を報告するか？）という 2 点に加えて、セントラル・クエスチョンとして設定する複数の問いのタイプの違いという点について認識しておく必要があります。企業経営やビジネスに関するリサーチの場合、これに関しては、① What（実態の把握）、② Why（因果関係の分析）、③ How（改善策の提案）という 3 種類の問いに分けて考えることができます。この本では、これらを一組にして

2W1Hないし2W1Hの３点セットと呼ぶことにします。

　Whatは、事実関係の解明を目指す問いであり、「○○は、どうなっているか？」という疑問文形式で示すことができます。たとえば、次のような問いをセントラル・クエスチョンの１つとして設定した場合、それはWhatの問いになります。

　　What：コンビニ業界の主要プレイヤーであるシックステンとトーソンは、それぞれ地域別にどれだけの売上と収益をあげているのか？　その売上と収益は、過去30年のあいだにどのような変遷を遂げてきたのか？

　実態調査などと呼ばれる種類の調査は、主にこのWhatの問いに対する答えを求めることを目指しておこなわれます。

　Whatの問いが「何が起きているのか？」という点を中心とする実態ないし具体的な「事実関係」について問うものだとしたら、Whyの問いは、その実態の背景にある因果関係つまり「原因と結果の関係」の解明を目指すためのセントラル・クエスチョンとして設定されます。因果関係の解明を目的とする問いは、次の例のように「なぜ？」という疑問文の形式で表現することができます。

　　Why：なぜ、シックステンは国内の市場シェアに関して過去10年のあいだにトーソンに猛追されるようになり、最終的に逆転を許すことになったのか？

　このようなWhy、つまり、「なぜ、それは起きているのか？」という問いをめぐるリサーチを通して原因と結果の関係が明らかにされた場合、次のステップとして考えられるのがHowの問いによる改善策の模索です。すなわち、次の例のような「どのようにしたら良いのか」という問いです。

How：シックステンは、利益を確保しつつ市場シェアを回復していき、さらには業界首位の座を奪回していくためには、今後どのような戦略を採用していけば良いか？

　ある意味での「正解」が存在する What と Why の問いとは違って、How の問いは、立場や観点によって全く異なる答えになる場合が少なくありません。たとえばトーソンの側に立てば、上の How の問いは、業界首位の座を維持し、またシックステンに対する優位性をさらに強化していくための戦略に関わるものが中心になるでしょう。

Column 『孤独なボウリング』の場合の 2W1H

　『孤独なボウリング』の場合は、構成自体が模範的とも言えるほどに 2W1H の順番になっています。それは、第 1 部から第 5 部までのタイトルからも明らかです。

第 1 部　序論
第 2 部　市民参加と社会関係資本における変化［What?］
第 3 部　なぜ？（Why?）
第 4 部　それで？（So What?）
第 5 部　何がなされるべきか？（What Is to Be Done?）［How?］

　括弧の中に示したのは、原著の章タイトルです。このように、第 3 部から第 5 部までのタイトルはそれぞれ疑問文形式になっています。第 2 部の冒頭でも、この本における基本的な問題関心が、次のような疑問文形式で示されています──「米国コミュニティにおける市民・社会生活に、それに続いて一体何が起こったのか？」。また、パットナムが『孤独なボウリング』の刊行の 5 年前に発表した同じタイトルの論文には、次のような見出しがあります──「市民の公共生活への参加には一体全体何が起こったのか？（Whatever Happened to Civic

Engagement?)」(Putnam, 1995)。

　そして、『孤独なボウリング』では、第4部までの議論を受けて、第5部で、「How」の問いに対応するものとして「何がなされるべきか？」の答えが提供されているのです（なお、第4部の So What? は、本章で解説した「誰のためのリサーチ？」という点に該当します）。

What と Why の往復運動

　筋の良いリサーチでは、2W1H という3つの問いの関係が図表2-3に示したような形になっている例が少なくありません。

　この図表には、重要なポイントが2つあります。1つは、What と Why のあいだに左向きと右向きの矢印がそれぞれ数本ずつ描かれていることです。2つめのポイントは、What と Why を囲んだ楕円から How の問いに向けて上向きに太い矢印が引かれているという点です。

　What と Why のあいだを往復する数本の矢印は、筋の良いリサーチでは、調査対象に関する実態の把握とその実態の背景にある因果関係を解明する作業が何度となく繰り返されていく、という点を示しています。なお、4本の矢印の下にある点線は、同じようにして「往復」する矢印が何組も続いているということを表しています。

　調査活動の過程では、さまざまな問題や課題が新たな事実として浮かび上がってくることは珍しくありません。たとえば、先にあげたコンビニ業界の例で言えば、本部企業（フランチャイジングの主宰会社）が業界シェアという点で直面している課題にはさまざまな側面があるはずです。それらの側面について明らかにしていく中で新たな問題が浮上してくれば、その問題の現状についてさらに詳しく検討していく必要が生じます。当然ながらその場合は、問題の実状を明らかにするだけでなく、原因の解明に関わる作業、つまり Why の問いに対する答えを求めていく作業が不可欠になるでしょう。

　事実、このようにして、何度となく What と Why の問いに対する答えを求めていく作業を通してこそ初めて、最も重要で中核的な問い（セントラル・クエスチョン）の全体像が浮かび上がってくる場合が少なく

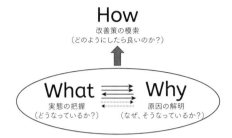

ないのです（第6章では改めてこの「What と Why の往復」という点について実例をあげて解説します）。

確かなエビデンスにもとづく How to（処方箋）の提案

確実な検証を踏まえて提出される対策　How（どうすれば良いか）という問いおよびそれに対応する答えは、本来、上で述べたような事実関係の把握と因果関係の解明の繰り返しを経た上で、それに続く次のステップとして浮かび上がってくるべきものだと言えます。図表2-3では、その点が What と Why を囲む楕円から上に延びた太い矢印として示されています。

　改善策をめぐる How の問いというのは、問題解決の手段や実践上の指針、つまり「ハウツー（How to)」を探り当てていくことを最終的な目標として設定されるリサーチ・クエスチョンに他なりません。当然ですが、その実践上の指針は、解決を要する問題の全貌が明らかになり、またその背景が解明されたことを前提として提案された場合に最も効果的なものになるでしょう。つまり、実践上の指針は、実態とその原因に関する確かな「エビデンス（根拠）」が提供された時にこそ有効になるはずなのです。

　それに対して、What と Why の問いに対する答えがあやふやなままに、いわば見切り発車的に改善策が提案されてしまったとしたら、どうなってしまうでしょうか。病気の治療に喩えて言えば、それは、きちん

とした診断をおこなう努力を怠って、おざなりな「見たて」だけで小手先の対症療法だけを繰り返すようなものです。それでは本来治るはずの病気も治らず、場合によっては、症状をさらに悪化させてしまうことすらあるでしょう。

Column　2W1Hはビジネス書・ビジネス記事の「物語母型」

　この章では、2W1Hという「問いの3点セット」について、主に、調査をおこなう際にリサーチ・クエスチョンを設定する手続きという観点から解説してきました。つまり、本章の解説は「調査者にとっての2W1H」という点が中心になっていたのです。一方で、この3つの問いの組み合わせは、消費者や発注者という立場でビジネス情報を読み取っていく際にも重要なポイントになります。

　たとえば、ビジネス書では、組織経営や営業あるいはマーケティングなどについての実践的なコツがよく解説されています。その種の「経営術」ないし「営業術」に関する書物はよく「ハウツー物」や「ハウツー本」などと呼ばれます。つまりこれらの本では、2W1Hで言えばまさにHowの問いに対する答えが「秘訣」や「コツ」あるいは「(成功の)秘密」などとして紹介されているのです。

　本来このような実践的な指針は、徹底した実態調査（Whatに対する答え）や原因と結果の関係についての綿密な分析（Whyに対する答え）に裏付けられている時にこそ説得力を持つものだと言えます。しかし実際には、図表2-4（46ページ）に示したように、根拠が非常に曖昧なままにハウツーが提案されている例も少なくありません。したがって、ビジネス書などから実践上のヒントを得ようとする際には、それがどの程度確かなエビデンス（根拠）にもとづいているのか、という点について批判的な目で読み取っていく必要があると言えます。

　同じようなことが、実際にはハウツー的な内容が含まれてはいるものの、それが必ずしも明確な形では示されていない新聞や雑誌の記事についても指摘できます。そのような記事は、一見、調査の結果とし

て判明した「客観的な事実」について淡々と報告しているようにも見えます。しかし、実際には How の問いに対する答えが暗黙のメッセージとして盛り込まれていることがよくあるのです。

　その典型が、企業のランキングに関する記事です。その種の記事を読むと、まるで上位の企業が採用している組織戦略こそが最良の方法であると思えてきます。しかし、それらの記事をもう少し詳しく読み込んでみると、実は、ランキングの根拠とされるデータの収集や分析がかなりいい加減な方法でおこなわれていることが判明する場合が少なくありません。つまり、その種のランキングの多くは、What と Why の問いに対する中途半端な答えにもとづいて順位を決定しているのです。

場当たり式の改善策の場合　こうした小手先の対症療法的な施策が出されてしまう背景には、次ページの図表 2-4 に示されるような 2W1H のあいだの関係があると考えられます。

　What も Why も小さめの薄い色の文字で書かれているのは、原因の解明どころか実態の把握すら中途半端なものに終わっている、という状況を表現しています。また、図表 2-3 とは違って、What から Why へと向かう右向きの矢印が 1 本あるだけで、その反対の左向きの矢印は一切ありません。これは、いったん原因と思われていたものに対して改めて焦点をあてて実態をさらに深掘りしていくような作業がおこなわれてはいないことを示しています。このように不徹底な調査でお茶を濁した末に提案される「根拠薄弱」な改善策は、小手先の対症療法的な施策に終わってしまうに違いありません。

　コンビニ業界の例で考えてみましょう。たとえば、コンビニ・フランチャイズ（FC）の本部会社のシックステンは、ある時期、店舗展開のスピードや範囲に関しても、また売上や営業利益の確保という点でも、トーソンに対して明らかに劣勢になっていたとします。その根本原因が商品開発の遅れや加盟店の労働問題にあるにもかかわらず、そのような本質的な問題を突き止めることができずに、小手先の解決策（卸値の引

図表2-4　小手先の対症療法的な改善策の場合

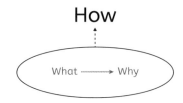

き下げや販促費用の増額など）ばかりを次々に繰り出していったとしたらどうなるでしょうか。

　対症療法によって、見かけの売上額だけは大きくすることができるかも知れません。しかし、長い目で見れば、そのようなやり方では、本部企業自体の経営体力を奪い、また加盟店舗の従業員の労働意欲の低下を招くことが予想されます。そうなれば、事態のさらなる悪化は避けられないでしょう。

Column　2W1H の見分け方と作り方

　2W1H という「問いの3点セット」を設定していく際には、注意しておかなければならない点が1つあります。それは、ある問いがWhat、Why、How のどれに該当するかという点について判断する際に、問いの文章形式や表面的な言葉の特徴だけにとらわれていると思わぬ勘違いをしてしまうことがある、という点です。

　たとえば、「なぜ、夕日ビールの売上高の回復には、今後多様な SNS 媒体を活用したマーケティング戦略を採用していく必要があるのか？」という問いを立てたとします。この問いの文章には「なぜ」という言葉が含まれているため、一見 Why の問いのようにも見えます。しかし、実際には、この問いは原因と結果の関係を明らかにするために設定された Why の問いではありません。むしろ実践上の指針としてのHow の問い、たとえば「夕日ビールの売上の回復には、どのようなマーケティング戦略を採用していけば良いのか？」という問いに対す

る答えの一部だと考えることができます。

　同じようなことは、「夕日ビールの売上の回復に必要なマーケティング戦略は何か？」という問いについても言えます。この文章には、「何か」という言葉が含まれているために、一見 What の問いのようにも見えます。しかしこの問いもまた、上にあげたのと同じ How の問いの形に言い換えることができるのです。

　以上のような勘違いを避けるためには、仮に立ててみた問いの文章に含まれている調査課題の実質的な内容について、以下のような言い換えができるかどうか、という点について改めて確認してみると良いでしょう。

　　・What：○○は、事実としてどうであるのか？
　　・Why ：○○という現象（傾向）は、何と何が原因となって、その
　　　　　　結果として生じたのか？
　　・How ：○○という状態を今後改善していくためには、どのような
　　　　　　対策を取れば良いのか？

　なお、本書で解説している 2W1H と「5W1H」の違いについては、姉妹編の第 5 章を参照してください。

3-3　調査の実現可能性

　主なターゲットとなる読者層のタイプやその範囲について目安をつけ、また調査の作業全体を貫くセントラル・クエスチョンである What、Why、How の要点を明らかにできたとしても、必ずしもそれだけで充実したリサーチがおこなえるわけではありません。実際に調査を企画していく際には、それに加えて実証可能性と資源上の制約という 2 つの現実条件に関わる問題について確認しておく必要があります。

実証可能性──データによって答えが出せる問い
　最初に検討しておくべき条件は、設定したリサーチ・クエスチョンが

果たしてデータや資料から得られる情報によって実際に答えが出せるものであるかという点です。これは、ごく当たり前の事柄にも思えます。しかし、現実には、本来はデータで答えが出せないはずの問いを設定してしまうことは珍しくないのです。また、調査の作業を進めていく中では、そのような答えが出せないはずの問いと比較的明快な答えが出せる問いがゴッチャになってしまうこともよくあります。

　たとえば、次にあげる２対の問いについて見てみましょう。

　　R1：なぜ、インターネット通販大手のナイル・リバー社の創業者
　　　　CEOのロバート・ブラウンは、慈善事業に対しては巨額の寄付
　　　　をおこなう一方で、同社の労働環境の改善やESG投資について
　　　　は消極的な姿勢しか示してこなかったのか？
　　E1：ロバート・ブラウンが、慈善事業に個人的資産から巨額の寄付
　　　　をする一方で、同社の労働環境の改善やESG投資に対しては消
　　　　極的であることは批判されるべきか？

　　R2：なぜ、ある特定のIT関連企業は、強い社会的批判を浴びてきた
　　　　にもかかわらず、「オンラインゲーム依存症」と呼ばれる病理的
　　　　な傾向を示すユーザーを生み出すようなゲームサイトを運営し
　　　　てきたのか？
　　E2：「オンラインゲーム依存症」を生み出すようなIT関連企業の行
　　　　動は、どのような点で倫理的に批難されるべきか？

　この４つの問いのうち、R1とR2は、収集したデータによって答えを出すことができる可能性のある問い、つまりリサーチ・クエスチョンと呼べる問いです。それに対してE1とE2は、物事の「是非善悪」などモラルに関わる倫理的な問いかけであり、それに対する答えは人々の価値基準によって大きく左右されます。

　こうしてみると、E1やE2に対する答えを求めようとする試みは、実証的なリサーチとは本質的に性格が異なるものであるという点が指摘

できそうです。というのも、調査研究としてのリサーチにおける問い
は、物事の事実関係や因果関係に関して明確な答えが提示できる問題に
関するものでなければならないからです。

　実際、物事の価値に関わる個人的な見解や倫理的な判断がデータの解
釈だけでなく、リサーチ・クエスチョンの段階で先入観として入り込ん
でしまうケースが珍しくありません。

資源的制約条件——身の丈に合った問い

　もう１つ確認しておかなければならないのが、現実的な制約の範囲
内で比較的明確な答えが出せるレベルにまで問いが絞り込まれている
か、という点です。これは、リサーチ・クエスチョンが調査者の「身の
丈に合った」ものになっているか、ということでもあります。

　リサーチ・クエスチョンの設定に関する現実的な条件の中で最も重要
なものの１つに時間的な制約、つまり、最終的な結論を得るまでにか
けられる時間に関わる制約条件があります。たとえば、卒論や修論の作
成が最終的なゴールになっている調査の場合であれば、論文の提出期限
が非常に重要な時間上の制約条件になります。また、調査会社やシンク
タンクなどが調査を請け負っている場合には、クライアントに対する調
査報告書の「納期」が最も重要な時間上の制約条件になります。

　投入可能な経費やマンパワーも重大な制約条件になります。大量デー
タを扱うようなケースでは、データの処理に必要なハードウェアやソフ
トウェアが利用できるかどうか、という点も大切な検討事項になるで
しょう。さらに、自分自身でデータを収集するのではなく、主に既存の
資料や統計データを利用して分析をおこなう場合には、調査目的にぴっ
たり合った「お誂え向き」のデータセットが存在しているかどうかと
いう点も考慮に入れなければなりません。

　これに加えて、調査者の資質や適性も、リサーチ・クエスチョンを設
定する上で決定的な制約条件の１つになります。マンパワーについて
は単に「頭数」が揃っているだけでは十分ではありません。それだけで
なく、たとえば、〈資料やデータの収集や分析をおこなう上で必要とな

る能力を持っているか〉あるいは〈調査対象に関する「土地勘」があるか〉という点についても確認しておかなければなりません。

4 問いと事例の深掘りと横への展開
──「事例について」と「事例を通して」

調査研究を企画していく際には、以上で見てきた幾つかの点に加えてもう1点検討しておくべきポイントがあります。それは、リサーチ・クエスチョンや実際の調査対象となる具体的な事例の範囲を、限られた制約条件の中でどのような形で設定するか、という問題です。これは、本章の最初にあげた、一見関連資料が乏しいようにも見える「トレンディなテーマ」を深く掘り下げて検討していく際にも重要なポイントになります。

4-1 リサーチ・クエスチョンと事例の範囲

身の丈を超える問い

「身の丈に合った問い」について考えることは、取りも直さず〈問いを一定の範囲内におさめる〉ということでもあります。これについては、『孤独なボウリング』やコンビニ業界全体の動向に関するテーマと卒業研究で扱うことができるテーマという2種類の例を対比させて考えてみると理解しやすくなると思われます。

当然ですが、米国全体の社会関係資本の変遷に関するリサーチ・クエスチョンは、卒論で扱うことができる問いの範囲を明らかに超えています。同じような点は、「コンビニ業界の主要プレイヤーである本部企業の30年以上にも及ぶ盛衰」という研究テーマに関しても指摘できます。このような調査研究は、対象にすべき調査項目が非常に多方面にわたっており、その意味でも、学部学生にとっては明らかに身の丈を超えるテーマです。

実際、そのような問いは、当事者である企業がそれぞれ、恐らくは億円単位の経費と大量のマンパワーを動員し、また有力コンサルティング

企業などに依頼して必死にその答えを探し続けてきた問題であると思われます。同じように『孤独なボウリング』は、原書の場合は約540ページ、訳書では700ページにも及ぶ大著です。この大部の書籍の中では、What、Why、How のそれぞれに関わる中核的なリサーチ・クエスチョンに加えて、図表2-1（34ページ）に示されたような個々の調査課題に関連する無数の問いに対する答えが提示されています。また、この調査報告の場合には、著者のパットナムだけでなく、合計で数十名に及ぶ（あるいは100名を超える）調査の専門家やアシスタントから構成される大がかりな研究チームが調査の実施に関わっていたことはほぼ確実であると思われます。

問いの範囲を絞り込む

　それとは対照的に、卒業研究の一環として初めて調査をおこなう場合には、当然、はるかに厳しい制約があります。したがって、限られた時間の中で何とかしてある程度明確な答えを出せる範囲にまでリサーチ・クエスチョンを絞り込んでおかなければなりません。

　たとえば、コンビニ業界の例で言えば、比較的短い時期の動向に限定し、かつ特定の地域における本部企業2社の出店戦略の比較という点に焦点を絞ってリサーチ・クエスチョンを設定した場合には、卒業研究としてカバーできる範囲に収まるかも知れません。

　同じようなことは、『孤独なボウリング』で扱われている「社会関係資本の衰退」という現象をめぐる問いについても指摘できます。パットナムたちが米国で大がかりな研究プロジェクトを組んでおこなったのと同じ程度に広範な調査を日本で実施するというのは、明らかに学部学生にとっては身の丈を超えた「大それた」構想だと言えます。しかし、日本社会に関して、特定の時期と地域に的を絞った上で、個別の社会生活の領域（たとえば政治参加やボランティア活動）に関連する社会関係資本の動向について、資料調査や聞き取りを通して地道に調べていく、というようなことは十分に可能であるかも知れません。

「事例について」と「事例を通して」

ケーススタディの意義

　以上の例からも明らかなように、時間や労力あるいは使える経費の額という制約条件の範囲内で実際におこなえるのは、たいていの場合は、特定の調査対象に的を絞った「事例研究（ケーススタディ）」に限られることになります。当然ながら、その種のケーススタディを通して得られるのは、かなり限定された情報だということにもなるでしょう。その点からすれば、一般的な傾向の把握が目的である場合には、卒業研究のように範囲を絞り込んで実施せざるを得ない調査研究では、いかにも物足りない情報しか得られない、と思えるかも知れません。

　もっとも、それはその事例研究をおこなう際の問題関心が、特定の事例について調べることだけに終始している場合です。実際のケーススタディでは、特定の事例について得られた情報を、その個別の事例を通してより一般的な問題について検討をおこなっていく上で生かしていくことを念頭に置いている場合が少なくありません。たとえば、特定の時期における特定の地域のコンビニ業界の動向に的を絞ってケーススタディをおこなうという場合でも、実はその一方で、その動向の背景になっているコンビニ業界全体の長期にわたる歴史的変遷を視野に入れている、ということは多いはずです。その場合、ケーススタディを通して得られた情報は、一般的な研究テーマとそれに関連するリサーチ・クエスチョンという、より広い文脈の中に位置づけられていくことになります。

木を見て森を見る、森を見て木を見る

　狭い意味での事例研究の場合には、たしかに「木を見て森を見ず」という傾向が見られることが多いものです。一方で、たとえば全国規模でおこなわれる統計調査などの場合は、ざっくりとした大まかな見取り図は提供されているものの、具体的な事例については貧弱な情報しか提供されていないケースが少なくありません。こちらは、逆に「森を見て木を見ず」ということになります。

　それに対して、全体的なパターンの中での特定事例の相対的な位置づ

けを常に意識しながらケーススタディがおこなわれた場合には、「木（＝事例についての情報）」と「森（＝事例を通して得られる一般的な傾向に関する情報）」の双方に目配りした、いわば「複眼的」な検討が可能になっていきます。

　この、事例レベルの情報と全体的な傾向やパターンに関する情報とのあいだの関係は、地図の制作プロセスの場合で言えば、全体地図の構成を念頭に置きながら、詳細な部分地図を作り込んでいく作業に喩えられます。そのような２つの作業の相互関係を常に意識してケーススタディを実施していけば、ディテールに関する情報が豊富であり、かつ全体の傾向やパターンを俯瞰した大局的な物の見方を失わない調査報告になる可能性があります。

4-3　トレンディなテーマを「横への展開」によって深掘りしていく

時流に乗ったテーマの限界

　そして、このような複眼的な視点、つまり〈特定の事例に関する情報だけでなく、それとその事例を通して検討することができる一般的なパターンに関する情報とのあいだの関係にも着目する〉という視点は、この章の最初に取りあげた、時流に乗った「トレンディなテーマ」を設定した際に生じがちな問題を解決していく上でも有効です。

　先に述べたように、その種のトレンディな話題を研究テーマとして取りあげる際の問題の１つは、マスメディアやウェブ上の二次情報以外には確実な情報が得られない場合が多い、ということです。しかし、何らかの点でその対象と関連性がある他の事例にまで視野を広げれば、もしかしたら参考になる先行研究は意外に多く、また一次的な情報も比較的容易に入手できるかも知れません。

　この点について、人気アイドルグループを多数抱えている芸能事務所の経営戦略という問題を卒業研究のテーマとして設定した場合を例にとって考えてみましょう。

　比較的よく知られているように、日本の大手芸能事務所の中には、事務所自体のブランド・イメージを重視し、また所属タレントの言動をめ

ぐるスキャンダルの発覚などを恐れて厳しい「情報統制」をおこなっている例が少なくありません。したがって、このテーマについては、雑誌や新聞の記事などを通して得られる二次的な情報ですらかなり限られたものになるでしょう。また、学部学生が芸能事務所の関係者や所属タレントに直接アプローチして一次情報を収集していくことも、ほとんど不可能でしょう。その意味では、日本の事例について深く掘り下げて研究を進めようと思ってもあまりうまく行かず、じきに調査が行きづまってしまう場合が少なくないと思われます。

比較事例分析の可能性

　しかし、海外に目を向けて比較研究の可能性を探ってみると、少し事情が違ってくるかも知れません。たとえば、米国のショービジネス界には日本の芸能事務所に相当するような企業はほとんど存在しません。それに代わってエンタテイナーのマネジメント業務を担当しているのは「タレント・エージェント」とマネジャーです。一方で、韓国には日本と同じような役割を果たす芸能事務所が多数存在しています。

　こうしてみると、日米韓の事情に関する比較事例分析という切り口で検討してみることによって、もしかしたら新たな研究の可能性が開けてくるかも知れません。たとえば、それぞれの国のエンタテインメント業界に特有のマネジメント・スタイルを人材育成や広報、あるいはまた言語環境や国際市場との関係でとらえてみるというアプローチです。このようにして国による違いを中心に据えて検討を進めていけば、当初は興味本位でしかないようにも思えていたトピックを、より分析的な視点を織り込んだ魅力的な研究テーマへと作り替えていくことができるかも知れません。

　もちろん、テーマの性格上、実際に入手できる資料の大半は二次的なものになると思われます。それでも、事例として取りあげる調査対象の範囲を日本の芸能事務所に限定した場合にくらべれば、研究テーマそれ自体については、はるかに深く掘り下げた調査研究ができるかも知れません。つまり、それぞれの事例について得られる情報はどうしても相対

的に「薄い」ものにならざるを得ないのですが、事例研究の幅を広げていくことによって、その薄さを「広さ」で補うことができる可能性が出てくるのです。

CHAPTER 2　5 つのポイント

1.　リサーチは、まだよく分かっていない事柄について新しい知識と情報を得ることを目指しておこなわれるべきものである。その点で、リサーチには、本来、推理小説と同じような「謎解き」の面白さがある。

2.　調査研究を魅力的で実り豊かなものにしていくためには、まず、リサーチというものが「問いに対する答えを求めていく作

業」であるという点について明確に認識しておかなければならない。その点で、研究テーマを疑問文形式のリサーチ・クエスチョンとして表現しておくことには大きな利点がある。

3. リサーチ・クエスチョンを魅力的なものにしていくためには、幾つかのポイントがある。研究テーマに含まれる「謎」をパラドックスやアイロニーとしてとらえるというアプローチは、その代表的な例としてあげられる。

4. 研究テーマやそれに関連するリサーチ・クエスチョンの「面白さ」については、調査者の関心だけでなく、調査報告の読者（読み手）の問題関心も考慮に入れておく必要がある。その問題関心は、個人的関心、産業界・社会の関心、学界の関心という3つに大別できる。

5. 経営やビジネスに関するリサーチの場合には、What（実態の把握）と Why（因果関係の分析）に加えて How（改善策の提案）という3つ目の問いが重要な意味を持つことが多い。How の問いに対する答えは、事実関係の把握と因果関係の解明の繰り返しの作業を経て得られた確かなエビデンスにもとづいた時にこそ初めて有効なものになる。

［補論］『イノベーションのジレンマ』

革新者（イノベータ）が抱える難題

本章でアイロニーを含むリサーチ・クエスチョンの典型例としてあげた『イノベーションのジレンマ』は、ハーバード大学教授のクレイトン・クリステンセンが1997年に発表した調査モノグラフです。同書は、刊行直後から画期的なイノベーション研究として高く評価され世界的なベストセラーになりました。なお、「イノベーションのジレンマ」は日本語訳のタイトルです。クリステンセンが、ハードディスク・ドライブ（HDD）業界の動向の分析などにもとづいて発表した原著のタイトルは「イノベータのジレンマ（*The Innovator's Dilemma*）」というものでした。

クリステンセンによれば、業界のトップランナーとして多額の投資をして既存の技術をひたすら磨き上げることに力を注いできた偉大な企業は、ともすれば、その技術の延長線上での革新者（イノベータ）であることによって、かえって市場シェアと売上を失い、リーディングカンパニーの地位から脱落していく傾向があるのだとされます。

その重要な背景として、クリステンセンは、主要企業は、従来の顧客が重視する基準で測った性能（ハードディスクで言えば記憶容量）におけるイノベーションに力を入れることによって、それとは基準が異なる評価軸（機器のサイズや重量など）を重視する新しい顧客層の需要に対応できなくなってしまう傾向があるのだとします。したがって、新顧客層が市場において主流の位置を占めるようになると、それまでのリーディングカンパニーは優位性を失ってしまうことになるのです。

破壊（攪乱）的技術

その既存企業の間隙を突いて急成長してくるのが、破壊的技術を駆使する新興企業です。「破壊的技術（disruptive technology）」は、従来の主要企業が採用してきた「持続的技術（sustaining technology）」とはさ

第2章　問いを育てる──面白くなければリサーチじゃない　　57

まざまな点で対照的な性格を持つ技術であるとされます。

　持続的技術の場合には、既存の評価規準に沿って持続的に改良を遂げることによって、ハイエンド市場の顧客を満足させることを目指します。それに対して破壊的技術は、多くの場合は従来から存在する技術（「枯れた技術」）を応用することによって価格を低く抑えることができます。また、既存の評価軸では性能的には劣る一方で、用途によっては持続的技術を適用した製品よりもむしろ使い勝手がよい製品を作ることも可能になります。新興企業は、その破壊的技術を進化させていく「破壊的イノベーション」によって、最初はローエンドの市場を、やがて主要企業の独擅場であったハイエンドの市場をも奪取していくのです。

　ここで「ジレンマ」とは、業界で主導的な立場にあった企業が陥りがちな二律背反的な状況を指します。持続的イノベーションに固執し続ければ、新しい市場の波に乗り遅れて「ジリ貧」になる恐れがあります。しかし、だからと言って、新機軸の動向につられて、不用意に新興企業と同じようにして新しい評価軸を重視した製品や技術に乗り換えてしまうと、既存の顧客に対応することによって得られていた莫大な利益や市場シェアをみすみす失ってしまうことにもなりかねません。こうして主要企業は二律背反的な状況、つまり「あちらを立てればこちらが立たず」という事態に陥ってしまうのです。

　なお、disruptive technology の disruptive には、「破壊」という意味の他に、既存の価値基準や秩序の「攪乱」という意味内容も含まれています。実際、新興企業が用いる技術は既存の業界秩序や企業間の優劣関係に対して攪乱をもたらすわけですから、訳語としては「破壊的技術」の他に「攪乱的技術」というものが考えられるでしょう。

仮説をきたえる
「仮の答え」をめぐる5つの病いとその治療法

　仮説はリサーチ・クエスチョン（問い）に対応して設定される「仮の答え」です。論文や調査報告書では、その仮説が、芝居で言えば花形役者のような主役級の扱いを受けている例が少なくありません。たしかに、論文や調査報告書の中で「仮説」という言葉が登場するだけで、いかにも科学的な調査という感じがしてきます。また、事前にきちんとした仮説を立てておくことは、アンケート調査などに見られる「つまみ食い的事後解釈」を防ぐ上でも非常に重要な意味を持つ手続きです。しかし、その一方で、仮説の検証それ自体が目的になっているような論文は、たいてい退屈でツマラナイものです。その場合、仮説は主役をつとめるどころか凡庸な脇役でしかありません。

1　たかが仮説、されど仮説

1-1　帽子仮説とリーダーシップ仮説における「謎」？

　「頭が大きければ大きい人ほど帽子のサイズも大きい」。これは、某大学の紀要に掲載された論文の冒頭部分にあげられていたとされる「仮説」です。データを用いた検証の結果として「支持される」ことがほぼ確実ですし、見方によっては、仮説検証法的な発想による調査研究の模範例とも言えるでしょう。しかし当然ですが、これはあまりにも退屈であり、またそもそも設定すること自体にほとんど意味がないナンセンスな仮説です。

　戦略論の大家であるカナダの経営学者ヘンリー・ミンツバーグは、あるところで次のように指摘しています——「確かに仮説は検証しなくて

はならない。しかし、退屈な仮説は検証するに値しない」（ミンツバーグ、2006：505）。上の「帽子仮説」は、まさにミンツバーグの言う退屈な仮説の典型だと言えるでしょう。

それでは、次のような仮説の場合はどうでしょうか？

・リーダーの対人関係の処理の仕方は、人によってかなりの相違があり、複雑性がある

ミンツバーグによれば、これは、リーダーシップに関する学術会議の成果として出版された論文集に収録された論文に盛り込まれていた主張だそうです（ミンツバーグ、2006：501）。……というような話を聞くと、きちんとした仮説を設定した上でおこなわれた科学的な調査研究によって導き出された結論であるようにも思えてきます。

しかし少し考えてみれば分かるように、この「リーダーシップ仮説」も帽子仮説の場合と全く同じで、ごく当たり前のことを単にもっともらしく言い換えているだけに過ぎません。帽子仮説とは違って、リーダーシップ仮説の方は、「対人関係」「処理」「複雑性」などと、いかにも専門用語っぽく見える言葉が使われており、その分だけ手が込んでいます。しかし、退屈な仮説であることに変わりはありません。

1-2 「仮説」には誤解がつきもの
仮説の退屈さの背景にある問いの退屈さ

すぐ後で述べるように、仮説というのは、リサーチ・クエスチョンという問いに対応して立てられる仮の答えです。帽子仮説にせよリーダーシップ仮説にせよ、その退屈さの裏にあるのは、問いそれ自体の退屈さであることは明らかでしょう。

帽子仮説の場合、それに対応する問いは「人の頭の大きさとその人がかぶる帽子の大きさとのあいだにはどのような関係があるか？」、つまり What の問いということになります。リーダーシップ仮説の場合も、対応しているのは「リーダーの対人関係の処理の仕方には人によって違

いがあるかないか？　また複雑性があるかないか？」というWhatの問いでしょう。

　前章で指摘したように、リサーチは、問いを求めるプロセスが「謎解き」の性格を持った時にこそ魅力的でエキサイティングなものになります。それに対して、帽子仮説とリーダーシップ仮説に対応する２つの問いは、明らかに「謎」と呼べるものにはなっていません。だから、ちっとも面白くないのです。また、そのような問いを設定した上で調査をすること自体に何らかの価値があるとはとうてい思えません。つまり、それらの調査は、図表2-2（37ページ）で言えば、領域Wに入るような調査でしかないのです。

仮説の自己目的化

　以上の２つはかなり極端な例ですが、実は学術論文と呼ばれるものの中にも、これらの例と同じくらいに退屈な仮説をあげている例が少なくありません。その背景には、仮説というものに関する根深い誤解があると考えられます。実際、さまざまな調査関連用語の中でも、「仮説」ほど多くの誤解にさらされてきた言葉はないのです。中でも最大の誤解の１つが、仮説を立てておきさえすれば「科学的論文」の体裁が整えられると考えてしまう勘違いです。この種の勘違いは、一定の評価を受けている学術誌に掲載された論文にも見られることがあります。

　たとえば、第５章では、国立情報学研究所が運営する学術情報データベースであるCiNii（サイニィ）の使い方について解説します。このデータベースそれ自体は、リサーチを企画していく際の重要な手続きである「文献レビュー」、つまり関連するテーマを扱った文献について検討していく上で非常に便利なツールです。しかしそこに収録されている論文にも、仮説というものに関するある種の誤解や勘違いが数多く見られるのです。

　それらの論文の中には、仮説で何らかの物事について検証するということよりも「仮説を検証すること」それ自体が目的になってしまっているものがあります。結論の部分で「仮説は支持された」あるいは「仮説

のうち○番目と△番目は支持されたが、□番目のものは支持されなかった」と述べることそれ自体が目標になっているとしか思えないのです。当然ですが、このように仮説の検証が自己目的化した論文ほど退屈なものはありません。

1-3 仮の答えに疑問符（＝?）を付けてはならない

その他にも、学部学生の卒業研究などでは、次のような仮説を立ててしまう例がよくあります。これも仮説をめぐる誤解の典型例だと言えます（さすがに学術誌に掲載される論文の場合には、このような誤解は（皆無ではないまでも）ごく稀です）。

> ・仮説：シックステンのドミナント戦略が関西地域では当初期待されていたほどの成果をあげてこなかったのは、同地域では地元資本のコンビニ・チェーンとの競合によって、出店戦略を展開する上での拠点となる配送センターや基幹店舗の直営店向け用地の確保の難しさに加えて、加盟店の獲得に関して大きな困難に直面しているからではないのか？

この「仮説」に見られる決定的な誤りは、最後に疑問符つまり「?」がついた疑問文になっているという点にあります。

前章では、〈リサーチでは、調査テーマを疑問文形式のリサーチ・クエスチョンとして絞り込んでいくことに重要な意味がある〉ということを強調しました。また調査の過程では、中核的な「セントラル・クエスチョン」だけでなく、個々の調査課題に対応する無数の問いが設定されることが多い、という点についても指摘しました。仮説は、それらの問いに対する答えを求めていく際に設定される**仮の答え**です。その本質的な目的は、調査研究に関連しておこなわれる一連の作業の基本的な方向性や焦点を明らかにすることにあります。

仮のものであるとはいえ、**仮説は「答え」**です。したがって、文章の最後は「〜である」「〜だ」などの**断定表現**の形を取ることになります。

「断定」という点を強調するためには、「〜のはずだ」という語尾にしても構わないほどです。したがって、疑問文形式をとることは原理上あり得ず、上の「シックステン・ドミナント戦略仮説」は、文章形式という点に限って言えば、明らかに失格なのです。

1-4　リサーチ・クエスチョンは疑問文、仮説は断定表現（言い切り）

もっとも、この仮説に対応するリサーチ・クエスチョンが次のようなWhy の問いであり、また、これに対する確実な答えになるような情報が既存の文献資料や調査データなどではまだ十分に提供されていなかったとしたら、どうでしょうか。

・Why の問い：なぜ、シックステンが 1970 年代以来一貫して採用し、また全国各地で目覚ましい成果をおさめてきたドミナント戦略が、関西地域に限って言えば 20 年以上にわたって当初の想定をはるかに下回る成果しかあげてこなかったのか？

この Why の問い自体は「謎」と呼ぶに値するものであり、少なくともその点では、リサーチ・クエスチョンとしての条件を満たしていると言えます。ただ惜しいことに、問いに対応する仮説を明確な文章として表現するという「詰め」の段階で単純なミスを犯してしまったのです。実際、「シックステン・ドミナント戦略仮説」の場合は、文末を「困難に直面しているからではないのか？」ではなく「困難に直面しているからである」であれば、仮説としての評価はかなり違ったものになってくるでしょう。

たかが文末表現と思われるかも知れません。しかし、仮説については、それが何らかの問いに対する仮の答えであるという点を明確に認識する必要があります。そのためには、どうしても文末は断定表現、つまり「言い切り」の形にしておかなければならないのです。

2 仮説（仮の答え）をめぐる5つの病い

どのようなタイプの調査をおこなう場合でも、中核的なリサーチ・クエスチョンや個々の調査課題などの「問い」に対して事前に「仮の答え」（＝仮説）を設定しておくことは非常に重要なポイントになります。実際、何らかの意味での仮説を事前に立てずに、いわば「出たとこ勝負」でおこなわれる調査の多くは、GIGO（屑入れ屑出し）に終わってしまいます。もっともその一方で、とりあえず命題形式の仮説を立てておくことで「科学的リサーチ」としての体裁を整えようとしているように見える調査も少なくありません。

以上の2つは一見両極端の傾向のようにも見えます。しかし、実際にはどちらの場合も、その背景には「仮説検証法」ないし「仮説演繹法」などと呼ばれる方法に関する根本的な誤解があります。以下では、仮説に関する一連の誤解を、次の5種類の「病気」に見立てて解説していきます。

①無仮説事後解釈病
②HARKing病（後出しジャンケン型仮説症）
③命題型仮説依存症候群
④大局観喪失症
⑤逃げ口上仮説症候群

2-1 無仮説事後解釈病——仮説がなければ後から何とでも言える

「出たとこ勝負」のアンケート調査

「アンケート調査」の多くがGIGOになる主な理由の1つは、事前に仮説らしい仮説を設定せずに、いわば「出たとこ勝負」で調査が実施されることにあります。実はその種の、「実態を調べるために、とりあえずアンケートでもしてみましょうか」という程度の発想（「ノリ」）でおこなわれる調査は呆れるほど多いのです。その典型としては、国の行政機関や自治体が独自に、あるいはそれらの機関の委嘱を受けた大学関係

者や調査会社がおこなってきた調査などがあげられます。

　それらの調査であっても、一見新奇に見えるテーマを扱っていたり、調査結果が一般的な興味を引くものであったりすると、新聞や雑誌で大きく取りあげられることも少なくありません。また報道機関自身も、調査会社やシンクタンクあるいは自社系列の調査機関などに委託してアンケート調査を実施することがあります。この種の調査ではよく、出てきた集計結果を見てから世間の注目を浴びそうな部分だけを「つまみ食い」的に選んで公表したりします。そして、その調査結果に対しては、後付けでもっともらしい説明を加えるのです。

「つまみ食い型事後解釈」の実例

2つの事例の概要　以上のような問題については、文部科学省系の独立行政法人と大手教育関連企業が別個におこなったアンケート調査の例が参考になります。

　独立行政法人によるアンケート調査の目的は、「子どもの頃の体験が子どもの成長にとってどんな体験が大切か、を明らかにする」（原文ママ）（国立青少年教育振興機構、2010：127）ことにあるとされています。その報告書では、幼少期の自然体験や学校外の体験などの「体験量」と成人後の生活や収入とのあいだの関係がクローズアップされています。また、そのアンケートを含む一連の調査の結果を踏まえて書かれたとされる書籍の序論では「驚愕の事実」として次のような主張が展開されていました――「決してガリ勉ではなかった子どもが［成人後に］『高学歴』『高収入』を得て、かつ『異性にモテる』ことがわかる」。

　一方で、大手教育関連企業のプロジェクトとしておこなわれた調査のテーマは、小学校就学以前の児童に対する親の「遊ばせ方」とその子どもたちが成長した時点での「難関突破力」との関係です。たとえば親が就学前に「思いっきり遊ばせ」たり、「遊びに対する自発性を大事に」していた子どもほど、成人してから難関を突破する（「難関大学」への進学や「難関資格」の取得など）可能性が高かったのだそうです（Benesseしまじろうクラブ、n.d.）。

幾つかの疑問　以上のような調査結果を耳にした時には、「そう言われてみれば、そんなものかも知れない」という印象を持ってしまうかも知れません。しかし、よく考えてみると、かなりおかしな話です。つまり幼少時から20年ないし30年以上も経ってしまった成人後の時点で、本人ないし親が振り返ってみた記憶というのは、どれだけ信用できるものでしょうか。そう思って2つの報告書を読み返してみると、両方とも幾つか不思議な点があることに気がつきます。

　たとえば、先にふれた幼少時の体験と成人後の学歴および年収の関係に関する「分析」の根拠らしきものとしては、回答者を子どもの頃の「体験量」によって三分割した場合の学歴水準や年収額の比率が帯グラフとして示されているだけです（国立青少年教育振興機構、2010：18）。同じように、大手教育関連企業のプロジェクト調査報告では、棒グラフを使って、たとえば「思いっきり遊ばせること」について「とても意識的に取り組んでいた」と回答した親の子どもが「難関突破経験者」の場合は35.8％に及ぶのに対して「未経験者」の場合には23.1％に過ぎない、などとしています。その上で〈難関突破経験者の親ほど自分の子どもの遊びを重視していた〉と結論づけています。

　つまり、どちらの調査報告の場合も、単に「アンケートデータ」から割り出された単純な相関関係をあげているだけなのです。一方で、これらの報告書には、幼少時の体験が主な原因となって、結果として学歴や年収あるいは難関突破力などに結びついていくまでの実際の経緯に関する説明は一切示されていません。なお、独立行政法人がおこなった調査の代表者は、その調査の結果を取りあげた新聞記事の中で〈自然に触れれば探究心・好奇心が育成され、それが学力の向上に結びついている〉という主旨の分析を披露しています（『朝日新聞』2010年5月25日付）。しかし、調査報告の中には、その「分析」の十分な裏付けになるようなデータや情報が示されているわけではありません。

「仮説の欠如」という根本的な問題　さらに奇妙なことには、どちらの調査報告の場合も、〈実際にアンケートを実施した場合に、どのような

結果が出ると予想され、またその予想はどのような根拠にもとづいて立てられたものであるか〉という点に関する記載がありません。どうやら、事前に「仮説」が設定された上で調査が実施されたわけではないらしいのです。

　したがって、もし上で解説したものとは正反対の結果が出ていたとしても、何ら不都合はなかったのかも知れません。その場合は、「意外！子ども時代の外遊びの経験と学歴や成人後の収入には関係がない」あるいは「親の遊ばせ方と難関突破力は無関係！」などとしておけば良いのです。調査結果に関して事前に立てられた予想（＝仮説）がそもそも存在していないのですから、出てきた結果を見てから後で「とってつけたような」解釈をしてしまっても一向に構わないということにもなります。

　本書では、このような解釈の仕方を「**つまみ食い型事後解釈**」と呼ぶことにします。つまり、事前に仮説を設定せずに調査を実施した上で、結果を見てから特に話題になりそうな、つまり美味しそうな部分だけをピックアップしてしまう、というやり方です。上の２つの例がその典型ですが、「アンケート調査」や「意識調査」などでは、このつまみ食い型事後解釈がよく見られます。

2-2　HARKing病——後から仮説を作ってしまえば何とでも言える

研究不正としてのHARKing

　無仮説事後解釈病と同じように、調査結果が出てから後付け的に解釈を加えてしまうやり方としてよく知られたものの１つに、HARKingがあります。HARKは、Hypothesizing After the Results are Known（＝結果が分かってから仮説を立てる）の頭文字からきています。その略語にing（動名詞の語尾）をつけてできた言葉がHARKingなのです。

　無仮説事後解釈病のケースとは違って「HARKing病」の場合は、一応仮説らしきものが設定されます。ただし、その仮説は、調査をおこなう以前の時点ではなく調査結果が出てしまってから事後的に設定されるのです。つまり、最終的なデータ分析の結果が判明してしまってから、

その結果にとって都合の良い仮説命題を論文や報告書の中に滑り込ませてしまうのです。当然ですが、その仮説命題は、あたかも最終的な結果が判明する以前の時点で想定されていたものであるかのように仕立て上げられます。

　HARKing というのは、学術研究の世界では「研究不正」の一種として以前からよく知られており、少なくとも 2 つのタイプがあります。

　一方の**確信犯的な研究不正**の場合には、投稿論文が査読者に高く評価されて受理されることを目指して意図的に仮説を捏造することになります。もう 1 つのタイプは、一種の**ウッカリミス**です。たとえば、複数の調査を同時進行的に実施していたり、何人かで共同研究を進めたりしていると、どのような仮説をいつの時点で立てたのかが、研究者たち自身にも分からなくなってしまうことがあります。そのような場合、研究の結果を最終的に論文としてまとめていく際に一種の自己暗示にかかって、本当は途中の時点で立てたはずの仮説を事前に設定したものだと思い込んでしまいがちになるのです。

事後予言・後講釈としての HARKing

　どちらの場合にせよ、HARKing には「事後予言」によく似た深刻な問題があります。事後予言というのは、ある出来事が実際に起きた後の時点で、それについてまるで事前に予測していたかのように見せかけた「予言」を捏造する行為です。これは、「後講釈」ないし後知恵などと呼ばれているものとよく似ています。つまり、物事の結果が判明してから、「自分は最初からその結果が分かっていたのだ」として、あれこれと理屈とつけてもっともらしい説明をするのです。

　その種の後講釈の典型には、ある会社が良好な経営業績を達成して「勝ち組企業」になった後の時点で、まるでその企業の成功についてかなり以前から予見していたかのように語るという例があります。たとえば、勝ち組としてもてはやされている企業の「成功の秘密」を説明しているビジネス書やビジネスレポートの中には、事後予言的な事後講釈ないし HARKing と本質的に同じ「語り口」を採用しているとしか思えな

い例が見受けられます。

　後講釈的に作られた仮説については、相手の出方が明らかになってから有利な「手」を繰り出すやり方にも似ているという点で「後出しジャンケン型仮説」と呼ぶこともできるでしょう。「後からだったら何とでも言える」とはよく言われますが、たしかに後講釈には後出しジャンケンによく似た、一種の中毒性があると言えます。実際、HARKing病は、次の項で解説する「命題型仮説依存症候群」とかなり近い関係にあり、ひと組の「合併症」として現れることもよくあるのです。

Column　テキサスの射撃名人の誤謬

　HARKing については、「テキサスの射撃名人の誤謬（Texas Sharp-shooter Fallacy）」という、米国では比較的よく知られている小咄（こばなし）を使って説明されることがあります。図表 3-1 は、その小咄を図解したものです。

図表3-1　テキサスの射撃名人

　「テキサスの射撃名人」に関する小咄には色々なバージョンがあるようですが、典型的なパターンは次のようなものです。

米国テキサス州で、ある男が家畜小屋の壁に向けてデタラメに銃を撃ち、その銃痕のまわりにペンキで的の絵を描いていった。そうしておいて、近所の人たちを呼んで「どうだい、俺様の腕前は？」と自慢した。お人好しの近所の人たちはすっかりダマされて感心してしまい、その男のことをテキサスで一番の射撃名人とほめたたえたのであった。

　この小咄で巧みに示されているように、結果が判明した後であったならば、色々な「事後工作」が可能になります。同じように、企業間の競争の決着がついてしまった後であれば、勝ちパターンについての予言を捏造することなど実に容易くできてしまうことでしょう。

2-3 命題型仮説依存症候群

典型的な症状

仮説の模範例　上で解説した HARKing 病の場合とは違って、次に取りあげる命題型仮説依存症候群は、明らかな研究不正というわけではありません。もっとも、この症候群に分類できるさまざまな症状は、学術誌などに掲載される論文によく見られる誤解の中でも最も広い範囲で観察されるものでもあります。その意味では、HARKing 病以上に学術研究の世界に対して深刻な影響を及ぼしてきたとも言えます。

　この症候群の背景には、仮説というものを「命題」、つまり比較的短い文章としてまとめられた「真偽を判定することのできる文」（『広辞苑』）に限定してとらえてしまう誤解があります。そのような誤解を持つ人々は、たとえば下のような「仮説命題」を設定することこそが調査研究の究極の目標だと考えます。

　「関係」仮説：管理者行動の各次元がどの程度実際の管理者によって
　　　　　　　　遂行されているかは、タスク不確実性とタスク依存性
　　　　　　　　の程度に従っている

仮説 1a：タスク不確実性が高度であるほど、戦略・革新志向を
　　　　反映する次元の管理者行動や、管轄するユニット外部
　　　　から支持をとりつけるための対外的活動にかかわる次
　　　　元の管理者行動がより多くとられるようになる
仮説 1b：タスク不確実性が高度であるほど、上記のような諸次
　　　　元の管理者行動は、決められた課題に部下を動機づけ
　　　　るための基本的行動と比べて相対的により多くとられ
　　　　るようになる
仮説 2 ：タスク依存性が高度であるほど、管轄するユニット外
　　　　部の関係者に働きかける対外的活動にかかわる次元の
　　　　管理者行動がより多くとられるようになる（金井、
　　　　1991：249-250)

　以上の仮説は、キャリア研究の第一人者として知られる経営学者の金井壽宏氏の著作『変革型ミドルの探求』から引用したものです。同書は、戦略志向性と革新志向性を兼ね備えて経営戦略を強力に推進し、また企業組織に対して活力を与えるミドル・マネジャー像を斬新な視点から鮮やかに描き出して、1991 年に「日経・経済図書文化賞」と「組織学会高宮賞」を受賞しました。この『変革型ミドルの探求』は、模範的な形で命題型仮説を活用して実施された調査研究の事例だと言えます。

命題型仮説固着症　ここでは上にあげた個々の仮説についての説明はしませんが、このように、番号を振られた仮説命題が整然と並べられているのを目にして、中学や高校で習った数学の証明問題などを思い出す人も多いのではないでしょうか。そういえば、証明問題についての解説には、「定理」や「命題」あるいは「系」などという言葉が出てきたりして、いかにも科学（サイエンス）という印象があったものです。
　そのような事情もあって、命題型仮説依存症候群にとらわれている人たちは、仮説というものを命題形式のものに限定して考えがちです。また、仮説命題を設定することこそが科学的調査の目標だと思い込むこと

が少なくありません。そのような思い込みを、ここでは「命題型仮説固着症」と名づけることにしたいと思います。

無根拠仮説乱発病

仮説が突然登場してくるケース　命題型仮説固着症が最も極端な形で現れているのが、肝心の問いであるリサーチ・クエスチョンが論文や調査報告のどこを探しても見当たらないという問題です。つまり、問いがないはずなのに、どういうわけか唐突に「仮の答え」だけが登場してくるのです。

　これは、学部の卒業論文あるいは大学院生の修士論文・博士論文の場合に見られがちな傾向です。私の場合、そのような論文の原稿を書いて持ってきた学生や院生に対しては「その仮説が答えになるような問い（リサーチ・クエスチョン）を、文章として書き出してみなさい」と指示するようにしています。そうすると、多くの場合は、すぐには答えが返ってきません。中には、しばらく考え込んでから、全く見当違いのリサーチ・クエスチョンを書き出して持ってくる学生・院生もいます。

　そこで改めて、どうしてリサーチ・クエスチョンが明確にできていないのに仮説命題だけ書くことになったのか、その理由について聞くと、返ってくる答えは、たいてい次のようなものです――「論文だったら、とりあえず何か『仮説』というのが必要だと思ってたもんですから……」「何となく仮説っぽく書いてみた方が論文らしく見えてカッコイイかなあ、なんて思ったりして」。

研究論文の場合にも　同じような思い込みは、学生や院生のあいだだけでなく、研究者の世界にも見られるようです。というのも、学術誌でも、どのような根拠にもとづいて仮説命題を設定しているのかが一向に読み取れない論文に出くわすことが時々あるからです。

　確かに、先行研究や何らかの理論的前提に関する若干の解説は一応あります。しかし、それらの前提とはほとんど無関係にイキナリ仮説命題が登場してくるのです。中には、先行研究がほとんど引用されておら

ず、単に著者の日常体験や思いつき、あるいはインターネットでたまたま目にした情報などのかなり不確かな情報にもとづいて、命題形式の「仮説」を列挙しているとしか思えないケースすらあります。

　要するに、これらのケース（症例）では、問いに対する仮の答えであるべき仮説が、何らかの確実な根拠などではなく、単なる思いつき程度の発想をもとにして設定されているのです。この本では、それを**無根拠仮説乱発病**と名づけたいと思います。

大局観喪失症

症状の概要

　無根拠仮説乱発病は、専門家の査読（審査）を経て論文が掲載される学術誌などの場合はある程度のチェックが働いているらしく、それほど頻繁には見られません。一方で、査読制度を採用している学術誌の場合でもよく見かけるのが、**大局観喪失症**とでも呼ぶべき傾向がある論文です。上で述べた命題型仮説依存症候群のバリエーションの１つだとも言えますが、仮説をめぐる誤解について理解する上では別個に扱った方が分かりやすいと思われます。

　これは、論文で設定されている仮説命題それ自体は一応確実な根拠（先行研究、理論、既存の調査データなど）をもとにして立てられているのですが、問題関心がいわば「重箱の隅をつつく」ような、かなり狭い範囲に限定されてしまっているようなケース（症例）です。ジグソーパズルで言えば、特定のピースの絵柄についてはかなり詳しい情報が得られている一方で、それらのピースが組み合わされて最終的に全体としてどのような図柄になるのかが一向に見えてこない場合に喩えることができます。

「リサーチ・ギャップ」＝重箱の隅の隙間？

　この大局観喪失症と関連が深いのが、論文の意義やオリジナリティを強調するために使われてきた「リサーチ・ギャップ」という言葉です。

　学術研究の世界では、先行研究では十分に解明されていない問題や

テーマを取りあげてその解明を目指すことが高く評価される場合が少なくありません。そして、それまでの研究では軽視されていたり、複数の見解が対立していてまだ決着がついていなかったりする問題領域を「リサーチ・ギャップ」と言うことがあります。

　たしかに、既存文献では見逃されており、まだ十分な検討がなされていない点、つまり研究上の「ブラインド・スポット」になっている部分に光をあてて、その問題を解明していこうとすることそれ自体は、非常に意味のあることだと言えます。実際、リサーチが持つ意義が「新しい知識や情報」を提供することにある以上、リサーチ・ギャップの発見それ自体が重要なポイントになることは間違いありません。また、仮説検証法というのは、その未知の部分の解明に向けての作業を「システマティックな探究」としておこなう上で不可欠の条件だとも言えます。

　しかしながら、その「ギャップ（隙間）」があまりにも狭く、またごく限られた専門家にしか評価されないものだとしたら、それは、ひたすら「重箱の隅の隙間を探し求める」ような試みにしかならないでしょう。

仮説検証の自己目的化

　そのような「隙間充填型研究（gap-filling research）」とでも呼ぶべき論文の中には、調査テーマ全体に関わるような問題を解くというよりは、仮説を検証することそれ自体が目的になっているのではないかとさえ思えるケースがあります。つまり、「仮説で検証する」ことよりも「仮説を検証する」ことそれ自体が目的になっているように見えるのです。言い換えれば、仮説検証法という方法の利点を生かした上で調査テーマに関する謎を解明するというよりは、むしろ仮説検証という体裁を整えることの方が優先されているようなのです。

　これは、図表2-2（37ページ）で言えば、領域Fに分類できる、主として学界向けに書かれた仮説検証法的なスタイルの論文によく見られる傾向です。特に視野が極端に狭くなってしまっている研究論文の場合は、調査の結果として得られた情報を問題全体の大局的な構図（ビッグピクチャー）の中に位置づけることよりも、手際よく論文としてまとめ

られる範囲に関心を限定して、その範囲で分かることだけを確認しよう
としているようにさえ見えます。

　そのような論文でも、型どおりの作法にしたがって実施された調査研
究にもとづいているということで、「象牙の塔」の内部では一定の評価
を受けるかも知れません。しかし、調査の結果として得られた情報がよ
り広範なレベルで設定されるリサーチ・クエスチョンの構想から遠く離
れたものになりがちであり、その意味では領域Wに近い性格を持つ論
文になることが多いのです。

2-5　逃げ口上仮説症候群

　仮説をめぐる誤解に関して最後に取りあげるのは、本書で「逃げ口上
仮説症候群」と名づける傾向です。これは、「これは仮説に過ぎないの
だが、病」と「仮説生成依存症」の2つに大別できます。

これは仮説に過ぎないのだが、病

典型的な症例　上で解説したように、仮説は、リサーチ全体の方向性や
焦点を明らかにすることによって、調査に関わる作業を筋の通ったもの
にする上で重要な役割を果たします。しかしその一方で、仮説というだ
けで「科学的なリサーチ」という雰囲気が醸し出されることもあるた
め、仮説という言葉が乱用されてしまうことがよくあります。その典型
が、調査の結果を踏まえた考察の部分などで——つまり最後の最後の段
階になって——「これは仮説に過ぎないのだが」などと言って逃げを
打ってしまう傾向です。

　これは、かなり奇妙な話です。これでは、調査全体における仮説の位
置づけが本来のあり方とはまるで正反対になってしまうからです。

　この章で何度か繰り返し強調してきたように、仮説というのは、リ
サーチ・クエスチョンや個々の調査課題という問いに対する「仮の答
え」として、実際のデータ収集やデータ分析をおこなう前に、つまり**事
前段階**で提示されるものです。その仮の答えは、調査活動を通して実際
に入手できたデータと突き合わされ、検証されることによって、最終的

な結論へと結びついていくことになります。したがって、結論という最後の部分で「これは仮説に過ぎないのだが」と述べて開き直ってしまうのは、文字通り本末転倒の事態だと言わざるを得ません。

全ての理論は仮説？　たしかに、科学研究についての有力な考え方の中には次のようなものもあります——「全ての理論は発展途上の仮説に過ぎない。常に新しく得られた知識や情報によって否定される可能性を視野に入れながら検証を繰り返していくべきである」（たとえば、ポアンカレ（1938）、ポパー（1971、1972））。このような考え方にしたがえば、報告書や論文の結論というのは、その後の調査研究でさらに詳しい検討を加えられていくべき仮説の１つとして見ることもできます。

　しかし、それはあくまでも、企画段階やデータの収集および解析などの手続きに関して最善の努力を尽くした調査の場合に限られます。その中には、当然、仮説設定という手続きを**事前に**済ませているという条件も含まれます。

　ところが、「これは仮説に過ぎないのだが」と言って済ませてしまう、いわば及び腰ないし逃げ腰の調査報告では、たいていの場合は、そもそもの調査それ自体がかなりいい加減な形で実施されています。その意味では、まさに逃げ口上以外の何物でもないのです（その種の調査報告の典型例については、姉妹編の『社会調査の考え方［下］』第14章のコラムで詳しく紹介しています）。

仮説生成依存症

「仮説生成」の基本的な考え方と建前　「これは仮説に過ぎないのだが、病」とは少しばかり意味合いが違ってはいるものの、本質的にはそれと同じような形で逃げ口上としての「仮説」を使ってしまいがちな傾向もあります。ある種の「仮説生成型調査」にはその傾向がよく見られます。

　「仮説生成」は「仮説発見」とも言われ、命題型仮説の検証だけを過度に重視してしまう見方に対立する考え方として強調されてきた考え方

の1つです。そのエッセンスは次のようなものだとされてきました。

　　仮説検証型アプローチでは、ともすれば特定の理論の枠組みから
　　「天下り式」に実証仮説を導いた上でそれを検証するプロセスだけ
　　が重視されてしまう。それによって、調査研究というものが果たし
　　得るもう1つの役割、つまり、データそれ自体から、社会現象に
　　関する仮説や理論をボトムアップ的に立ち上げていくプロセスが持
　　つ意義が見落とされてしまいがちである。

　この主張の内容それ自体は、非常に重要でありまた貴重なものです。
たしかに、仮説検証型の調査は、ともすれば、先行研究や既存の理論の
枠組みに縛られた発想になりがちです。それに対して、仮説生成型調査
の発想を十分に生かすことができた場合には、斬新な仮説や理論を構築
することができるかも知れません。

仮説生成型調査の実像　もっともその一方で、「仮説生成型のアプロー
チを採用した」と主張している調査の中には、具体的な根拠に乏しい、
単なる思いつき程度の発想を「仮説」と称している例が少なくありませ
ん。
　つまり、そのような調査によって新たに構築したとされる説明の枠組
みと既存の理論にもとづく解釈とのあいだに特に目立った違いがあるよ
うにはとうてい思えないのです。また、本来、仮説生成型の研究の強み
は、データそのものから仮説を「ボトムアップ」的に立ち上げるところ
にあるはずなのですが、確実な根拠となるようなデータが実際には示さ
れていない例も珍しくありません。
　要するに、その種の、新たに「生成」されたという仮説を斬新なアイ
ディアだと思い込んでいるのは、調査者当人だけなのかも知れないので
す。たしかに仮説には「仮の答え」としての性格があります。しかし、
本格的な仮説生成型調査というのは、「仕掛品（製造途中の製品）」ない
し半製品に過ぎないものを完成品と称して販売するようなこととは本質

的に性格が異なる作業のはずなのです。

3 「仮説」を再定義する——劣等意識からの解放を目指して

3-1 命題型仮説と自然科学に対するコンプレックス

たかが仮説、されど仮説

　以上のようにして、仮説をめぐる数々の誤解や症状を「これでもか」というような感じで並べ立ててしまうと、調査をおこなうことそれ自体がいい加減イヤになってくるかも知れません。また、不用意に「仮説」という言葉を口にすると、思わぬ方向から手厳しい批判を浴びるのではないかという不安にかられてしまうことさえあるでしょう。

　しかし、先に指摘したように、何らかの意味での仮説を設定することは、「何をどこまで明らかにするのか」という点を明確にすることによって、調査研究の基本的な方向性を示していく上ではどうしても欠かせない手続きの1つです。実際、無仮説事後解釈病について解説した際に述べたように、全く何の仮説も設定しないでおこなわれる「行き当たりばったり式」の調査では、最終的な結論として思いつき程度に過ぎないつまみ食い的な説明を提出するだけに終わってしまうでしょう。

　もっとも、だからと言って、命題型仮説依存症候群のように、仮説というものを命題形式のものだけに限定してとらえてしまうと、仮説検証の発想にもとづく調査研究が本来持っているはずの可能性の半分以上が失われてしまいます。

仮説コンプレックスと仮説アレルギー

　この命題型仮説依存症候群の背景には、社会科学が自然科学的な研究法に対して抱き続けてきた一種のコンプレックスがあると考えられます。つまり、自然科学の分野で目覚ましい成果をあげてきた（と信じられてきた）**仮説演繹法**という方法を社会科学でも適用しようと焦るあまりに、仮説を命題形式のものに限定してとらえる見方が一般的になってしまったと考えられるのです。

また、その種の行き過ぎた「科学主義」への反動の１つとして、仮説生成型調査に関する誤解や過剰な思い込みが生じてきたとも言えます。そして、その思い込みにとらわれてしまった人々は、「社会や文化という複雑な対象を数個の仮説命題などで説明し尽くしてしまうことなど不可能だ」などとして仮説検証的な発想を全否定します。それもあって、一方では「作りっぱなし」でその後の手当てを怠ってしまうような、「育児放棄」とも言える仮説生成型調査の症状が生じてきたのでしょう。

　要するに、仮説についてのコンプレックスは、一方では、むやみに仮説（特に命題型仮説）を有り難がってしまうような妄信的傾向、他方では、逆に仮説を毛嫌いして全否定してしまう「仮説アレルギー」、という対照的な２つの傾向を生み出してきたのです。

3-2　仮説の再定義

既存の定義の特徴

　こうしてみると、大切なのは「仮説を使うか使わないか」などではなく、むしろ「どのような種類の仮説を、いつ、どのような形で使うか」という問題だということが明らかになります。また、その点を明確に認識した上で、実際に調査研究をおこなう際には、まず「仮説」という言葉の定義について改めて検討してみる必要があります。

　もっとも、仮説の定義について調べてみようと思って社会調査関連のマニュアルや解説書を読んでみても、それほど役に立たないことが少なくありません。というのも、そのような本で仮説の定義として出てくるのは、たいてい次のようなものだからです。

　　「経験的な事象を科学的に説明もしくは予測するために定式化された未検証な命題（または命題群）」（西田春彦・新睦人編著『社会調査の理論と技法』）

　　「正しいことが保証されているわけではないけれど、ともかく『このようになっているのではないか』と考えられている命題」（盛山

和夫『社会調査法入門』)

> 「リサーチ・クエスチョンないしリサーチ・プロブレムに対する仮の答えであり、独立変数と従属変数のあいだの関係の形式で表現される」(Chava Frankfort-Nachmias & David Nachmias. *Research Methods in the Social Sciences*)

　最初のものは、「経験的な事象」とか「定式化」とか難しそうな言葉が出てきてすぐには頭に入ってきません。2番目の定義は、それに比べれば分かりやすい言葉が使われています。しかしそれでも、1番目と同じように「命題」という言葉が出てくると、何となく敬遠したくなってきます。ましてや3番目のように、「独立変数」とか「従属変数」とか耳慣れない言葉が登場してくると、それだけで抵抗感をおぼえてしまうかも知れません(「変数」については、第6章で改めて解説します)。

本書での定義
　そこで、この本では、仮説を次のように定義したいと思います。

> 「まだよく分かっていない事柄について明らかにするために、既に
> ①   ②
> ある程度分かっていることを前提にして調査をおこなう際に、その
> 見通しとして立てる仮の答え」
> ③

　文章が長いだけでなく、かなり回りくどい定義のように思われるかも知れませんが、番号を振っておいた箇所は、それぞれ次のような点を意図しています。

- ①＋③……仮説というものが、何らかの問いに対応する「仮の答え」であることを明らかにしておく
- ①……その仮の答えである仮説が、何らかの「まだよく分かっていない事柄」に関する新しい知見、すなわち「ニュース」をもたらす

ものでなければならない、という点を強調する

・②……「既にある程度分かっていること」という箇所では、仮説というのは、先行研究に含まれる理論的アイディアや調査データなどの確かな根拠を踏まえたものでなければならない、という点について確認する

　少しくどくなりますが、上の②についてここで補足したいことがあります。それは、仮説は既に先行研究で明らかにされていることをしっかりと踏まえ、またある時期までに収集したデータを根拠にした上で設定された「仮の答え」でなければ、単なる「思いつき」程度に過ぎないものになってしまいかねない、という点です。これは、先に命題型仮説依存症候群や逃げ口上仮説症候群について解説した際に指摘した点でもあります。

3-3　広い意味での仮説・狭い意味での仮説

さまざまなタイプの「仮説」

　以上の定義で強調した幾つかのポイントは、実は、上にあげた３つの例のような教科書的な定義にも、その前提として多かれ少なかれ含まれています。その意味では、とりたてて独創的な定義というわけではありません。一方で、本書での定義の場合には、図表3-2に示すような、かなり広い範囲の「仮説」をカバーできるという利点があります。

　この図に見るように、広い意味での仮説には、70〜71ページにあげた比較的短い文章の形式でまとめられた命題型仮説だけでなく、実にさまざまなタイプのものが含まれます。

図表3-2　さまざまなタイプの「仮説」

広い意味での仮説 {
狭い意味での仮説（命題型仮説）
予想
見通し
インタビューにおける話し手の応答に関する予想
章立て案
中間報告書　等
}

命題型仮説だけが仮説ではない

　たとえば、長めの文章としてまとめられた「予想」や「見通し」と
いったものも仮説と呼んで差し支えないでしょう。また、調査の初期に
作ってみた章立て案や中間段階で作成する中間報告書にも、〈調査全体
の見通しを明らかにし暫定的な結論を出しておく〉という意味では、一
種の仮説としての性格があると考えることができます。さらに、インタ
ビュー調査の場合には、人々の実際の証言内容について事前にある程度
の予想を立てておくこともよくあります。そのような予想も広い意味で
の仮説だと言えます。

　こうしてみると、命題型仮説は何種類もあるはずの「仮説」の中の１
タイプに過ぎないということが改めて明らかになります。実際、調査研
究である限りは、何らかの意味での仮説を用いない例はあり得ないとさ
え言えます。その点では、仮説一般に対してむやみにコンプレックスを
感じたり、逆に毛嫌いしたりするというのは決して前向きのスタンス
ではありません。また逆に言えば、仮説らしい仮説も設けずに、「ここは
１つアンケートでも」という程度の発想（ノリ）で、見切り発車的にお
こなわれる無仮説事後解釈型のアンケート調査などは明らかに論外なの
です。

４　５つの治療法──仮説が持つ潜在力を引き出していくために

　以上のようにして仮説を再定義することは、仮説をめぐる誤解を解消
していくだけでなく、リサーチをおこなっていく上で仮説というものが
持つ潜在力を十分に生かす上でも重要な第一歩になります。実際、仮説
の再定義は、これから解説していく、仮説をめぐる病いに対する幾つか
の「治療法」にとっても基本的な前提になります。

　その治療法とは、次の４つです。

　①仮説演繹法の基本について理解する
　②調査を始める前に論文を書いてしまう

③「自分ダメ出し」を心がける

④個々の仮説を大局観（ビッグピクチャー）の中に位置づける

　これら４つのポイントに、上で述べた仮説の再定義を加えれば、合計で５つの治療法ということになります。

4-1　仮説演繹法の基本的な発想について理解する

理論仮説から実証仮説を「演繹的」に導き出す

演繹とは？　ここまでは、仮説を生かした調査研究の進め方を指す言葉として「仮説検証」あるいは「仮説検証法」を使ってきましたが、より正式な用語としては**仮説演繹法**というものがあります。「演繹」というと何となく難しそうな感じがするかも知れません。しかし、具体的な適用例を見てみれば、それほど難しい手続きではないことが分かると思います。実際、私たち自身が日常的に何気なくおこなっている活動の中にも、原理的には仮説演繹法の発想に近いものが少なくないのです。

　調査研究における仮説演繹法の場合の「演繹」というのは、通常次のような手続きを指します。

　演繹：一般的な理論的前提が正しいものであると仮定した場合に、それを具体的な事例について収集したデータと突き合わせてみた場合にどのような調査結果になるか、という点に関する予測を論理的な結論として導いていく

理論仮説と実証仮説　この演繹の手順に関する解説の最初に出てくる「一般的な理論的前提」を**理論仮説**、一方で後半の「具体的な事例について収集したデータと突き合わせてみた場合にどのような調査結果になるか、という点に関する予測」を**実証仮説**と呼んで区別することがあります。

　この区別を適用してみた場合、仮説演繹法に関する上の解説は次のように言い換えることができます——「理論仮説が正しいものであると仮

定した場合の実証仮説を論理的な帰結として導いていく」。

　もう少し詳しく解説すると、理論仮説というのは、「定評のある理論や先行研究の結果からすれば、調査テーマに関しては**一般的にこういうことが言えるはずだ**」という仮定のことです。一方、実証仮説の場合は、「理論仮説が正しいことを前提にして考えてみた場合、**この特定の事例に関する調査結果はこのようになるはずだ**」という想定のことを指します。仮説という言葉が2回登場してきて、少しややこしい感じがするかも知れません。しかし、以下で実際の手順について見ていけば、もう少し理解しやすくなるはずです。

　なお、実証仮説は、数値データの収集と分析が中心になる統計的調査などの場合は、71ページに典型的な例としてあげたような、比較的短い文章の仮説命題の形をとります。それに対して、特定の企業を対象にしたケーススタディのような場合、仮説は、全体としてかなり長い、一篇の物語のような体裁になっている例が少なくありません。

　たとえば、先に「広い意味での仮説」（図表3-2、81ページ）について解説した際に指摘したように、論文の章立て案や中間報告書なども、ここで言う実証仮説に該当します。また、本格的な調査を開始する以前に、たとえばある企業が採用した市場戦略の成功ないし失敗の背景について、その段階で入手できた範囲の情報をもとにして「ラフスケッチ」のような草稿を作っておいた場合、それも一種の仮説だと言えるでしょう。

ステップ・バイ・ステップの手順

　仮説演繹法には、上で解説した演繹というプロセスが非常に重要な手順として含まれています。そのアプローチの概略をステップ・バイ・ステップ方式で図解すると、図表3-3のようになります。

『変革型ミドルの探求』の場合

　たとえば、71ページにあげた『変革型ミドルの探求』の仮説命題は、図表3-3の①で言う理論仮説として設定されたものだと言えます。著者

図表3-3　仮説演繹法の手順

①定評のある理論および手元のデータや資料をもとにして、調査テーマに関して<u>一般的に適用できる理論仮説</u>を立てておく

↓

②理論仮説を前提とした上で、〈その前提を**具体的な事例**である調査対象に当てはめてみた時にどのような調査結果が得られるか〉という点について論理的（演繹的）に導き出した予測を、<u>その特定の事例に焦点を絞ってカスタマイズ</u>した仮説、つまり**実証仮説**として立てる

↓

③調査をおこない、実証仮説における予測と実際に収集したデータを分析してみた結果とを突き合わせてみて、<u>その特定の事例に関する予測＝実証仮説</u>があたっていたかどうかを検証する

↓

④③の作業（＝実証仮説の予測とデータ分析の結果との突き合わせ）の結果を通して**理論仮説の確からしさ**について検討する
その結果として――
・予測どおりの結果が<u>得られた場合</u>
　→理論仮説および前提となった大本の理論的前提が支持され、その確からしさが高まる
・予測どおりの結果が<u>得られなかった場合</u>
　→理論仮説および前提となった大本の理論的前提の一部を修正する
　　あるいは理論仮説についてより根本的なレベルでの再検討のプロセスに入る

の金井氏は、これを「基本仮説」と呼びます。実際に質問表調査によって検証していく際には、その質問表の項目（測定尺度）にあわせた実証仮説（金井氏の用語法では「操作化された基本仮説」）として、いわばカスタマイズして作り替えています。これは、②の手続きにあたります。

　最終的にそれらの実証仮説は、日本の企業47社に勤務する1231名のミドル・マネジャーを対象にして実施された質問表調査によって検証されました（手続き③）。その結果として、たとえば、仮説1bは支持されなかったものの、仮説1aと仮説2はおおむね支持されることになったとされています。

　なお、金井氏は『変革型ミドルの探求』で、以上のような仮説の検証結果だけでなく、仮説検証のプロセスを通して明らかになったさまざまな発見事実についても解説しています。さらに、理論仮説を設定する際

の前提となった組織過程やマネジャーの行動に関する幾つかの理論の妥当性についても検討しています（手続き④）。

　当然ですが、必ずしも全ての調査研究において、図表3-3に示したような手順どおりに作業が進められていくわけではありません。しかし、仮説の設定と検証の作業が含まれている調査の手続きを全体として見れば、その背景には何らかの形で、上の一連の手順と同じような発想がある場合が少なくないのです。

「実証仮説」の検証を通して「理論仮説」の確からしさについて確認する
データで検証できるのは実証仮説だけ　いずれにせよ、ここで1つ確認しておく必要があるのは、〈実際のデータによって**直接**その真偽ないし当否（当たっているか否か）が検証されるのは、具体的な事例に焦点を絞って立てられた実証仮説の方である〉という点です。一方、前提になった理論仮説の方は、その実証仮説の検証結果を通して**間接的**にその確からしさが検証されるだけにとどまります。

　事実、私たちが調査研究で資料やデータを集めて実際に検討（検証）できるのは、たとえば特定の企業や業界あるいは幾つかの店舗といった個別の事例に限られます。また、もし全国規模の統計情報が得られたとしても、そのような数値情報は、現実の企業や市場のある特定の側面を切り取っているだけに過ぎません。

　したがって、たとえそれらの限られた情報の範囲内では理論仮説に対する一定の支持が得られたとしても、それだけで〈世の中の全ての企業の事例ないし業界全体に当てはまる絶対確実な理論が証明された〉と主張するのは、明らかに飛躍があります。

事例の検討を通して一般的なパターンについて確認する　もっとも、せっかくかなりの手間と時間をかけて調査研究を実施しようとしているのです。それが少数の事例についての「実態報告」程度のもので終わってしまったら、いかにも「もったいない」ではありませんか。調査をおこなった本人としても面白くないでしょうし、単なる実態調査や現状報

告だけでは、それを読まされる読者にとっても退屈なものになりかねません。というのも、私たちが本当に知りたいのは、たいていの場合、その事例研究の結果を通して一般論としてどのようなことが言えるのか、ということだからです。

　実際、事例研究の結果に何らかの一般的な妥当性がなければ、「私は現場で見てきた。聞いてきた」と言っているだけに過ぎません。極端に言えば、それは、中学校や高校の「調べ学習」と大差ないものになってしまいます。たとえその報告がプライベートな体験談、あるいは「お話」としては面白いものであったとしても、それだけでは、図表2-2（37ページ）で言う「おたく型」（領域E）の独りよがりな調査になってしまう可能性があります。それこそ「So what ？（それが分かったからといって何になるの？）」と言われかねないのです。

　それとは対照的に、たとえば、ある企業で採用された戦略の特徴や問題点について知り得たことが、同じ業界あるいは他の業界に属する企業のかなりの部分についても当てはまる見込みがあるのだとしたら、どうでしょうか。そうなれば、業界関係者の人たちにも興味や関心を持ってもらえるような調査研究になるという展望も開けてきます。つまり領域DやGに分類できる調査として評価されるかも知れないのです。それに加えて学界でも高く評価される研究成果になることだってあるかも知れません。つまり、領域B、F、C、さらには領域Aに分類できるような調査研究になっていく可能性が開けてくるかも知れないのです。

4-2　調査を始める前に論文を書いてしまう

実験の前に論文を書く

石坂公成氏の指摘　前の項では、〈広い意味での「仮説」には、章立て案や中間報告書における暫定的結論なども含まれる〉という点について指摘しました。この、広い意味での仮説という発想を最大限に生かした調査研究の進め方に、実際にデータが得られる前に論文や報告書の粗筋や下書きを書いてしまう、というものがあります。

　これについては、免疫学における世界的権威として知られる石坂公成

氏が紹介しているエピソードが参考になります。石坂氏は、「実験を開始する前に、実験結果の予想を含めて論文の草稿を書いてしまう」というやり方を、米国で学んでいた時の師匠から受けた貴重なアドバイスの1つとして挙げた上で、次のように語っているのです。

　　実験を始める前に論文を書けばどのくらい材料が必要かもはっきりするし、予想に反した結果が出た時でも、それが間違いかどうかが分かるような実験計画をたてることができる。したがって予想に反する結果が出た時でも、その実験は無駄にはならない（石坂、2005）。

論文の草稿＝（広い意味での）仮説　ここで改めて確認できるのは、論文の草稿全体で展開されているストーリーを一種の仮説として考えることができる、という点です。仮説という時には、通常は石坂氏が「予想」と呼ぶ、実験結果の予測に関する仮説命題を指します。しかし、そのような命題型の仮説を設定するだけでは、その仮説を検証していくために必要となる実験手続きや実験室における具体的な作業のイメージを事前に把握しておくことは難しいでしょう。

　それに対して、論文の草稿をひと続きのストーリーとして書いてみた上で、個々の実験結果に関連する命題型仮説を論文の下書きという、広い意味での仮説の文脈の中に位置づけてみた場合は、どうでしょうか。その場合は、まさに石坂氏が述べているように、実際に得られた実験データ——たとえそれが予想に反するものであったとしても——について、より深いレベルで検討することができるでしょう。また、その実験結果が持つ意味を、実験の具体的な操作や最初に立てた予測と関係づけた上で鮮明に浮かび上がらせることができるに違いありません。

調査研究の場合

　同じような点が、調査研究の場合についても指摘できます。本格的に調査を始める以前の段階で、調査の終了時点を想定して、序章から結論

まで含めて一通りのストーリーを「ラフスケッチ」のような草稿として書いてみると、色々なアイディアが浮かんできます。その中には、もちろん最終的な調査結果についての予想も含まれています。それ以外にも、たとえば事前に検討しておくべき事項（調査のスケジュールや必要になる経費や資源など）も見えてきたりします。また、最初の計画では見落としていた種類の資料やデータが、実際に調査を進めていく上ではどうしても必要であることが分かってきたりもします。

　調査テーマや対象によっては、なかなか最初の段階で論文や報告書全体のストーリーを含む下書きを書くのは難しいこともあるでしょう。その場合でも、調査の中間段階で、それまでの作業を通してある程度判明した事実にもとづいて草稿を書いてみると、今後どのような側面に焦点を絞った上で調査を進めていけばよいか、どのような資料が追加情報として必要であるかなどという点が見えてきます。

　たとえば、特定の企業に関するビジネス・ケーススタディの場合には、本格的な調査を開始する以前の段階で、とりあえず手元にある情報（新聞や雑誌の記事など）の範囲で事例報告の下書きのようなものを書いておくと、それが一種の仮説として有効になる場合が少なくありません。また、そうしておくことによって、手元の資料だけではあやふやな分析結果しか書けない点や当初の調査計画では見落としていた重要なポイントなどが鮮明に浮かび上がってくることがあります。

4-3 　自分ダメ出しを心がける

ペット仮説の誘惑

　上で述べた「調査を始める前に論文を書いてしまう」という方法については、1つ注意しておかなければならない重要な点があります。それは、いったん仮説として書いた草稿については、常に第三者的な視点で疑いの目を向けていく必要があるということです。つまり、自分自身の立てた仮説については、常にそれを否定すべき対抗仮説（ライバル仮説）として考えて「ダメ出し」をしてみる必要があるのです。ダメ出しの対象には、データ分析の結果やインタビュー相手の証言内容に関する予想

なども含まれます。

　このような「自分ダメ出し」が必要になってくるのは、私たちには、自分自身が作り上げた仮説に対して過剰な愛着を持ってしまう傾向があるからに他なりません。その「ペット」のような存在と化してしまった仮説は、いつの間にか「仮の答え」としての柔軟な性格を失ってしまい、むしろそれとは正反対の性格を持つ「コチコチ」の固定観念のようになっていきます。そうなると、たとえどのような資料やデータ——当初の仮説をほぼ全面的に否定するような内容の情報も含めて——が目の前にあっても、それらの全てが自分の仮説を支持するものであるように思えてきたりします。だからこそ、先に解説した一種のウッカリミスとしてのHARKingなどが生じてしまうのです。

　そのような点からしても、私たちは、誘惑に満ちた「ペット仮説」に対して極力一定の距離を置くようにする必要があります。つまり、その仮説自体の妥当性を徹底的に疑って、それとは異なる説明や解釈の可能性を探っていく作業を心がけなければならないのです。

肯定のための否定の作業

益川敏英氏の指摘　　この点について示唆に富むのは、ノーベル賞学者の益川敏英氏が「肯定のための否定の作業」と呼んでいるアプローチです。これについて、益川氏は次のように述べています。

　　考えつく限りの可能性を考えて、「これはあてはまらない」「これでも説明できない」「この可能性はどうか」……と一つひとつ検討していく作業を、僕は、「肯定のための否定の作業」と呼んでいます。（中略）科学の研究というのはこのように、証明したい理論を徹底的に疑って、疑ってかかります。そして、「これは違う、これは違う、これも違う」と、執拗なまでの検討を重ねた末、「どうしてもこれは排除できない、認めざるを得ない」というものだけが残されていくわけです（益川・山中、2011：189-190）。

益川氏が言うように、自然科学では、証明したいと思っている理論や仮説を徹底的に疑いながら、その一方で他にも成立し得る説明や解釈の可能性をできる限り「つぶして」いくことによって、最終的にみずからの理論や仮説を主張していく場合が少なくありません。

社会調査の場合　一方で、社会科学系の調査研究については、必ずしもそれと同じような形で自分自身の仮説を徹底的に疑ったり、対抗仮説との対決を通してきたえあげていったりする作業の重要性や必要性が広く認識されているとは言い難い面があります。

　特に、メディア企業や政府機関あるいは自治体がおこなうアンケート調査や実態調査などでは、対抗仮説どころか、そもそも仮説らしい仮説すら設定されずに調査がおこなわれることが稀ではありません。だからこそ、先にあげた無仮説事後解釈病や逃げ口上仮説症候群が蔓延してきたのだとも考えられます。

　もし社会調査においても益川氏の言う「肯定のための否定の作業」がルールや一種の職業規範として定着していれば、そこには「逃げ口上としての仮説」が入り込む余地などほとんどないでしょう。また、肯定のための否定の作業が慣行としておこなわれている場合には、「まだ仮説の段階に過ぎないのだが……」という発言は逃げ口上などではなく、むしろ一種の謙遜としての意味合いを持ってくるはずです。というのも、その場合には、考え得る限りの可能性を検討し尽くした末に得られた結論を、むしろ謙虚に暫定的な結論＝仮説として提示しているはずだからです。

　なお、自分ダメ出しを効果的におこなうためには、調査の初期や中間段階で立ててみた仮説（データ分析の結果やインタビューにおける応答についての予想、章立てなど）については小まめに記録を取っておく必要があります。当然ですが、その記録には日付を明記しておかなければなりません。また、自分だけでなく他の人たち（指導教員、同僚、友人など）からダメ出しをしてもらえると、さらに効果的でしょう。

　「ペット仮説」が持つ誘惑の強さを最も悲劇的な形で示しているの
が、警察の「見込み捜査」や検察の「筋読み」などに象徴される、刑
事事件をめぐる日本的な慣習です。『検察の正義』（郷原信郎著）や『日
本型組織の病を考える』（村木厚子著）などでも指摘されてきたように、
日本では、警察や検察が事件のストーリーを「予想」し、その仮説あ
りきで捜査を進めることが少なくなかったとされています。つまり、
ある容疑者についてその「見込み」や「筋読み」がいったんペット仮
説として定着してしまうと、警察関係者にも担当検察官にも他の人物
が真犯人であるという「対抗仮説」の可能性が全くと言ってよいほど
目に入らなくなってしまう、というのです。その不幸な結果として、
数々の冤罪事件が生み出されてきたとも言われています。

　もしかしたら、同じようなことが経営実務についても指摘できるか
も知れません。たとえば、ある時期までは有効であった製品販売や
サービスの方法は、その成功体験を通して一種のペット仮説になって
しまい、結果として他の可能性が目に入らなくなってしまうという可
能性があるでしょう。つまり、ペット仮説が自説にとって不利な情報
を排除してしまうフィルターのようなものになってしまうのです。「肯
定のための否定の作業」は、そのような実務上のペット仮説の誘惑か
ら逃れるためにも必要な心がけだと言えます。

4-4　大局観（ビッグピクチャー）の中に位置づける

「大局観樹」における各種の問いと仮説

大局観樹の概要　ここで最後に取りあげる「治療法」は、主に統計的な
手法でデータの収集と分析をおこなう調査にありがちな「大局観喪失
症」に対する処方箋です。その他にも、特に仮説命題などを設定せずに
実施されることが多い事例研究などに対しても大きな治療効果があるか
も知れません。

　この処方箋の前提となる考え方を図解してみたのが、本書で「大局観

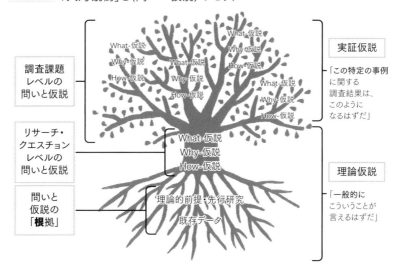

調査課題
レベルの
問いと仮説

リサーチ・
クエスチョン
レベルの
問いと仮説

問いと
仮説の
「**根拠**」

What-仮説
Why-仮説
How-仮説
What-仮説
Why-仮説
How-仮説
What-仮説
Why-仮説
How-仮説
What-仮説
Why-仮説
How-仮説

What-仮説
Why-仮説
How-仮説

·理論的前提·先行研究

既存データ

実証仮説

「この特定の事例
に関する
調査結果は、
このように
なるはずだ」

理論仮説

「一般的に
こういうことが
言えるはずだ」

樹」と呼ぶ上のような図です（図表3-4）。

各構成要素の特徴　仮説演繹法の基本的な考え方について解説した際に
も指摘したように、個々の調査で実際に検証されるのは実証仮説の方で
す。その実証仮説は、もともとは理論仮説から論理的に導かれる（＝演
繹される）べきものです。一方、その理論仮説それ自体は、理論的前提
だけでなく先行研究の中に含まれている情報あるいは事前に入手した統
計データや新聞あるいは雑誌の記事などの情報にもとづいて立てられま
す。

　その意味では、それらの理論的前提や先行研究あるいは既存資料は、
問いと仮説を設定する際の基本的な根拠になるものだということになり
ます。その点について、図では大きな樹の「根っ子」の部分として示し
ておきました。

　一方で、調査におけるデータ収集とデータ分析の作業を経て検討の対
象になる問いの中には、前章で解説したとおり、リサーチ・クエスチョ

ンレベルの問いと調査課題レベルの問いという2種類に大別できます。一方は、調査全体の方向性と焦点を明らかにするための問いであり、他方は、より具体的な個々の調査トピックに関わる問いです。その2つを明確に区別しておくために、図では、リサーチ・クエスチョンとそれに対応する仮説については樹木全体を貫いて支える太い幹で示し、一方で、個々の調査課題とそれに対応する仮説の方は無数の葉がついた何本かの枝として表しています。

たとえば、71ページにあげた「管理者行動とタスクの性質の関係」に関して立てられた3つの仮説は、この図で言えば根っ子の部分である理論仮説にあたります。それに対して、その仮説を質問表調査にあわせてカスタマイズした仮説命題は、枝葉（えだは）の部分にあたる調査課題レベルの問いに対応する実証仮説だということになります。

大局観喪失症の克服を目指して

互いに支えあう枝葉と幹と根の部分　「枝葉」という喩えを使ったからと言って、調査課題レベルの問いと仮説が重要性という点で劣るわけではありません。たしかに、「枝葉末節（しようまっせつ）」（「物事の本質からはずれた、ささいな部分」（『広辞苑』））という言葉はあります。しかし、調査研究の場合は、具体的な個々の調査課題が、太い幹のリサーチ・クエスチョンに比べて相対的にマイナーな役割しか果たしていない、ということでは断じてないのです。

樹木の成長と維持にとって、枝と葉によっておこなわれる光合成作用は欠かせません。それと同じように、個々の調査課題をめぐる問いと仮説の検証から得られる情報は、リサーチ・クエスチョンレベルの問いを育て、また仮説をきたえあげていく上で不可欠な条件です。もちろん、その一方では、理論的前提や先行研究という確実な根拠に支えられていなければ、調査課題レベルの問いもリサーチ・クエスチョンもほとんど無意味なものになってしまいます。それは、根が樹木全体をしっかりと支え、また水分や養分を地中から確実に吸い上げていかなければ、幹や枝葉は、そもそも存在すらできないのと全く同じです。

調査のタイプと大局観喪失症　本書では、以上のような重要な点が忘れ去られてしまいがちな傾向を指して「大局観喪失症」と名づけました。このような傾向（症状）に陥っている場合には、個々の調査課題レベルの仮説命題の検証それ自体が目的になっており、その検証作業を通してリサーチ・クエスチョンレベルの問いに関する検証をおこなうというようなことは疎かにされがちです。ましてや、その根拠である理論仮説の検証を通じて先行研究の主張や理論的前提それ自体に検討を加え、またある場合には根本的な修正を迫ることもあり得ません。

　大局観喪失症は、主に数量データを扱う統計的な調査研究などの場合によく見られる傾向です。もっとも、それとは対照的なアプローチをとる事例研究などについても本質的に同じような性格を持つ傾向が見られることがあります。

　たとえば、ビジネス・ケーススタディなどと呼ばれる、企業を対象とする事例研究などでは、特定の企業についてはさまざまな資料やデータを駆使して詳細かつ興味深い情報が提供されている半面、「その事例を通して、一般論として何を言いたいのか」が一向に見えてこない場合が少なくありません。つまり、図表3-4で言えば、枝葉の部分だけは詳しく書き込まれているのですが、そのディテール豊かに描き出された絵柄が全体を貫く太い幹、そしてまた地中に深くかつ広く展開している根っ子の部分とどのような関係にあるのかが一向に見えてこないのです。

　言うまでもなく、時間や労力あるいは資金面での制約がある中でおこなわれる調査研究では、ほとんどの場合、枝葉に該当する問いについて何らかの仮説を設定して検証をおこなっていくことになります。しかし、そのような場合でも、自分がおこなっている作業が、より大きな構図の中でどのような位置づけにあるのか、という点を認識するように心がけておく必要があるでしょう。

　上で述べた「個々の調査課題を、より広い範囲をカバーする一般的なリサーチ・クエスチョンや理論的前提の中に位置づけてとらえる」というアプローチは、取りも直さず、特定の事例について調べることを通し

て、より一般的な物事に関する情報を得ていくという作業に他なりません。つまり、事例研究は一面では「事例について知ること」であるとともに「事例を通して知ること」を目指す作業でもあるのです。この点については、次章で IMRAD（イムラッド）という、論文の基本的な構成が持つ意味について考えていく際に改めて詳しく解説していきたいと思います。

考えてみよう

本章で「つまみ食い型事後解釈」の例として批判的な検討を加えた子ども時代の自然体験や遊び体験と成人後の能力や生活との関係について扱った調査報告については、次のような形で擁護することができるかも知れません——「仮説が設定されておらず、また理論的根拠は曖昧であったとしても、興味深い相関関係が存在するという事実を掘り起こしたという点だけでも評価できるのではないか？」。このような擁護論に関するあなた自身の見解をまとめてみましょう（「相関関係」および社会調査における測定の信頼性については、第6章と第9章でそれぞれ改めて解説します）。

調べてみよう

自分自身が現在興味を持っている研究テーマを扱っている先行研究を数点取りあげてみた上で、それぞれの文献でどのような種類の仮説がどのような形で活用されているか（もしくは活用されていないか）という点について検討してみましょう。

CHAPTER 3　5つのポイント

1. 仮説は、リサーチ・クエスチョンに対応して設定される「仮の答え」である。

2.　仮説は、リサーチ全体の方向性や焦点を明らかにすることによって、調査に関わる一連の作業を規律あるものにする上で非常に重要な役割を果たす。

3.　仮説については、さまざまな誤解がつきものである。それらの誤解は、次の5種類の病気または「症状」として典型的に現れている—無仮説事後解釈病、HARKing病、命題型仮説依存症候群、大局観喪失症、逃げ口上仮説症候群。

4.　仮説演繹法の利点を生かすためには、さまざまなタイプの仮説を含み得るような形で「仮説」を再定義しておく必要がある。

5.　仮説にまつわる誤解を払拭し、その潜在力を最大限に生かしていく上では、次の4点が重要なポイントになる—仮説演繹法の基本について理解する、調査を始める前に論文を書いてしまう、対抗仮説との切磋琢磨を心がける、仮説をリサーチ全体の大局観の中に位置づける。

［補論］ セブン-イレブン型仮説（実践仮説）対 研究論文型仮説（実証仮説）

「仮説と検証の経営」とは？

　鈴木敏文氏は、1970 年代に米国のモデルをもとにして日本でセブン-イレブン・ジャパンを立ち上げ、日本だけでなく世界各国に店舗を展開する業界屈指のコンビニエンスストアとして育て上げ、小売りの領域における流通革命を主導した稀代の経営者です。鈴木氏はまた、セブン-イレブン躍進の原動力ともなった「仮説と検証の経営」や「仮説検証型発注」という発想でも広く知られています。その鈴木氏による一連の発言は、狭い意味でのリサーチ用の仮説と、より実践的な関心にもとづいて活用されてきた仮説的発想とのあいだの重要な共通点と違いについて理解していく上で実に多くの示唆を含んでいます。

　たとえば、鈴木氏は『鈴木敏文の「統計心理学」――「仮説」と「検証」で顧客のこころを摑む』という本の中で次のように述べています。

> POS［Point of Sale：店舗販売時点管理］などは入れようと思えば、どの会社も入れることができます。重要なのは、人間による**"仮説・検証"** です。<u>明日の売れ筋は何なのか、次の新たな売れ筋商品はどれなのか</u>、店舗ごとに現場で仮説を立て、それをもとに仕入れをする。仮説どおりの結果が出たかどうかは POS データですぐわかります。つまり、POS システムは基本的に、仮説が正しかったかどうかを検証するためのものであって、POS が出した売り上げランキングの結果をもとに発注するのではないのです（勝見［鈴木］、2006：115。強調と下線は引用者）。

　この発言の中で「仮説」に対応する問いにあたるのは下線で示した「明日の売れ筋は何なのか、次の新たな売れ筋商品はどれなのか」という一節であることは明らかでしょう。そして、これら 2 つの What の

問いに対応して立てられる予測がまさに仮説にあたります。鈴木氏は、その売れ行きに関する予測（仮説）の正しさをPOSデータによって**検証**することが重要なポイントであると指摘しているのです。

セブン-イレブン型仮説＝広い意味での仮説

以上のような、鈴木氏の「仮説検証型発注」は、本章で提案している仮説の定義、つまり「まだよく分かっていない事柄について明らかにするために、既にある程度分かっていることを前提にして調査をおこなう際に、その見通しとして立てる仮の答え」とほぼ一致します。それは、鈴木氏が、その仮説の根拠となる情報について述べている次の発言からも明らかでしょう。

> 仮説を立てる際に、何よりも必要なのが情報です。情報には**"経験情報"**と**"先行情報"**の二種類があって、先行情報とは、これから先のお客、つまり、"明日のお客"の心理と動きを察知するための情報です。先行情報をもとに仮説を立て、発注を実行し、その結果、売り上げはどうだったかをPOSで検証する。これをひたすら繰り返すのです（勝見［鈴木］、2006：116。強調は引用者）。

上で言う「経験情報」は、過去の実績や現場担当者の経験にもとづく情報だと考えられます。鈴木氏は、もう一方の「先行情報」には、たとえば天気予報や地域のイベントについての情報あるいはPOSデータから読み取れる個々の売れ行きに関する情報などが含まれる、としています。

こうしてみると、「セブン-イレブン型仮説」と本書での仮説の定義は、次のように対応していると考えることができます。

- まだよく分かっていない事柄——明日の売れ筋、次の新たな売れ筋商品
- 既にある程度分かっていること——「先行情報」「経験情報」

図表3-5　実践仮説 対 実証仮説

	実践仮説 (セブン–イレブン型)	実証仮説 (研究論文型)
主な目的	現実変革	現実分析
時間展望	未来	過去・現在・未来 (法則性の解明) 過去ないし現在 (特定の事実の解明)
「検証」の対象	当否	真偽
作成者	ビジネスパースン・ コンサルタント	研究者・学生
発表媒体	「プレゼン資料」・ビジネス系の 一般紙誌・ビジネス書・準学術書・ コンサルティング企業のレポート	学術論文・学術書
問題関心の位置づけ (図表2-2における領域)	領域G・A・C・D	領域F・A・B・C

・仮の答え——明日の売れ筋、次の新たな売れ筋商品についての予測
　（読み）

リサーチにおける仮説（＝実証仮説）との違い

　もっともその一方で、経営上の実践のために立てられる「セブン–イ
レブン型仮説」と本章で主に解説してきた、調査研究で設定される仮説
とのあいだには、幾つかの点で本質的な違いがあります。図表3-5は、
それらの違いについて「実践仮説」と「実証仮説」の対比という形で示
してみたものです（なお、ここでは、本章で解説した理論仮説と実証仮説を
ひっくるめて「実証仮説」と呼んでいます。また「実践仮説」は本書での造
語です）。

各項目に見られる違い

目的　実践仮説と実証仮説とでは、そもそも、主な目的という点で大き
な違いがあります。70〜71ページで取りあげた4つの仮説命題がま
さにそうであるように、調査研究で用いられることが多い実証仮説——

表の右側の欄——の場合、その主な目的は、物事のあり方やその原因についてできるだけ正確に把握していくことです。つまり実証仮説の目的は、現実を的確に分析して事実を明らかにしていくことにあるのです。それに対して、セブン–イレブン型仮説のようにして経営実務で仮説検証法的発想が活用される場合には、現実のあり方に働きかけ、また現実そのものを変えていくことを目指します。それは、たとえば小売りの現場であれば「明日の売上」を増やしていくことであり、また工場現場であれば生産効率を向上させていくことでしょう。

時間展望　2つのタイプの仮説のあいだにおける目的の違いと、仮説を設定する人々が視野におさめている時間軸の違いとのあいだには密接な関係があります。実践仮説の場合は、現実のあり方を変える（＝改善する）ことを目指す以上、仮説を立てる人が焦点をあてているのは将来の状況です。それに対して、実証仮説を設定する人々の場合、その究極の理想は、過去、現在、未来という全ての時点において成立する一般法則のようなものを明らかにすることです。ただし実証仮説であっても、研究テーマによっては、過去に起きた経営現象の事実を明らかにしたり、特定企業の特定時点での成功の「秘密」を突き止めたりすることが主な目標になる場合もあります。これらの場合は、法則性の解明というよりは個別具体的な事実の解明が中心になります。

「検証」の意味　目的や時間展望が異なる場合は、当然、「検証」の意味合いも違うものになってきます。実践仮説の場合は、たとえば特定の発注をした場合の売上の見込みが「的中したか否か」つまり**当否**（当たり外れ）について確認することが中心になります。それに対して、実証仮説の場合は、理論的な観点とデータなどから導き出された仮の答えの**真偽**、つまり「正しいか誤っているか」が問われることになるのです（本文で指摘したように、仮説命題という時の「命題」の辞書的な定義の中には「真偽を判定することのできる文」というものがあります）。

作成者と発表媒体　以上のような実証仮説と実践仮説の相違点は、それぞれのタイプの仮説を構築する人々の社会的な役割と主な発表媒体の違いを色濃く反映しています。

　実践仮説の多くは、文字通り経営実践に関わる人々、たとえば各種のビジネスパースンやそれらの人々に対してアドバイスを提供するコンサルタントによって作成されます。その発表媒体は、社内でおこなわれるプレゼンテーションで配布される資料であったり、ビジネス系の雑誌・新聞・書籍であったりします。コンサルティング企業が提供するレポートなどにも実践仮説が盛り込まれることが少なくないでしょう。もっとも、セブン−イレブン型仮説のように日々の現場実践の中で絶え間なく作成され修正される大量の実践仮説は、紙の上に書き留められることはなく、むしろ販売現場などで口頭で伝えられるケースの方がむしろ多いでしょう。

　一方、実証仮説の場合は、主に研究者、院生、学部学生などによって作成されます。主な発表媒体は、学術書や学術誌に掲載される論文、あるいは、学部学生の卒業論文や大学院生の修士論文や博士論文ということになるでしょう。

問題関心　仮説を作る人々の社会的役割や主な発表媒体の違いは、調査研究における問題関心の違いを反映しています。研究者や院生などが実践仮説ではなく実証仮説が中心となっている論文を学術誌に投稿することが多いのは、取りも直さず、その人々の問題関心が学界で評価されること、図表2-2（37ページ）で言えば領域Fにあるからに他なりません。一方で、実践仮説を活用する人々の問題関心の中心は領域Gだと言えるでしょう。どれだけ経営実務に役立ち、また産業界や一般社会の人たちから、優れた技術や製品あるいはサービスとして高い評価を受けられるかが、最大の関心事になるのです。

　「処方箋」としての仮説
研究論文における実践仮説の位置づけ　もっとも、純学術的な性格が強

い論文や書籍の中にも実践仮説あるいはそれに近い性格を持つ仮説が盛り込まれることがあります。特に経営学系の論文などでは、「結論」や「考察」など最後の部分で「実践への示唆（インプリケーション）」として、論文の本体で明らかにされた事実をもとにした改善策などが提案されることがよくあります。また、学術誌によってはそれが一種の約束事のようなものになっている場合もあります。ただし、研究者や院生の多くは、みずからが主体的にそのような実践仮説の「当否」を検証できる立場にはありません。したがって、それらの実践仮説についての解説は、多くの場合、論文全体の中ではごく手短に述べられることになります。

　このように、実践仮説は、学術系の論文の場合には比較的「マイナー」な位置づけを占める場合が少なくありません。この事実から浮き彫りにされてくる重要なポイントが1点あります。それは、実証仮説と実践仮説という2つのタイプの仮説は、それぞれに対応する問いそれ自体が本質的に異なる性格を持っている場合が多い、という点です。

2W1Hの問いと仮説の対応　実証仮説は基本的に、2W1Hの2つのWつまりWhatとWhyの問いに対する仮の答えとしての性格を持っています。たとえば特定の現象の実態が「どうなっているのか？（What）」という点を明らかにし、またその実態の背後にある因果関係を解明することによって「なぜ、そうなっているのか？（Why)」という問いに答えることを目指して設定されます。

　それに対して、実践仮説の方は基本的にHowの問いに対応するものとして設定されます。つまり、実践仮説を立てる人々は、事態を改善するためには「どうすれば良いか？」という問いに対する答えを求めているのです。実際、図表3-5で実践仮説の典型的な発表媒体として取りあげた各種のビジネス書や準学術書には、文字通り「ハウツー」的な議論がふんだんに盛り込まれています。

実証仮説と実践仮説のあるべき関係　以上で見てきた、実証仮説と実践

仮説のそれぞれが対応する問いのあいだに見られる本質的な性格の違いは、必ずしも〈これらの2つのタイプの問いのあいだに根本的な断絶がある〉ということを意味しません。それどころか、第2章でも指摘したように、実証仮説が対応するWhatとWhyの問いと実践仮説が対応するHowの問いは、本来、互いに密接に関連していなければならないものです。

　実際、WhatとWhyの問いに対して非常に不確かな答えしか提供されていない状況で提示されてくる根拠薄弱な処方箋（＝ハウツー）は、現状を改善する上で役立つどころか、事態をさらに悪化させる恐れさえあります。また、実践上の指針は、実態とその原因に関する確かな「エビデンス（根拠）」が提供された時にこそ、有効なものになるはずです。それがまさに、第1章でもふれたエビデンスにもとづく経営（Evidence-Based Management: EBMgt）」の本質的な意義の1つだとも言えます。

　なお、少し古いものになりますが、『Think!』（東洋経済新報社刊）2004年秋号の特集「仮説思考トレーニング」には、この補論で解説した実践仮説と実証仮説の関係について具体的に事例を通して考えていく上で実に多くのヒントが含まれています。また、この特集号に掲載された何本かの記事は、経営学という、実践と実証の両方に軸足を置いた学問領域のあり方について考えてみる上でも示唆に富んでいます。

論文のストーリーラインを踏まえて調査を企画し実行する
ワイングラス(IMRAD)の効用

　調査研究の世界には、ほとんど全ての関係者が承知していながら滅多に口外されることがない職業上の秘密があります。それは、優秀な調査者ほど上手に「ウソ」をついている、ということです。実際、論文や調査報告書の多くは、現実におこなわれた調査のプロセスを忠実に（＝正直に）再現したものではありません。むしろ、重要な発見事実を読者に対して効果的に伝えることを意図して、大幅な書き換えを含む編集がなされている場合が多いとさえ言えます。つまり、調査報告にはフィクションとしての性格があるのです。調査研究を企画し実施していく際には、一種のフィクションとしての「論文の物語」の定番的な筋立てを念頭において作業を進めていくことが非常に重要なポイントになります。

1 調べたことを書く、書くことで調べる

1-1 終わってからでは遅すぎる

　本章では、調査報告の書き方について解説します。通常の調査マニュアルでは、このような内容は最後の方の章で触れるのが一般的ですが（本書の姉妹編の場合もそうです）、本書では全体の「折り返し地点」であるこの第4章で取りあげます。この点については、少し不思議な感じがするかも知れません。これには幾つかの理由があります。その中でも最も大切なのは、**調査が終わってしまってから報告書を書くのでは遅すぎる**、というものです。論文や調査報告書の章立てやその概要は、「手遅れ」になってしまわないうちに、できるだけ早く書き留めておく必要があります。

この点に関連して前章では、仮説検証の発想を生かした調査のコツの1つとして「調査を始める前に論文（の下書き）を書いてしまう」という工夫を紹介しました。これは、もしかすると、かなり突飛な提案のように思えたかも知れません。というのも、一般的には「調査報告は、調査の作業があらかた終わってからその成果を踏まえて報告の作業にとりかかって仕上げるもの」というイメージがあるからです。

　しかし、調査研究以外の世界に目を向けてみると、活動の成果や完了後の姿を曖昧にしたままで作業を開始することの方がむしろ珍しいことが分かります。たとえば、ビルの建築に際して設計図を作らずに一連の作業が始まることはまずあり得ません。同じように、調理の場合も完成後のイメージを思い浮かべずに「出たとこ勝負」で台所に向かったとしたら、とんでもない料理が出来上がってしまうに違いありません。

　調査研究についても、全く同じことが言えます。最終的な到達点である論文や報告書の姿を常に意識しながら作業を進めることは、調査研究のプロセス全体に明確な方向性を与えていく上で非常に重要なポイントなのです。また、論文というものの基本的な「仕掛け」と「建て付け」について理解しておけば、一見退屈に思える学術論文から貴重な情報を読み取るための大切なヒントが見つけられるかも知れません。

1-2 経緯報告ではなく結果報告を

「はじめに」が始まらない理由──論文が担う2つの役割

論文の基本的な筋立て　上で述べたように、論文の執筆作業については誤解がつきものです。すなわち、〈調査報告というのは、全ての作業が終了して以降に、実際におこなわれた調査の経緯についてできるだけ忠実に報告するものだ〉という思い込みが存在してきたのです。いったんこの固定観念とも言える思い込みにとらわれてしまうと、論文の執筆が一向に進まずに時間だけが虚しく過ぎていく、という事態にもなりかねません。事実、「何から書き始めたらいいか」などと思い悩んでいるうちに最初の一行が書き出せなくなってしまうことも多いものです。

　その背景には、論文や報告書の見かけ上ないし「建前」上の筋立て

は、ほとんどの場合、「経緯報告」の形式になっているということがあります。実際、論文の基本的な構成は、次に示すような**問題・方法・結果・考察**というストーリーラインになっています（この構成については、すぐ後でもう少し詳しく解説します）。

> 調査の目的と**問題**（リサーチ・クエスチョン）が明確な形で設定された上で、何らかの理論的枠組みを前提として調査が開始される。その理論や先行研究を踏まえて適切な**方法**（調査技法）によってデータが収集・分析される。その**結果**を踏まえて最終的な答えが**考察**として提示される。最後に、その答えに含まれている理論的・実践的意義や今後の調査研究に関する展望が示される。

結果報告 対 経緯報告 　このストーリーラインだけを見ると、実際におこなわれた調査のプロセスを時系列で忠実になぞったような構成という印象を受けるかも知れません。しかし、その印象は単なる誤解に過ぎません。実は、調査報告というのは、実際におこなわれた調査の経緯を、相当程度の編集を加えた上で再構成したものなのです。

　以上のような誤解の根底には、社会調査にもとづく報告書や論文が実際に担う次の2つの役割に関する混同があります。

①**結果報告** —— 調査で得られた最終的な結論（問いに対する答えのエッセンス）を、読者にとって分かりやすい形で報告する＝「最終的な結果としてこういう事が分かった」という点に関する報告
②**経緯報告** —— 実際の調査の経緯（問いに対する答えが得られるまでの過程）について正確に報告することによって説明責任を果たす＝「調査結果は、**きちんとした手続き（経緯）によって明らかにされたもの**である」という点に関する報告

　コミュニケーション媒体としての論文が果たすべき主な役割は、言うまでもなく①です。論文の究極の目的は、リサーチ・クエスチョン（問

い）に対する答えとして最終的に得られた結論を読者に対して報告することにあります。

　もっとも、学術論文などの場合には、それに加えてもう１つ重要な任務があります。最終的な結論が、きちんとした分析枠組みと適切な実証手続き（データの収集と分析）によって得られた確実な情報をその根拠にしている、という点を明確に示さなければならないのです。それは、論文の読者に対して「説明責任」を果たすことでもあります。

２つの「顔」のあいだの矛盾
──ジグザグな経緯をまっすぐな１本のストーリーとして再構成する

　このように、調査報告書や論文には、調査結果報告書と調査経緯報告書という２つの顔があります。両方とも、調査レポートが学術的な発想（＝調査研究の「研究」としての側面）を踏まえた論文として成立するためには不可欠となる、大切な条件です。しかし、この２つの性格のあいだには本質的な矛盾も存在します。なぜならば、社会調査には試行錯誤や紆余曲折がつきものだからです。

　実際、ある程度まで調査が進んだ段階で、リサーチ・クエスチョンや仮説を大幅に組み直す必要が生じてくることも稀ではありません。また、途中でデータ収集やデータ分析の方針を変えなければならないこともよくあります。しかし、最終的に論文や調査報告書を発表する時には、そのような紆余曲折の詳しい経緯は大幅に省略した上で、整然とした筋立てのストーリーの体裁にしておかなければなりません。そうしなければ、ページ数がいくらあっても足りないし、何よりも筋が「ごちゃごちゃ」と入り組んだ、非常に読みにくいものになってしまうからです。

　言葉を換えて言えば、論文というのは、曲がりくねった道路にも喩えられる調査の経緯という事実を、真っ直ぐに延びた太い線として編集し直すことによって初めて出来上がるものなのです。その意味では、世の中の論文はほとんどの場合はフィクションです。事実とは違うという意味では、一種の「ウソ」だとさえ言えます。ただし、そのウソは

HARKing（後出しジャンケン型仮説）のような明らかな研究不正とは全く性格が違うものです。ましてや、読者をダマして不当な利益を得ることが目的などではありません。むしろ、調査結果という真実を効果的にまた誠実に伝えるためにあえて「ウソ」をついているのです。

　調査報告がフィクションとしての性格を持つものである以上、その点を念頭において一連の作業を進めていく必要があります。つまり、その時々の作業内容や入手した資料やデータについての情報が、最終的に書き上げる論文ではどの部分に配置されることになるのか、という点について見当をつけておく必要があるのです。その意味でも、調査の初期や途中の段階で、何度か論文のラフスケッチ的な下書き（草稿）を一種の仮説として書いておくというのは非常に大切な手続きになります。

1-3　「調べた後に書く」から「書くことで調べる」へ

書くことは調べること――分析作業としての筆記

　草稿を書いておくことのメリットは、論文の最終的な姿を明確なものにし、またデータの収集や分析と論文の執筆作業とをシームレス（継ぎ目なし）に連携させられる、というだけにとどまりません。それに加えて、何度も草稿を書き直していく中で分析に深みが出てくるという利点があります。実際、リサーチ・クエスチョンや仮説あるいは発見事実などについてひと続きの文章で書いていると、調査全体の姿が徐々に明確な輪郭を見せてきます。また、一つひとつの情報が全体像の中にしっかりと位置づけられることによって分析の深みも増してきます。

　これは第2章（30ページ）で指摘した、「調査があらかた終わってしまった頃になって、ようやく」自分が取り組んでいた問題の姿が見えてくることが多いという点とも密接に関連しています。実際、論文や調査報告書の執筆には、〈調査の結果として最終的に見えてきたこと（分かったこと）を書く作業〉というだけにはとどまらない面があります。それに加えて、調査報告の執筆には、「ひと続きの文章を**書くことによって見えるようにする**」という役割、つまりデータ分析作業としての役割があるのです。

一度でも比較的長い文章を書いたことのある人なら、誰でも思い当たる点があると思いますが、私たちは、文章を書く際には、頭の中に既にまとまった形で出来上がっている文章を、そのまま筆記用具で書き留めるわけではありません。むしろ、文章を書いたり削ったり追加していく作業を通して、頭だけでなくいわば「手と目で」考えているのです。

　同じようなことが、調査データやその分析結果について文章化していく作業に関しても指摘できます。実際、調査現場で見聞きしたことは、それをまとまった文章の形にすることによって、初めて深いレベルで分析することができる対象になります。つまり、草稿をひと続きの文章で書くことは、それ自体が大切な調査プロセスなのです。

　要するに、調査のさまざまな段階で論文の草稿を書くことには、「調べる作業を通して分かったことを書く」だけでなく、「**書く作業を通して初めて分かったことを書き留めておく**」という、非常に重要な意味があるのです。

「パワポ」やレジュメとの違い

　この点に関しては、論文の草稿はパワーポイントなどのプレゼンテーション・ソフトや箇条書き式の「レジュメ」とは本質的に性格が違うものである、という事実について改めて確認しておく必要があります。

　私たちは、プロジェクターを介してスクリーンに投影されたプレゼンテーション資料を目にすると、つい「分かったような」気になってしまいます。ところが、その箇条書き中心のスライドをもとにしていざ論文を書こうとすると、途端に行きづまってしまうことが少なくありません。その時点になって初めて、図解や箇条書きという表現方法は、論理の筋を明確にするどころか、論理破綻の穴を覆い隠す「目くらまし」としての作用を及ぼすことに否応なく気づかされるのです。

　それに対して、ひと続きの文章の場合、そのような目くらましや誤魔化しはあまり利きません。文章に起こしていくと、図解や箇条書き、あるいは印象的なアニメーション効果などでは隠されてしまっていた明らかな誤りや強引なストーリー展開の「アラ」がどうしても目についてく

るのです。

　論文や調査報告書の草稿をできるだけ早く書きはじめて、それを何度も書き直していくことは、取りも直さず、手遅れにならないうちに論理破綻や強引なストーリー展開の「芽をつぶして」いく作業に他なりません。実際、草稿を書いてみると、自分が致命的な思い違いをしていたという事実に気づく場合が少なくありません。また、そのようにして、手遅れにならないうちに書いていくことによって、論文はより深い意味で面白く、かつ「エキサイティング」な読み物になっていくはずです。

　もっとも、調査研究の結果として発表されている論文に実際に目を通してみると、「エキサイティング」とはほど遠い、あまり面白くないものが少なくありません。それには幾つかの理由があります。その中でも最有力の「犯人候補」の1つが、先にあげた「問題・方法・結果・考察」という定番的な筋立てなのです。

2 なぜ論文には読みづらくてツマラナイものが多いのか？

2-1 論文が退屈なので困ってしまうこと

　ゼミナール演習などで卒業研究の指導をしていると、学生たちがインターネットで検索してきた論文を先行研究として引き合いに出して発表することがよくあります。その多くは、日本の学会が発行している学術誌や大学の紀要に掲載された論文です。そのこと自体に特に問題はありません。ただし、1つ困ったことがあります。それは、学生が持ち出してくる論文の中に魅力的なものがあまり多くないということです。

　私一人だけの印象ではなく、学生たちも同じような感想を持つことが多いようです。そのせいで、それらの論文で扱われているテーマについては興味が持てなくなり、結局、別のテーマに切り替えてしまう学生も出てきます。一方で、テーマ自体は変えずに、学術論文ではなくウェブ上の記事や一般誌などの記事を「先行研究」として取りあげて済ませてしまうことも珍しくありません。中には、日本語版の Wikipedia の記事を「コピペ」して引用してくる例さえあります（日本語版 Wikipedia

の問題については第5章で改めて解説します）。また、薄手の新書や短時間で読める手軽なビジネス書というのも、学術論文以外の「参考文献」としては代表的なものです。

それらの記事や書籍の多くは、たしかに読者の関心を引きつけるための工夫がこらされており、読みやすさや面白さという点では学術論文よりも格段に優れています。もっとも、その半面、議論の根拠や推論の確かさという点でかなり深刻な問題がある例が少なくありません。また、用語の使い方が明らかに間違っていたり、出所不明の和製英語が安易に使われていたりする例も目立ちます。

それに比べて学術論文の多くは、さすがに、使われているデータの質や分析の厳密さという点ではウェブ上の記事や一般誌の記事などよりは数段上です。ただ惜しいことに「見せ方」や「読ませ方」という点では、工夫の余地があるものが少なくありません。料理に喩えて言えば、良質のネタ（食材）を使っているはずなのに、調理の仕方に問題があり、結果として味が台無しになっている例が見受けられるのです。その「調理法」ないし編集法をめぐる問題の筆頭としてあげられるのが、以下で解説する「問題・方法・結果・考察」という定番的な筋立てです。

2-2　テンプレート（ひな型）としての「問題・方法・結果・考察」

図表 4-1 は、論文の基本的なストーリーラインとして 107 ページの囲みの部分で紹介した「問題・方法・結果・考察」という構成について、内容を補足して図解してみたものです。なお、それぞれの項目の括弧内は英語でよく使われるセクション名で、本章の後半で「IMRAD」という構成について解説する際の前提にもなります。

調査研究の成果として発表される学術論文については、この「ひな型（テンプレート）」のような筋立てに沿って書くことが基本原則になっています。なお図の右端に矢印付きで示したように、論文や調査報告書の構成の根底には、〈「問題」のセクションで提示された問いに対する答えを「考察」のセクションで提示する〉という一連の流れがあります。

図表4-1 「問題・方法・結果・考察」のストーリーライン

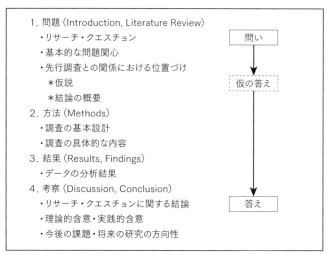

1. 問題（Introduction, Literature Review）
   ・リサーチ・クエスチョン
   ・基本的な問題関心
   ・先行調査との関係における位置づけ
   ＊仮説
   ＊結論の概要
2. 方法（Methods）
   ・調査の基本設計
   ・調査の具体的な内容
3. 結果（Results, Findings）
   ・データの分析結果
4. 考察（Discussion, Conclusion）
   ・リサーチ・クエスチョンに関する結論
   ・理論的含意・実践的含意
   ・今後の課題・将来の研究の方向性

問い → 仮の答え → 答え

（出所）佐藤（2015b：274）をもとに作成。

2-3 各セクションの概要

　図表4-1に示した4つのセクションからなる基本的な構成について
は、調査法や論文の書き方などに関するマニュアルでもよく取りあげら
れています。大学での論文指導の際に同じような説明を受けた記憶があ
る場合も多いでしょう。したがって、ここでは、それぞれのセクション
の要点だけをかいつまんで整理します。なお、既に何度かこれとよく似
た解説を目にしたことがある場合は、この節は飛ばして119ページ以
降の解説に進んでいただいても構いません。

　問題（Introduction）
　──なぜ、そのリサーチ・クエスチョンや調査課題を取りあげるのか？
　論文の最初のセクションでは、基本的な研究テーマやリサーチ・クエ
スチョンとそれらの背景について説明します。また、調査対象になった
特定の事例（企業や業界など）の概要あるいはまた研究テーマとの関連
で特筆しておきたい点などについて簡単に紹介することもあります。セ

クション名は「問題」以外に、「はじめに」や「イントロダクション」とするなど幾つかのパターンがあります。いずれの場合も、〈なぜその調査テーマや調査課題が重要なのか〉、つまり、〈どのような問題を、なぜ、研究テーマおよびリサーチ・クエスチョンとして取りあげたのか〉という点が読者に明確に伝わるようにします。

　ここで重要なのは、今回の論文で取りあげる研究テーマを一連の先行研究（先行調査）の見取り図の中に位置づけることです。つまり、〈同じようなテーマや対象について過去にどのような研究がおこなわれてきたか〉という点を明らかにした上で、特定の事例を今回特に取りあげて研究することの意義を明らかにしていく必要があるのです（「文献レビュー」については、次章で解説します）。

　なお、仮説の検証が中心になっている調査研究の場合は、通常、この「問題」セクションで、命題型の仮説を幾つか明示することになります。これは、論文全体の結論の要点について、仮説命題の形でいわば「伏線」として示しておくことでもあります。また仮説検証型以外のタイプの調査論文の場合でも、このセクションで最終的な結論の概要を先取りして示すこともあります。

方法（Methods）——それは、どの程度確かな「エビデンス」なのか？

　学術的な論文の場合には、研究テーマやリサーチ・クエスチョンの意義について明らかにしておくだけでなく、その問いに対する答えが確実な根拠（エビデンス）にもとづいて導き出されたものであることを示しておく必要があります。

　たとえば質問表調査の場合には、どのような人々を回答者として選んだ上で、どのような質問項目を使って調査をおこなったのかなどについて明記します。また、〈どのような解析手法を使って集計結果を分析にかけたのか〉という点も不可欠な情報の1つです。

　一方、特定の企業を対象にしたビジネス・ケーススタディの場合には、事前に入手して分析した資料（社史、財務諸表、新聞や雑誌の記事など）の概要などについて解説することになります。また、聞き取りや現

場観察をおこなった際には、その具体的な方法（対象者数、聞き取りあるいは観察の日時、記録方法等）について簡潔に解説しておくと良いでしょう。

結果（Results, Findings）——データから何が読み取れるか？

このセクションでは、調査データの分析結果に関する解説が中心になります。

質問表調査や統計データを使った調査など数値データが中心の調査研究では、データの解析結果を表や図の形式で示すことが多いでしょう。また、「問題」のセクションで仮説命題を示しておいた場合には、それらの命題の主張がどの程度支持されたか（支持されなかったか）という点に関する解説が提供されることになります。

一方、ビジネス・ケーススタディなどの場合には、資料調査や現場観察あるいはインタビューの結果の解説が中心になります。たとえば、インタビューの内容を書き起こした文字テキストや観察記録としてのフィールドノーツの分析などを通して割り出された特徴的なパターンや事実について解説していきます。

考察（Discussion）

考察のセクションでは、リサーチ・クエスチョンや個々の調査課題という問いに対する最終的な答えを、データの分析結果にもとづく明確な「結論」として提示することが重要なポイントになります。言い換えれば、「結果」のセクションは主にデータ分析の結果を報告するのに対して、「考察」セクションではその結果について解釈することになるわけです。さらに、「含意」や「展望」などという形で、その結論の内容を踏まえた上で今後の研究の方向性などについて述べる場合もあります。

結論——問いに対する最終的な答えとして、何が言えるのか？　ここでは、個々のデータの分析結果からさらに踏み込んで、その分析結果を踏まえた総合的な解釈が最終的な答えとして提示されることになります。

言葉を換えて言えば、〈特定の事例に関する調査データの分析結果を踏まえてみた場合に、最初に設定したリサーチ・クエスチョン（問い）については、どのような答えが導き出されるか〉という点に関する著者の見解や主張が示されるのです。

　論文の読み手にとっては、この、結論部分の内容が、最も知りたい情報である場合が多いでしょう。時間があまりない場合には、論文を順番通りに読んでいくのではなく、結論にあたる部分を重点的に読み込んでいくことも珍しくありません。たとえば、論文の要約ないし要旨の部分に目を通してから問題のセクションを読んだ上で、方法や結果の部分については斜め読み程度で済ませます。次に、結果ないし結論のセクションに直接「飛んで」いって、そこに書かれている内容を集中的に読み込んでいくのです。

　また、一度や二度の調査で扱うことができる事例数は当然限られます。したがって、ここでは直接の調査対象となった事例について分かったことを踏まえて、その事例を通して一般論として何が言えそうであるか、という点について明らかにしていくことが重要なポイントになります。

　たとえば、第2章で取りあげたコンビニエンスストア業界における本部企業間の競争が研究テーマになっている場合には、特定地域——たとえば京都市——でトーソンとシックステンのそれぞれが採用している出店戦略に的を絞って調査をおこなう、という場合があるかも知れません。そのような場合には、論文の結論部では、その地域の状況という特定のケースを中心にして実施した調査の結果を通して、一般論としてトーソンとシックステンの競争戦略についてどのような点が指摘できるか、という点に関する議論を展開することもあるでしょう。

展望・含意等——さらにどのような事が言えるか？　論文は、必ずしも結論を出してしまえばそれで「一件落着」というわけではありません。特に、学術的な調査研究の場合は、〈先行研究の積み重ねを踏まえて作業をおこなう〉ということが非常に重要なポイントになります。

たとえば前章で解説した仮説検証型調査では、先行研究では不明だった点（「まだよく分かっていなかったこと」）などをリサーチ・クエスチョンとして設定し、またそれに対する「仮の答え」を仮説命題の形にまとめた上で、作業を進めていくことが前提になります。しかし、いくら先行研究を確実に踏まえて実施された調査研究であったとしても、当然ながら一度や二度の調査で全ての答えが得られるわけではありません。

　ですから、現在の論文における報告内容それ自体が、今度は、後に続く調査研究にとっては先行研究としての位置づけを持つことになります。したがって、論文の最後の部分では、〈今回の事例に関する検討の結果を踏まえて、「次につなげて」いくためには、どのような点を特に考慮すべきか〉について展望を述べることが学術論文では1つの約束事のようになっています。

　さらに、調査の理論的含意（インプリケーション）について述べる場合もあります。つまり、今回の調査で検討対象になった事例について調べることによって得られた情報が、その事例を通してどれだけ一般化可能であるか、という点に関する考察を加えるのです。

　さらに、経営学系の調査の場合には、実務についてどのような示唆が得られるのか、という点について解説をすることもあります。この点に関しては、よく「実務への示唆」あるいは「実務的含意」というような言葉が使われます。第2章で解説した、リサーチ・クエスチョンの2W1Hで言えばH、つまりHowの問いに対する答えに他なりません（この点については、前章の補論も参考にしてみてください）。

Column　生の食材をただ並べただけで「料理」？
　　　　　──「ローデータ」を羅列した論文の味気なさ

　レストランに入って何かの料理を注文したとしましょう。かなり空腹だったこともありワクワクしながら待っていると、出てきた皿の上に乗っていたのは、ピーラーで皮を粗っぽくむいた人参1本と包丁で4分の1ずつに断ち割った玉葱が1個だけ。そんな時、あなたはどう

しますか？　私だったら、店の人に強く抗議して憤然と席を立ってしまうに違いありません。もっとも、そのような無礼きわまりないレストランは、現実にはまず存在しないでしょう。

　実は、調査報告では、そのような事態がそれほど珍しくありません。実際、大学やシンクタンク（総研）の関係者あるいは広告代理店系の調査機関が発表してきた調査報告の中には、アンケート調査の報告と称して、単純な集計結果を質問項目順に並べて済ませている例が時々見受けられます。また、自由記述項目の記載内容をただ羅列しているだけという例も珍しくありません。インタビュー対象者の発言内容の書き起こしが１ページ以上、時には２ページないし３ページにわたってそのまま引用されている書籍さえあります。また、調査者が現場で見聞きしたことを延々と書き連ねた末に、最後の２〜３ページでごく手短に「解釈」が述べられているケースも珍しくありません。

　こうした調査報告は退屈なものでしかないでしょう。読んでいて苦痛になることさえあります。というのも、論文の「結果」や「考察」の記述が読者にとって意味があるのは、そのセクションに〈論文の著者が、リサーチ・クエスチョンに対する答えとしてデータや資料からどのようなことを読み取ったか〉という点がきちんと述べられている場合に限られるからです。つまり、読者は必ずしもデータや資料それ自体に興味があるわけではないのです。実際、たとえば現場調査の内容や感想が述べられているだけの論文は、単に「私は見た、聞いた」と報告するだけで済ませてしまう「見聞録」ないし散漫な紀行文とそれほど変わるところはないでしょう。

　実際、これらの調査報告は、「生データ」を単に羅列しているだけの「資料集」のようなものに過ぎません。ここで「生データ（raw data）」というのは、最初に入手した時のままで特に集計や編集が加えられていないデータや資料のことです。それらは、本格的な分析がなされていないという点では、いわば「生煮え」の情報でしかありません。その生煮えの情報をそのまま読者に提供することには全く意味がありません。

もしかしたら、そのような生データ（ないし「生煮えデータ」）を調査報告に盛り込んでしまう背景には、「データそれ自体に語らせる」ことを究極の理想として見なしてしまう発想があるのかも知れません。このような発想の問題点については、第1章のコラム（12～13ページ）で解説しておきました。

3　論文が退屈なものになってしまう本当の理由

3-1　問題・方法・結果・考察は窮屈な「お作法」？

鉄板の構成

　上で見てきた論文の基本的なストーリーラインは、社会科学を含む学術研究の世界では、数十年以上に及ぶ蓄積と実績があり、また信頼できる筋立てとしての評価を受けてきました。その意味では、いわば「鉄板の（確実な）」構成であり、また、調査の概要や結果を学術論文の形で報告する際に心得ておくべき絶対確実な作法だとさえ言えます。

　もっとも、この「鉄板のテンプレート」に沿って書かれて発表されてきた論文は、ともすれば退屈きわまりないものになりがちです。それに比べれば、同じようなテーマを扱っているビジネス書や薄手の新書あるいはビジネス誌の記事などは、読者の興味を引くための工夫が随所になされており、読み物として実に面白い物語の形式になっている場合が少なくありません。ただし、学術論文のような「問題・方法・結果・考察」という筋立てになっている例はそれほど多くはありません。

　同じような点は、学術的な性格が強い経営学系の単行本の場合についても言えます。それらの本の中には、たとえきちんとした調査研究にもとづいて書かれたものであっても、方法や結果についての詳しい解説などを省略している例が少なくないのです。

　こうしてみると、論文特有の退屈さの主因ないし「主犯」はもしかしたらその定型的なストーリー展開なのではないか、とも思えてきます。もしそれが事実ならば、少なくとも経営学系の論文については、いっそのこと、そんな堅苦しくて退屈な筋立てに沿って論文を書くことは止め

にした方がいいのではないか、という意見も出てきそうです。

論文では最初に「手の内」を明かしてしまう

推理小説であったならば、その冒頭で真犯人の素性が明かされ、物語を展開する上での重要な「隠し球」であるはずの巧妙な犯行トリックの種明かしがされてしまうことは、それほど多くはありません。物語の最も大切な部分が冒頭で明かされてしまっていたとしたら、面白さは半減してしまうからです（その例外が「倒叙もの」と呼ばれるジャンルですが、ここではその小説ジャンルについての解説は省略します）。主人公の運命や真犯人の正体が最後まで分からないからこそ、かなり分厚い本であっても読み通す気になれるのです。さらに、最後の最後に「どんでん返し」が仕掛けられている場合には、読書にともなう知的興奮や喜びはさらに大きなものになるかも知れません。

しかし論文の場合は、「サスペンス」の要素を含む謎解きの技巧とは基本的に無縁です。というのも、論文では「問題」ないし「導入」の部分で、論文全体の結論が前もってあらかた種明かしされてしまうからです。特に導入部分のさらに前の箇所などに「要約（アブストラクト）」が付けられている場合は、最も魅力的な謎が即座に判明してしまうことさえあります。つまり、論文では多くの場合、最初からその「手の内」が明かされてしまっているのです。

3-2 論文が退屈になってしまう3つの理由

もっとも、退屈な論文が多いのには、筋立て自体の制約以外にも重要な理由が幾つかあります。実際、「問題・方法・結果・考察」という定型的な筋立てで書かれている論文の中にも、十分な魅力を持っているものはあります。そのような魅力的な論文の特徴について見ていき、また逆に論文を退屈にしている理由について検討していくことによって、論文をもっと面白いものにしていくためのヒントが幾つか浮かび上がってきます。またそれによって、一見退屈なものにしか見えない学術系の論文から貴重な情報を読み取っていくためのヒントが得られるでしょう。

論文がともすれば退屈なものになってしまう背景には、少なくとも次の3つの理由があると考えられます——①読者ターゲットの想定、②文体の制約、③分量の上限。

読者ターゲットの想定——誰に読んでもらおうと思って書いているのか?

読者層の狭さと薄さ　学術雑誌などに掲載される論文に退屈なものが多い主な理由の1つは、〈そもそも幅広い読者層に興味を持って読んでもらおうと思って書いているわけではない〉というものです。つまり、読者ターゲットは最初からかなり狭い範囲に限定されているのです。

　この点については、第2章で解説した、リサーチに関する問題関心のタイプ分けが参考になるでしょう。図表2-2（37ページ）で言えば、学術系の論文の多くは「象牙の塔」型の問題関心（F領域）に焦点を絞って書かれます。つまり、狭い範囲の学界で評価されることが最大の関心事なのです。

　論文の評価については、その論文が他の学術文献に引用された回数で決まる、という見方があります。それでは、退屈さと引き換えに読者を限定して書かれた学術論文の多くが、その限られた読者層の範囲内で実際に頻繁に引用されているかといえば、必ずしもそうとは言えません。いわゆる一流誌と呼ばれる国際的な学術誌の場合でも、かつては掲載された論文のかなりの部分が他の論文によって一度も引用されずに終わるケースが少なくありませんでした。

　インターネットの普及によって、現在その状況は一部ではある程度改善されているようです。しかし、一方では、論文の年間刊行点数が全世界で250万件以上に及ぶとも言われる「刊行爆発（publication explosion）」にともなって、論文の引用頻度がむしろ減少しているという指摘もあります。たとえば、ある推計によれば、記録が維持されている5800万点の論文のうち44％は一度も引用されず、9回以下しか引用されていないものが32％に及んでいたとされます（野依、2017）。また、経営学系の論文についても、同じような傾向が指摘されてきました（Glick et al., 2007: 820）。

業績志向　もっとも、ほとんど引用されることがなくても、大学教員や大学院生などの書き手にとっては、論文が学術誌に掲載されればそれだけで研究業績としてカウントされます。したがって、「他の人にとっては退屈でも構わない」と思いながら書いている可能性さえあるのです。その場合は、「誰かを意識して書いている」というよりは、「（自分と査読者以外の）誰も意識していない」という方が当たっているでしょう。

　また、せっかく日本社会をテーマにした魅力的な調査研究の成果が手元にあるのに、その発表媒体として英文の学術誌を優先してしまう傾向も一部にはあります。これは、英語論文の方が研究業績として高く評価されることが多いからに他なりません。

　ともあれ、このような過剰供給、つまり「書きたい人は山のようにいるのに、読みたい人（読んでくれる人）は数名しかいない」という状況が、ある種の論文を退屈なものにしている主な原因の1つであることは間違いないでしょう。

文体の制約——分かりやすく書こうとしているか？

難解さを有り難がるという風潮　以上で指摘したような読者ターゲットの性格は、論文特有の文章表現の特徴と密接に関係しています。つまり、論文の場合には、どうひいき目に見ても魅力的とは言えない文体で書かれている例が多いのです。本来はもっと分かりやすい言葉で書けるはずなのに、わざわざ難しい専門用語や外来語（ないしその略語）を使って書いているとしか思えないようなケースさえ少なくありません。

　これは、論文の書き手が受けてきた職業的な教育訓練とも深い関係があります。大学院生時代には、分かりやすい文章を書くためのトレーニングを受ける機会はそれほど多くありません。また、本来は彼ら・彼女らの良きモデルになるべきであるはずの師匠や先輩自身が、必ずしも分かりやすい文体で書くことを心がけてきたわけではないのです。

　それどころか、学問の世界の一部には、難解な用語がふんだんに盛り込まれており、しかも回りくどい文体で書かれた本や論文をわけもなく有り難がる、という風潮さえあります。次に述べる分量の制約という事

情もあって、同じ分野の研究者にすらあまり馴染みのない特殊な専門用語を、特に説明を加えることもなく使ってしまうという例も珍しくありません。論文の多くは、そのような難解な文章であっても我慢して読んでくれる辛抱強い読者（指導教員や同僚など）を想定して書かれているのです。

とっつきやすいジャンルとの違い　以上のような幾つかの事情を考えてみれば、多くの論文が無味乾燥で退屈な文章になってしまうのは自然の成り行きだとさえ言えます。それに比べれば、ビジネス書や一般誌の記事では、読者の注意を引きつけるためにさまざまな工夫がなされている場合が少なくありません。

　たとえば、その種のジャンルの文章の場合には、学術論文では全くと言って良いほど評価されないどころかむしろ「禁じ手」とされているセンセーショナルなタイトルや見出し、あるいは大げさな文章表現などがよく使われます（本書にも若干その傾向があります）。また、一般読者向けの新聞や雑誌の記事であれば、不確実なデータや資料しか手元になくても断定調の（かなり乱暴な）主張をすることがある程度は認められています。

　それとは対照的に、学術論文の場合には、資料やデータの解釈についてはあくまでも慎重であることが要求されます。また、その解釈について報告する際には控えめな文章で表現することも必要です。その結果として、回りくどい印象の文章になる例も少なくありません。

　以上のような事情がある以上、学部学生が、本格的な学術論文を敬遠して、むしろ読みやすくて、かつとっつきやすい一般誌やウェブ上の記事あるいはビジネス書に頼りたくなるのもそれほど無理がないことだと言えます。

分量の上限——字数の制限内で工夫をこらしているか？

　こうしてみると、論文に面白さや文章としての魅力を求めるのは「無いものねだり」だとも言えそうです。無いものねだりは、論文が退屈な

ものになりがちな3つめの理由である分量（字数）の制限という点に関しても指摘できます。

　学術雑誌の投稿論文については、全体の掲載スペースの制約や投稿数の多さということもあり、通常は厳しい字数制限が設定されています。たとえば、日本語の学術誌の場合は、1万8000字から2万字程度が上限とされています（ちなみに、この章の総字数は約2万7000字です）。そのような厳しい制限がある中で、「問題・方法・結果・考察」という4つの要素を過不足なく盛り込まなければならないのです。一般読者向けのビジネス書などのように、広い範囲の読者にとっても分かりやすい表現を使い、内容的にも興味深いものにしていくのは至難の業だと言えるでしょう。

　また、予算的な制約もあって、ビジネス誌などで見られるカラフルな画像や写真を論文の中に盛り込むことはほとんど不可能です。実際、一目見れば分かるように、論文の多くは、基本的に文字や数字が主体の「モノクロ」でモノトーンの表現媒体なのです。こうしてみると、学術論文に見られる定型的な筋立ては、まさにこうした厳しい制約の範囲内で、研究の結果として明らかになった事実を手短かに、かつ効果的な形で伝えていくための優れたフォーマットとして普及してきたとも言えそうです。

　もっともこの条件からすれば、枚数制限という点では比較的余裕がある卒業論文や修士論文などの場合は、さまざまな工夫のしようがあるはずだとも言えます。しかし残念なことに、就職活動などとの兼ね合いがあったりして、実際には、そのメリットを必ずしも生かしきれない例も珍しくありません。事実、卒業論文では、「時間切れ」ということもあってか、せっかく現場で貴重な情報やデータを収集することができたのに、考察の部分を1ページないし数行程度で済ませてしまって「尻切れトンボ」に終わっているケースが少なくないのです。

図表4-2　IMRADの「ワイングラス構造」

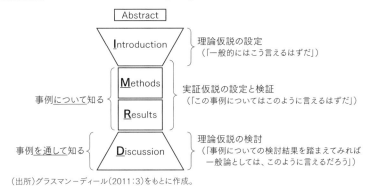

- Abstract
- Introduction ── 理論仮説の設定（「一般的にはこう言えるはずだ」）
- Methods / Results ── 実証仮説の設定と検証（「この事例についてはこのように言えるはずだ」）
  - 事例について知る
- Discussion ── 理論仮説の検討（「事例についての検討結果を踏まえてみれば一般論としては、このように言えるだろう」）
  - 事例を通して知る

（出所）グラスマン－ディール（2011：3）をもとに作成。

4　論文をもっと魅力的なものにするための3つのコツ

　以上で解説してきた制約や限界は、論文という表現ジャンルがいわば宿命的に背負ってきた二重三重の「ハンデ」だと言えます。しかし、工夫次第では、制約の範囲内でも、より魅力的な（＝面白い）物語にすることができるはずです。以下では、そのような工夫の中から次の3つを取りあげることにします──①IMRADの構造を念頭において一連の作業を進めていく、②ストーリーの核になる謎の姿を前面に押し出す、③読者ターゲットを明確にする。なお、1つめの工夫については、かなり重要なポイントなのでやや詳しく解説します。

4-1　IMRAD──定型パターンの根底にある基本的な発想について理解する

基本構造

　先に指摘したように、「問題・方法・結果・考察」という基本型は、長年の歴史を通して学術研究の世界に定着していった、いわば「鉄板の定石」です。海外では、この定型パターンについてはよくIMRADという略語があてられます。「イムラッド」という風に発音されるその基本的な構造を図解したのが、上の図表4-2です。

IMRADという略語は、この図では縦方向の中央部分にある4つの語句に「And」を加えて「Introduction、Methods、Results、And、Discussion」という形で並べた際の、それぞれの言葉の頭文字からきています。各要素（パーツ）と「問題・方法・結果・考察」は次のように対応しており、両者のあいだに特に目立った違いはありません――Introduction―問題、Methods―方法、Results―結果、Discussion―考察。

　なお、図の一番上には長方形の囲みの中に入った「Abstract」が描かれています。これは、日本語の論文でもよく論文の最初に小さめの活字やインデント（字下げ）した段落などの形で示されている「要約」のセクションにあたります。

ワイングラス構造の意味（1）――事例について知る・事例を通して知る
　図表4-2には、先に第3節で「問題・方法・結果・考察」について解説した際にふれた幾つかの重要なポイントが非常に分かりやすい形式で図解されています。その形式というのは、調査報告の主要部分が上下に配置された2つの台形のあいだに挟まれており、全体としてワイングラスのような構造になっているということです。

　上の台形のIntroduction（問題）は、下側の底辺が短くなっており漏斗のような形をしています。このセクションでは、論文で取りあげる個別の研究テーマや特定の事例を、より一般的なテーマや先行研究の流れという見取り図（マップ）の中に位置づけます。つまり、この下がすぼまった台形は〈一般的な研究テーマについて特定の事例に絞り込んだ上で検討する〉ということを意味しているのです。

　一方で下の方の台形は，逆に下側の底辺が長くなっています。この「末広がり」の形状は、DiscussionとConclusion（考察）のセクションでは、論文で取りあげた事例について調べてみて明らかになった事実が、より一般的なテーマや研究の流れにとってどのような意味や意義を持つかについて述べる、という点を示しています。つまり、〈特定の事例から得られた情報をより広い範囲に当てはまるものとして一般化して

みた場合に何が言えるのか〉ということです。

　これは取りも直さず、先に指摘したように、調査研究の究極の目的が、①直接の調査対象になった特定の事例について検討することだけでなく、②その事例に関する検討結果を踏まえてより一般的な事柄について理解することにもあるからに他なりません。つまり調査研究には、本来、「事例について知ること」と「事例を通して知ること」の両方の要素が含まれているのです。

ワイングラス構造の意味（2）
——大局観（ビッグピクチャー）の中に特定の事例を位置づける

見聞録的な調査報告の限界　以上で述べたように「事例について知ること」と「事例を通して知ること」の双方に目配りすることは、取りも直さず、論文の中で取りあげる特定の研究テーマや事例を前章（第3章）で解説した大局観（ビッグピクチャー）の中に位置づけて検討していく、ということに他なりません。

　第2章で「問題と事例の範囲」についてふれた際にも述べたように、時間や資源の制約などもあって、実際に調査対象にできるのは、多くの場合、特定の企業や店舗あるいは業界など特定の事例に限られます。したがって、調査の結果として、その特定の事例についてはどれだけ詳しくかつ興味深い情報が得られたとしても、単にそれだけでは単発の「エピソード（逸話）」のようなものに過ぎません。実際、ただそれだけの情報では、極端に言えば、単なる個人的な経験を綴った見聞録や実態報告のようなものに終わってしまいかねないでしょう。

　現実には、そのような実態報告型の論文が学術誌や大学紀要に掲載されることはよくあります。卒業論文や修士論文あるいは博士論文についても同様です。特定の業界の特定時点における状態に関する貴重な情報が含まれていたりして、ある種の物語として面白く読めるものもあります。しかし、それだけでは読み手としては物足りない思いがする例が少なくありません。というのも、そのような論文の場合には、そこに盛り込まれた「現状報告」ないし実態報告に含まれている情報が、個別の事

例に関する情報の範囲を越えてより一般的な理論や問題に対してどのような意味を持っているのか、という点が読み取れないからです。

区分地図と広域地図　喩えて言えば、これは、ある土地を出張で初めて訪れた時に、目的地の周辺のごく狭い範囲をカバーする区分地図だけが与えられてそれ以外の情報は提供されていない、という状況です。つまり、その区分地図の相対的な位置づけが分かるような広域図が提供されていないのです。それでは、区分地図がどれだけ詳細で精密なものであったとしても、目的地にたどり着くことなどできないでしょう。

　その種の区分地図的な論文と対照的なのが、より一般的な問題（問い）に対応する答えを、特定の事例の分析を通して提供することを目指しておこなわれた調査研究をもとにした論文です。図表4-2で言えば、それは、上下に配置された2つの台形の位置づけが鮮明に浮かび上がってくるような構成の論文に他なりません。

　たとえば、第2章の補論で取りあげた「イノベーションのジレンマ」という発想を適用して、特定の日本企業の製品開発戦略に対して分析を加えた論文の場合を想定してみましょう。そして、その論文は、それ自体が詳細な事例研究として非常に魅力的なだけでなく、事例研究から得られた発見事実を通して「破壊的（攪乱的）技術」というアイディアの妥当性について独自の観点から再検討することを視野に収めていたとします。その場合、論文の魅力はさらに増していくに違いありません。というのも、その論文は、まさに「大局観樹」（93ページ）の図式に当てはまるものだからです。つまり、枝葉の部分にあたる特定の調査事例が、幹と根に該当するより大きなリサーチ・クエスチョンや先行研究の中にしっかりと位置づけられているのです。

　ワイングラス構造の意味（3）──事例に焦点をあてて実証仮説を検証し、事例の検討結果を通して理論仮説について検討する
IMRAD と仮説演繹法　図表4-2のワイングラス構造からはもう1点、実証仮説と理論仮説の関係について改めて考えてみる上でカギになる重

要なポイントも浮かび上がってきます。これを示したのが、図の右側の部分に書き込んでおいた解説です。

　前章で指摘したように、「仮説演繹法」の発想を生かした調査研究では、まず理論仮説を一般的な理論的前提として設定します。その上で、実証仮説を「理論仮説が正しいことを前提にして考えてみた場合、この事例については次のように言えるはずだ」という想定を仮説命題の形で示します。そして、実際に調査をおこなって得られたデータをもとにして、その実証仮説の真偽（正しいか誤りであるか）や当否（当たっているか外れているか）について検証するわけです。さらにその検証の結果を通して、出発点となった理論仮説の確からしさについて検討していくことになります。

　論文の中では、この理論仮説と実証仮説の関係が、図の右側に書き込んだような形で示されます。つまり、Introduction（問題）の部分では、まずその論文で設定する理論仮説を明らかにした上で、その理論仮説から演繹された（＝論理的に導き出された）実証仮説について述べます。その実証仮説は Methods（方法）のセクションで紹介された調査技法によって検討されます。ついで、その検討結果が Results（結果）のセクションで明らかにされます。そして最終的には、その結果は、Discussion（考察）の部分で理論仮説の検討へと「戻され」ていくことになるわけです。

二段構えの検証プロセス　つまり、ワイングラスの上下にある２つの台形は、仮説演繹法ないし仮説検証法の発想に沿っておこなわれた調査研究では、その検証プロセスが次のような二段構えになっていることを明確な図解表現で示しているのです。

- ・１段階目：特定の事例に的を絞って立てられた**実証仮説**の真偽や当否について検証する
- ・２段階目：特定の事例に関する実証仮説の検討を通して**理論仮説**の確からしさについて検討する

なお、特に明確な仮説演繹法の形式をとっていなくても、優れた調査報告には、このような二段構えの検証プロセスが多かれ少なかれ含まれているものです。たとえば、論文ではなく書籍として発表された調査報告の場合でも、単に特定の事例についての報告にとどまることなく、より一般的な現象や傾向について検討を進めていくことを視野に収めている例があります。実際、どのような形式の調査報告であっても、二段構えの検証プロセスが読者に対して効果的に伝わるような形になっていれば、読み物としてより魅力的なものになるに違いありません。

Column　実は意外に新しい IMRAD（問題・方法・結果・考察）

　図表 4-3 には、主要な医学系の国際学術誌 4 誌について見た場合、それらの医学誌に「原著（original article）」（オリジナルな研究の成果を報告した論文）として掲載された中で IMRAD の構成で書かれた論文が各時期でどれだけの比率を占めてきたか、という点が示されています。

図表4-3　代表的な医学誌に見られるIMRAD構造の推移

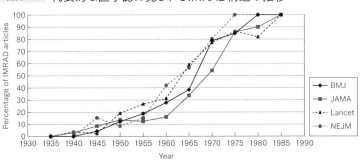

（出所）Sollaci & Pereira（2004：365）.

　このグラフから見てとれるように、1950 年代までは、IMRAD 構造を採用している論文は半数以下でありむしろ少数派でした。その比率が急激に増えていったのは 1970 年代に入ってからのことです。そして 1980 年代半ばまでには、ほぼ全ての原著論文が IMRAD の筋立てに沿って書かれることになりました。このグラフを含む論文の著者たち

によれば、IMRAD の普及の経緯は研究分野によってもかなりの違いがあり、たとえば物理学分野では既に 1950 年代には大半の原著論文がこのテンプレートに沿って書かれていたということです。

　また著者たちは、IMRAD の普及の背景には、学術情報の急増にともなって論文の「モジュール化」が要求されるようになったことがあると推測しています。つまり、論文全体のストーリーを順番通りに読みとっていくというよりは、とりあえず必要な情報が書かれている部分（問題や結果のセクションなど）だけを集中的に読んでいく、というようなことが必要になってきたのです。実際そうすれば、必要な情報だけを効率よくかつ迅速に読みとることができますし、時間の節約にもなるでしょう。

4-2　物語の核となる 謎^{ミステリー} を前面に押し出す

新事実発見型

　当然ですが、論文を魅力的なものにするためには、何よりもまずその事例報告の中で提示されている、リサーチ・クエスチョンとそれに対する答えそれ自体が十分に魅力的なものでなければなりません。それは取りも直さず、論文全体が魅力的な「謎」をめぐる物語になっている、ということでもあります。

　実際、論文全体の核になる謎の所在を明らかにし、また、それを、特に Introduction の部分でストーリー全体の中に位置づけることに成功した場合には、論文全体を一種の謎解きの旅としての魅力を持つ物語^{ミステリーツアー}にすることができるでしょう。

　第 2 章で解説したように、そのような物語の核となる謎には色々なタイプのものがあります。ビジネス現象に関わる調査研究の場合には、まだ誰も注目していなかった事実を掘り起こしていくことを目指す論文——たとえば、新興企業が採用している斬新なビジネスモデルの詳細——は、それだけで十分に魅力的でしょう。また第 2 章で解説したように、パラドックスやアイロニーを焦点に据えて、常識や通念を裏切るような予想外の事実の存在を明らかにした上で、その背景について探る

というプロット（筋立て）も、論文の魅力を高めていく上では効果的だと思われます。

　実際、そのような予想外の謎を含む調査テーマは読者にとって興味深いだけでなく、調査者自身にとっても調査研究の一連の作業に取り組んでいく際の強い動機づけになるに違いありません。そして、調査者の動機づけないし意気込みが文章に色濃く反映されていれば、論文はさらに魅力的なものになると思われます。

ディテール深掘り型

　なお、魅力的な謎の中には、ある事実の存在それ自体が予想外のものであったというケースだけでなく、事実そのものについては比較的広く知られていたものの、その詳細（ディテール）がまだよく分かっていなかった場合なども含まれます。

　第2章でも指摘したように、パットナムの『孤独なボウリング』は、まさにそのようなタイプの謎を前面に押し出していた好例だと言えるでしょう。米国社会のさまざまな局面において共同体的な絆が崩壊しているという事実それ自体は認識されていました。しかし、その詳しい実態は解明されてはおらず、またそのメカニズムについてもまだよく理解されていなかったのでした。そこでパットナムは、「社会関係資本」という概念を切り口にして、それらの現象に対して新たな光をあて、またその背後にある因果関係を主に統計資料を駆使してさまざまな角度から解き明かしていったのでした。

　同じようなことは、『イノベーションのジレンマ』についても言えるでしょう。この場合も「業界をリードする主要企業は、後発企業の追い上げによって市場を失う例が多い」という事実それ自体は広く知られていました。しかし、その詳しい経緯については、まだ十分には解明されておらず、まさに謎のままでした。その謎を、著者のクリステンセンは、詳細な事例研究と「持続的技術 対 破壊的技術」という斬新なコンセプトを提示することによって解き明かしていきました。さらにその分析を踏まえて、破壊的技術を武器にして台頭してくる新興企業に対して

主要企業が対抗していくための技術戦略と組織戦略を、一種の処方箋として提供していったのです。

特定の読者ターゲットに照準を定める

誰に向けて書くべきか?

ひと口に「謎解きとしての論文の魅力を読者に感じてもらうことを目指す」とはいっても、実際にはさまざまなタイプの読者が存在します。小説やドキュメンタリーなどの文芸ジャンルについても言えることですが、ある読者層からは熱狂的に支持される作品が他の読者層には退屈きわまりない「駄作」として酷評される、というのは特に珍しいことではありません。

第2章で解説したように、全く同じことが調査研究にもとづいて書かれた論文や調査報告書の受け止められ方についても指摘できます。事実、図表2-2は、調査者自身が調査研究に関わる際の動機づけの分類であるだけでなく、他方では、その調査の成果として公表される論文を読む人々の関心のあり方の多様性を示す枠組みでもあるのです。したがって、万人受けするような論文を目指したりするのは、そもそも無謀な試みだと言えるでしょう。

そのような無謀な目論見のもとに書かれた論文は、いわば「八方美人」的であり、誰に向かってどのような成果をアピールしようとしているのかが皆目分からない、焦点のぼやけたものになりかねません。むしろ、たとえ少数ではあっても、確実に論文の価値を認めてもらえそうな読者層にターゲットを絞るべきでしょう。つまり、論文をその人々の「胸に響く」物語として構想することを目指すべきなのです。

おたく型論文の問題点

その意味でも、図表2-2の領域E、つまり「おたく型」の問題関心にもとづく調査あるいは「卒論のための卒論」のような、読者のことを全くと言ってよいほど考慮に入れていない論文は論外です。逆に、自分自身の問題関心とは別に、ひたすら学界あるいは産業界・社会の関心を引

くことを目指したりしても、結果としては「あぶはち取らず」になり、どちらの世界の人々にも魅力を感じてもらえない、中途半端な論文が出来上がってしまう可能性があります。というのも、自分自身が強い関心を持って取り組めない研究テーマでは、読者の心に響く論文になるはずなどないからです。

　実際、調査者自身が強烈な好奇心にかられたり、何らかの使命感を持ったりして取り組んだ調査は、魅力的で面白い論文や報告書の形に結実することが多いものです。もっとも、それは、あくまでもその調査報告がしっかりとした構成と明晰な文体で書かれたものである場合に限られます。

Column　非IMRADの論文は論外

　ここまでの解説は、「問題・方法・結果・考察ないしIMRADのフォーマットで書かれた論文の多くは退屈なもの」という印象を与えてしまったかも知れません。しかし、それは単なる誤解に過ぎません。先に述べたように、論文には結果報告だけでなくもう1つ「経緯報告」としての重要な役割があります。つまり、「調査結果が、きちんとした手続き（経緯）によって明らかにされたものである」という情報を盛り込むことによって、読者に対して説明責任を果たさなければならないのです。

　この点に関する情報が不足している論文や調査報告の中には、情報の質という点で疑わしいものが少なくありません。たとえば前章で解説した「無仮説事後解釈病」とでも言えるアンケートにもとづく調査報告の中には、IMRADの定型的な筋立てを無視している例が少なくありません。もっとも、そのような調査報告であっても、大量の数字をちりばめた表や図が盛り込まれていたりして、一見「科学的」な方法によっておこなわれた調査のように見えてしまうことがあります。また、特に世間受けしそうな集計結果などに焦点をあてて報告していることで、魅力的に思えたりもします。

しかし、それは単なる見せかけに過ぎません。そのような論文は、本来踏むべき手続きを怠ったことで、結果として情報価値がきわめて低い報告にしかなっていないのです。知的な刺激という意味での「面白さ」という点からすれば、むしろIMRADのフォーマットで書かれた論文の方がはるかに優れています。

この点に関連して経営学系の論文などで気になるのは、調査法に関する解説をほんの数語ないし簡単な注記だけで済ませている例が見受けられる、という点です。調査方法の具体的な内容について明示することは、論文の中で展開している議論の根拠に関する説明責任を果たす上で非常に重要なポイントであり、もう少し丁寧な解説が必要でしょう。なお、分量の制約や学術誌の編集上の制約などから方法やデータついて詳述することが難しい場合は、たとえば、紙媒体の雑誌とは別にウェブ上にそれらの情報を別途記載しておくというような工夫も考えられます。

5 「はじめてのIMRAD」のために ——書いてみて初めて分かる論文の「型」の価値

5-1 ハードルが高すぎる？

やってみなければ本当のところは分からない

以上の３つのコツ、つまり① IMRADの構造を前提として作業を進める、②ストーリーの焦点となる謎を示す、③読者ターゲットを明確にする、という３点に関する解説からは、もしかしたら、「ハードルが高すぎるのでは？」という印象を受けたかも知れません。実際、上で何度かふれてきたように、現実には大学をはじめとする研究機関に在籍する人々が発表してきた論文の中にも、この３つの条件を必ずしも満たしていない「退屈」な論文が少なくありません。したがって、そのような条件をクリアすることを、生まれて初めて本格的な論文を書こうとしている学部学生や修士課程の学生に対して求めるのは、それこそ「無いものねだり」でしかないように思えることでしょう。

もっとも、これについては、第2章で「調査研究」という言葉を構成する2つの要素である調査（データの収集）と研究（理論的検討）の関係について述べたのと全く同じことが言えるはずです。つまり、調査研究というのは、どんな形でもいいからとにかく実際にやってみなければ分からないことがあまりにも多いのです。その意味では、調査研究の成果を論文としてまとめる際に上であげた3つのコツのどれか1つでも、とにかく可能な範囲で試してみることができれば、それで十分だとも言えます。

とりあえず書いてみて何度でも修正する

　たとえば、二番目の「魅力的な謎の提示」というポイントにしても、最初のうちは、現時点で「誰にもまだよく分かっていない事実」が一体どのようなものなのかを見きわめるのは、かなり難しい作業になるでしょう。しかし、現段階で考えつく限りでのリサーチ・クエスチョンや具体的な調査課題をとりあえずリストアップした上で、その一つひとつの問いに対して IMRAD 形式のテンプレートを当てはめて、ごく大雑把な論文のラフドラフト（草稿）を書いてみることであれば、比較的容易にできるかも知れません。

　そうしておいて、「自分ダメ出し」をしたり、ゼミの仲間あるいは指導教員などからコメントをもらったりしながら修正を重ねていくのです。その点からしても、できるだけ早い時期に一度全体のストーリーを（広い意味での仮説として）IMRAD 形式でまとめて、その後何度となく修正を加えていくことの意義は、いくら強調してもし過ぎということにはならないでしょう。

　そのような作業を繰り返していけば、具体的な調査課題レベルの問いやそれに対応する仮説はより明確なものになるはずです。それだけでなく、実際のデータの収集や分析の仕方、そして最終的な結論なども含めて、論文全体のストーリーを徐々にきたえあげていくことができるようにもなります。さらに、その文章化という作業を通して「自分がそもそも実際に何を調べてみたかったのか」という点が、明確な形で見えてく

ることも少なくありません。

　また、そうやって論文の骨格となるプロットの輪郭が明確になっていく中で、最終的にその論文が提供する情報が、特にアピールするはずの読者層の「顔」が次第に見えてくることもあるでしょう。その読者ターゲットについてある程度の確信が持てるようになったら、今度は、その人々に対するアピールをより効果的なものにしていくためには、どのような表現上の工夫が必要になるか、という点について考えてみてもいいかも知れません。

5-2　型に入って型を出る
──書くことを通して「論文鑑識眼」を磨いていく

モデルとなる論文から学ぶ

　以上のような一連の作業に取り組んでいく上で、IMRAD というテンプレートは絶大な効果を発揮します。実際、もしこのような「型」が論文の書き手と読み手のあいだに基本的なストーリーラインとして共有されていなければ、論文を書く側としては、どのような作業から手を付ければ良いのか見当もつけられずに戸惑ってしまう場合が多いでしょう。それに対して、定型的な筋立てが確立されていれば、とりあえずはそのパターンに沿って書き出してみることができます。

　さらに、この IMRAD ないし問題・方法・結果・考察という型について参考になる「お手本」ということであれば、学術誌などで大量に見つけることができます。中でも見習うべきモデルとしての第一候補になるのは、当然、自分の研究テーマに近いものを扱っている論文です。

　参考にすべきポイントには、たとえば、問題（I）・方法（M）・結果（R）・考察（D）という４つのセクションに、それぞれ盛り込むべき内容やその相対的な分量という点が含まれます。また問題（I）の部分については、リサーチ・クエスチョンについて検討していく上で、どのような基準で特定の企業や業界あるいは特定の経営者などを事例として選び出したのか、という点も重要な検討事項になってくるに違いありません。さらに、考察（D）の部分では、その特定の事例から判明した事実

をどのように一般化しているのか、という点が参考になるかも知れません。

論文鑑識眼をきたえる

　その意味では、優れた先行研究は、単にその中に盛り込まれている調査結果が情報源として価値があるだけでなく、論文の書き方に関しても非常に重要なモデルになると言えます。また、そのようにして、先行研究を、自分自身が調査報告を論文としてまとめていく際の構成や筋立てにとって参考にすべきモデルという観点から読み込んでいくことは、「論文鑑識眼」（より一般的には「文献鑑識眼」）とでも呼ぶべきリサーチ・リテラシーを身につけていく上でも非常に重要です。その種の鑑識眼は、優れた文献を確実に探し出していくだけでなく、情報価値がほとんどゼロに近いとさえ言えるGIGO的な論文を見分けていく際にも必要になってきます。というのも、学術誌に掲載された論文の中には、モデルになるどころか、どうひいき目に見ても「反面教師」としか言いようがない退屈な論文が数多く含まれているからです。

　もっとも、自分自身が論文を書くことを前提にして先行研究となる論文を読み直してみると、最初は堅苦しくて退屈なものにしか思えなかった論文の中に、実は貴重な理論的なアイディアや情報が盛り込まれていることに気づかされる場合も少なくありません。実際には貴重な価値のある情報が含まれているはずなのに、表現方法の稚拙さや構成のまずさなどによってそれが覆い隠されてしまっているのです。

　喩えて言えば、それは磨けば燦然と輝くダイヤモンドになるはずの原石が、それを取り囲む岩や土塊の中に埋もれてしまっているようなものだと言えるでしょう。そのようにして見かけ上は退屈な論文の中に目に付きにくい形で埋め込まれている貴重な情報を掘り起こし、またそれを活用していくためにも、どうしても自分自身で一度論文を書いてみることが必要になってきます。

　言葉の本来の意味でのリテラシー、つまり文字や文章に関する「読み書き能力」についても、まず一定の型に沿って書くというトレーニング

が不可欠です。そのようなトレーニングを積み重ねていくことによって
初めて、他人の書いた文章を批判的に（＝クリティカルに）読み込んで
いく上で必要になる能力も身についていくものなのです。

　次章では、このような論文鑑識眼に関する幾つかのポイントも含め
て、リサーチ・リテラシーの一環として、先行研究の情報を収集し、ま
たその質について検討していく際の方法や幾つかのコツについて解説し
ていくことにします。

考えてみよう

　経営実務の現場では、よくパワーポイントで作成した資料が使わ
れます。また、「要点は A4（ないし A3）の資料にまとめよ」とい
う指示が与えられることもあります。それらの箇条書きや図解中
心の資料と本章で解説した物語形式の論文が、それぞれ、コミュ
ニケーション媒体として持つ役割やメリット・デメリットについ
て考えてみましょう。

調べてみよう

　あなた自身が関心を持っているテーマに関する先行研究を何点か
取りあげた上で、それらの論文の中で IMRAD の要素が、それぞ
れどれだけの分量（字数・スペース）で扱われているかという点に
ついて確認してみましょう。

CHAPTER 4　5 つのポイント

1.　論文には、調査研究の最終的な結果を読者に対して効果的に
　　伝えていく「結果報告」と、実際の調査の経緯について解説す

る「経緯報告」という２つの役割がある。

2.　最終的な到達点である論文の姿を常に意識しながら作業を進め、また折にふれて論文の草稿を書いてみることには、少なくとも次のような２つの利点がある―①データの収集と分析の作業を論文の執筆とシームレスに連携させることができる、②書く作業を通して分析に深みが出てくる。

3.　「問題・方法・結果・考察」ないし IMRAD は、学術コミュニケーションを効率的なものにする上できわめて有効な論文の構成であり、学術界において一種のテンプレート（ひな型）として通用してきた。

4.　IMRAD の定番的な構成には、理論仮説と実証仮説の関係および「事例について知ること」と「事例を通して知ること」の関係を明確にしていく上でカギとなる重要な手がかりが含まれている。

5.　論文をより魅力的なものにするためのポイントとしては、次の３つのものがあげられる―① IMRAD の基本的な発想について理解する、②リサーチ・クエスチョンの「謎」を前面に押し出す、③読者ターゲットを明確に意識する。

文献レビュー
先行研究でリサーチの基盤を確実にしていく

　「それは、あなたが生まれる前に発表された論文ではないですか？」。卒論や修論の中間発表の際に、このようなコメントをすることがあります。これは、先行研究の検討が不十分であるためにリサーチ・クエスチョンや仮説が新味に乏しいものになってしまっている、という主旨のコメントです。「大局観樹」の図にも示したように、先行研究や理論には、調査研究の基盤を支える太い根（根拠）としての役割があります。「ニュースを提供する」あるいは「謎を解き明かす」というリサーチ本来の使命を果たしていくためには、研究テーマに関連する先行研究や先行調査に関連する文献をしっかりと読み込んでおく必要があります。これが「文献レビュー（literature review）」などと呼ばれる手続きです。

1 それは本当に謎であり「ニュース」になるのか？
──文献レビューをめぐる2つの傾向

　初めて調査研究をおこなうような場合、文献レビューに関してともすれば陥りがちな2つの傾向があります。1つは、かなり以前に発表された文献を、調査全体の方向性を決める上での基本的な先行研究にしてしまうという傾向です。もう1つは、目新しい文献だけを選んでしまうというものです。この2つは、一見正反対の傾向のようにも見えて、その背景には同じような理由があります。それらの理由について掘り下げてみると、文献レビューをもっと確実なものにしていくための方策が見えてきます。

1-1　「枯れた知識と情報」のメリットと落とし穴

生まれる前に既に刊行されていた論文

　学部学生が先行研究として引用する文献の中には、30年から40年前、場合によっては半世紀以上も前に刊行されたものが数多く含まれていることが珍しくありません。つまり、ほとんどの場合、それは当の学生がこの世に生まれてくる前に発表された文献なのです。

　盛り込まれている情報の古さという点もそうですが、そのような先行研究に関する文献にはもう1つ重大な問題があります。それらの文献をもとにして設定された肝心のリサーチ・クエスチョンが、今ではとうてい「謎」とは言えないものになっている場合が多いのです。

　実際、刊行年がもっと新しい文献にあたってみると、それについては何年も前にかなり明快な答えが提供されていることが少なくありません。そのような場合、私は、次のような、少しばかり意地悪な質問をしてみることがあります――「今さらアメリカ大陸を『発見』したとして、何か意味があるのでしょうか?」。

　これまで何度か強調してきたように、リサーチというのは本来、結果として新しい知識や情報を提供するもの、つまり和製英語で言えば何らかの「ニュースバリュー」があるものでなければなりません。その点からすれば、何十年も前の文献を直接の先行研究にしてしまうのは、あまり筋の良い発想だとは言えません。なぜならば、それはまさに、15世紀末にクリストファー・コロンブスが果敢に挑戦して成功をおさめた、ヨーロッパ大陸から西回りに進んでいく航海を、21世紀の時点でもう一度繰り返して「新大陸」を発見しようとするようなものだからです。

「枯れた」文献が重宝される理由

　数十年も前に刊行された先行研究が引用されてしまうのには、幾つかの理由があります。その中でも目につくのは、研究課題を設定する際に参考にしたのが、そのテーマに関連する定番的な教科書やビジネス書を含む一般的な解説書あるいは薄手の新書だったということです。

　前章でも指摘したように、それらの書籍は、一般向けということも

あって、読みやすくするためにさまざまな工夫がなされています。つまり、「とっつきやすさ」という点では、学術論文などよりはるかに優れているのです。また、解説書やその種の本の参考文献リストなどで取りあげられているのは、多くの場合、学術研究や実務の世界で確立された理論やよく知られた研究事例です。その点だけに限って言えば、たしかに堅実で確実な文献レビューの方法だと言えます。

　もっともその半面、教科書などに収録されているのは、最初に公表されてからかなり時間が経って評価が定まった「枯れた」知識や情報です。したがって、それだけでは、その後の展開をフォローする上では決定的に情報が不足している場合が少なくないのです。

1-2　最新の文献のメリットと落とし穴

研究者の場合

　一方で、調査研究の専門家である研究者が、学術誌への投稿を念頭において論文を書く際の文献レビューでは、学生や院生たちとは正反対のアプローチを採用する例が少なくありません。つまり、学術界の「トレンド」を押さえた上で研究テーマや対象あるいは特定の分析方法を選択するのです。

　これは1つには、投稿論文の文献表にあげられている刊行年があまりに昔のものだと、それだけでその論文が不採択になってしまう可能性があるからです。実際、博士課程の大学院生などに対しては次のような、ある意味でかなり極端なアドバイスが与えられる例さえあります──「参考文献リストには過去10年以内に刊行された文献が7割以上を占めるようにすること」。

　たしかにこうしておけば、自分がおこなう調査研究を最新の「謎」に対する答えを追求し、結果として文字通りの「ニュース」を提供できる画期的なものにすることができるかも知れません。しかし、過去数年以内の学術論文だけを参考にして研究テーマを設定したような場合には、少数の学界関係者の関心に限定された、極端に狭い「リサーチ・ギャップ」を埋めるだけの、いわばマニアックな調査研究に終わってしまうこ

とにもなりかねないでしょう。

　学部生の場合

話題性のあるトレンディなトピックの問題点　もちろん、学部学生や修士課程の院生が初めて調査研究に取り組むような場合は、まるで話が違ってきます。そのような場合に浮かび上がってくるのは、全く別種の問題です。つまり、学生や院生がテーマとして選んでくる中には、新鮮で「ホット」なトピックではある半面、文献レビューをおこなおうとしても先行研究の蓄積があまりにも少なく、また確実な情報が得られる可能性がかなり低いものが少なくないのです。

　たとえば、第2章で例に取りあげたように、卒業研究のテーマとして「人気アイドルグループを多数抱えている芸能事務所の経営戦略」というものを選んだとします。それ自体は、たしかに目新しくて魅力的なテーマかも知れません。しかし、そのようなテーマに関する信頼できる先行研究の数はかなり限定されます。また、関連する情報の多くは、週刊誌や月刊誌に掲載された記事あるいは Wikipedia をはじめとする特定のウェブサイトの記事などに限られていたりします。

　それらの記事の中には、たしかに、丹念な取材にもとづいて「真相」に肉薄した、非常に貴重なものもあります。しかし学生や院生が、そのような二次情報だけで深く掘り下げたリサーチがおこなえるかというと、かなり難しいでしょう（一般の新書やビジネス書などでは、そもそも情報の出所が明記されていない例が稀ではありません）。実際、結局は、マスメディアの記事や薄手の新書などで示されているのとあまり変わらない「二番煎じ」のような結論を出して終わる例が少なくないのです。

最新の論文の問題点　同じような問題が、比較的最近刊行された学術誌や大学紀要などに掲載された「最新の」論文などを先行研究にして調査をおこなう場合についても指摘できます。後で改めて詳しく解説しますが、現在では、各種の検索サービスを使えば、調べようとしているテーマに関連する問題を扱った文献をたちどころに見つけられる場合が多く

なりました。

　しかし、その折々に話題になっている対象を研究テーマとして選んだ場合には、先行研究がまだそれほど蓄積されておらず、定評のある調査研究がほとんどないこともあります。そのような事情もあって、学部学生がそのような論文を参考にしようとすると、すぐに行き詰まってしまうのです。結果として、途中で方向転換したり、全く違うテーマに切り替えたりすることになります。

　要するに、最新の文献に取りあげられているテーマの中には、「ホット」な話題ではあっても、文献レビューをおこなっているあいだにすぐにその熱が冷めてしまう程度のものが少なくないのです。そのような先行研究の蓄積が薄い調査テーマをあくまでも追求していこうとすると、最終的に出来上がってくる論文は、結果として、むしろ退屈なものになってしまう可能性が高くなってしまいます。

Column　古典・基本書の効用

　文献レビューについては色々な考え方がありますが、1つだけ確実に言えることがあります。それは、ある研究分野や研究テーマに関して古典あるいは「基本書」などと呼ばれている文献にはひと通り目を通しておく必要がある、ということです。たとえば、この本で取りあげた例で言えば、社会関係資本について調査をおこなうならば『孤独なボウリング』に一度は目を通しておくべきでしょう。また、「破壊的イノベーション」を研究テーマにしようというのであれば、『イノベーションのジレンマ』を読んでいなければ、そもそも話になりません。また、たとえばマーケティングの分野などで「オピニオンリーダー（シップ）」などの用語を使うのであれば、その種の議論の原点となった「コミュニケーションの2段階の流れ」に関する米国の社会学者ポール・ラザースフェルドらの議論やそのアイディアにもとづく実証研究にふれておいた方がいいでしょう（幸い、これらの主要な文献については邦訳があります（カッツ／ラザースフェルド［1965］；ラザースフェルドほか

[1987]))。

　それ以外でも、特定の研究テーマを問わずにある領域の古典と呼ばれる文献には目を通しておくようにしたいものです。もちろん、これは、古典についての注釈や話題になっている古典の「新解釈」を読まなければならないということではありません。むしろ、古典の原典そのものにあたるべきだということです。言い古されたことではありますが、古典には、後の時代の注釈者が「各論」的な部分をめぐって議論を進めたためにもつれてしまった議論の筋道が、総論的な点を中心にして明快に整理されている例も少なくありません。また、現在脚光を浴びている理論の中では、新奇な言い回しで表現されているのとほとんど同じ内容が、具体的な例をあげながら分かりやすく述べられていることもよくあります。

　もちろん、古典と呼ばれる本の中にはあまりにも大著であり全部読んでいたら幾ら時間があっても足りないという例が少なくありません。たとえば、組織行動論の起源であるとも言われる *Management and the Worker*（『経営と労働者』）（レスリスバーガー／ディクソン著）などの場合、原著で 600 ページを超えており、しかも邦訳はまだ出ていません。また、日本はおろか海外の専門家ですらこの原著の全編に目を通したことがある人はそれほど多くないようです。このような文献の場合は、たとえば「リーディングス」などと呼ばれる、ある分野での重要文献やその一部を抜き出して編集した本などを利用してもいいでしょう。いずれにせよ、いつまでも「子引き」や「孫引き」だけで済ませておくと、思わぬ勘違いや手ひどい失敗をしてしまうものです。

2 根が浅い木は倒れてしまう
──なぜ文献レビューが必要なのか？

　先行研究の蓄積が乏しい調査テーマを扱う卒論や修論が退屈なものになりがちなのは、文献や統計資料などから得られる情報が少ないというハンデのせいだけではありません。そのような論文では、〈調査対象と

して取りあげた事例を通して何を明らかにしようとしているのか〉という点が見えにくくなっている例が少なくないのです。この問題は、「そもそも調査研究にとってなぜ文献レビューが必要なのか」という点について改めて考えてみる上でも重要な手がかりになります。

2-1　大局観樹から見た「根無し草」的な文献レビュー

　第3章で「大局観樹」（93ページ）の図を使って解説したように、先行研究や理論は、リサーチ・クエスチョンや仮説、あるいは研究テーマそのものを設定する上で重要な根拠になります。実際、リサーチ・クエスチョンや調査課題としてどれだけ素晴らしく見える問いであったとしても、それが先行研究に含まれる確かな理論的前提や既存データを踏まえた上で設定されたものでなければ、単なる思いつき程度のアイディアに過ぎなくなります。

　つまり、確実な文献レビューという根拠がなければ、調査報告は、文字通り「根も葉もない」体験談程度のものに終わってしまう可能性があるのです。反対に、先行研究について慎重な検討を重ねた上でリサーチ・クエスチョンや仮説が設定され、またそれぞれの調査課題について確実な方法でデータの収集と分析がおこなわれた時には、調査報告は結果として非常に魅力的であり、かつ深い意味で「面白い」ものになるに違いありません。樹木の場合で言えば、それは、地面に深く下ろされた根の部分と枝や葉とが太い幹を介して互いにしっかりと結びつけられている状態だと言えます。

　実際、確実な文献レビューがなされていない場合、調査研究は、次ページの図表5-1に示したような、今にも倒れそうな不安定なものになってしまう可能性があります。現実にも、根無し草ならぬ「根無し木」のように、文献レビューをおこなった形跡がほとんど見当たらない調査報告を見かけることがあります。たとえば、新聞や雑誌の記事で取りあげられる「アンケート調査」の中には、そのような根無し木的な例が珍しくありません。

図表5-1 不十分な文献レビューで傾いてしまった「根無し木」的な調査論文

What-仮説
Why-仮説
How-仮説

理論的前提・先行研究
既存データ

2-2 単発論文の理想パターン

もっとも、『孤独なボウリング』や『イノベーションのジレンマ』と同じように大局観樹としての風格を備えている論文は非常に稀です。実際、学術誌の場合には、字数について厳しい制限が課されていることもあって、個別の論文でカバーできる範囲は限定されることになります。したがって、論文については、しっかり地面に根を下ろした太い幹に支えられ、かつ枝葉が豊かに生い茂っている大樹のような「大作」を期待するのは「無いものねだり」でしかありません。

私たちが単発の論文に期待すべきなのは、むしろ、図表5-2のような姿でしょう。この図では、特定の調査課題に関わる幾つかのリサーチ・クエスチョンとトピックに的を絞って調査をおこなった結果が論文として報告されていることを想定しています。

逆に言えば、大局観樹に喩えるのがふさわしい『孤独なボウリング』や『イノベーションのジレンマ』の場合も、実際には図表5-2のような形で発表されてきた何本もの優れた論文の積み重ねを踏まえて、それらの集大成として発表されたものだと考えることができるのです。

2-3 「修業時代」の論文の理想パターン

当然ですが、「修業段階」の人たち、つまり生まれて初めて本格的な

図表5-2 単発論文の理想パターン

調査研究をおこない、その成果を論文や報告書で報告する人々については、大局観樹どころか図表5-2のような姿の論文を期待することすら無いものねだりでしかありません。そのような「初学者」の場合の理想パターンは、次ページの図表5-3のようなものだと考えられます。

　この図で想定されているのは、文献検索にかけられる時間や経験不足などの制約がある中でも、一定の範囲内で文献レビューをきちんとした上で、信頼できる先行研究の延長線上にリサーチ・クエスチョンを設定するという調査者のスタンスです。その上で、調査者は、特定のテーマや対象に的を絞って調査課題を追求していくことになります。

　なお図表5-3のような研究論文については、場合によっては、必要な条件はとりあえず満たしてはいるものの「小さくまとまった」面白味のない論文、という評価を受けることもあります。特に、学界で脚光を浴びている流行のテーマを取りあげた上で調査対象や条件設定を幾つか変えただけという論文の場合は、そのような印象は強くなります。

　しかし少なくとも最初の段階では、いわば「修業」ないし「稽古」の一環として、そのような定番的な手順をひと通り踏んだ上で調査を進めていくことが必要でしょう。1つのやり方としては、「お手本」になるような論文をなぞるような形で簡単な調査をおこなってみて、それをご

図表5-3　修業時代の論文の理想パターン

く短い「プレ卒論」的な論文や覚え書きのようなものとしてまとめてみる、という方法が考えられます。

　定型パターンから大胆にはみ出した野心的な論文は、そのような一定の「作法」を身につけた上で挑戦してみてこそ、より深い意味で面白いものになるに違いありません。実際、単なる自己流や「無手勝流」では、一度や二度は「ビギナーズラック」である程度うまくいったとしても、すぐに行き詰まってしまう場合が少なくないのです。

3 文献と情報のタイプ

3-1 先行研究と先行調査

　前節では主に学術論文として公表されている先行研究に焦点をあてて、文献レビューの意義や注意が必要な幾つかのポイントについて解説してきました。一方で、実際に調査研究をおこなう際にあらかじめ検討しておくべき文献には実にさまざまなタイプのものがあります。

たとえば、論文形式の先行研究には、その中の「問題」セクションで紹介されている理論的視点や「考察」セクションで解説されている最終的な解釈の内容が、どちらかと言えば重要な意味を持つものがあります。その一方で、論文の中には、むしろ「結果」セクションで紹介されている実際のデータの中身に価値がある例も少なくありません。たとえば、特定の企業を対象にした事例研究の結果を報告している論文の場合などです。そのような論文では、経営戦略の具体的な中身や特定のエピソードに関する情報の方が、理論的な考察を扱った部分の内容よりもむしろ参考になる例があります。

　これは、第2章で解説した「調査研究という言葉に含まれる2つの意味」という点とも深い関係があります。第2章では、調査研究には、データの収集や分析という意味での「調査」とそのデータを通して得られた情報の理論的位置づけの確認としての「研究」という2つの意味が含まれることを指摘しました。

　その点からすれば、ひとくくりに「先行研究」とされる文献の中には、むしろ「先行調査」と呼んで区別した方がふさわしいものが含まれていると考えることができます。ここで先行調査というのは、理論的分析よりはデータの内容の方に価値があると考えられる資料です。

3-2　文献のタイプ

　以上の点を踏まえて、ここでは論文だけでなく、書籍や各種の報告書あるいは統計資料などを含む文献資料を「研究と調査の相対的比重」という観点から便宜的に次の5つのタイプに分類してみました——理論文献、先行研究、先行調査、一般的資料、内部記録文書。

①理論文献

　調査対象やテーマを理論的な観点から把握するための分析的な枠組みを提供してくれるタイプの文献です。たとえば、企業組織に興味がある場合には、組織理論一般についての解説書や特定の組織理論を扱ったモノグラフ（研究書）などがこれにあたります。もちろん、これに加えて特定のテーマ（たとえば、経営戦略や企業文化）に関する理論書や研究書

なども含まれます。仮説検証型の調査研究をおこなう場合には、これらの文献が、理論仮説と実証仮説を設定していく際に非常に重要な役割を果たします。

②先行研究

　自分が調べようとしている対象やテーマに関する論文や報告書の中でも、研究を進めていく上で採用された理論的視点が比較的明確に解説されている文献です。調査結果にもとづいて既存の理論の修正を提案したり、新たな理論的枠組みを提案したりするような論文なども、先行研究としての性格が濃厚だと言えます。

　これには、調査モノグラフや学術雑誌に掲載された論文の他に、たとえばシンクタンクの報告書なども含まれます。また、自分が調べようと思っているテーマや対象を直接扱っていなくても、たとえば、方法論や対象へのアプローチの仕方など、何らかの意味で自分の調査研究にとってモデルとなるような論文なども、広い意味での先行研究に含めることができるでしょう。

③先行調査

　理論的分析よりも文献の中で示されているデータの内容あるいはその一次集計の結果などに価値があると思われるものです。学術誌に掲載されている中では、「資料」「短報・速報」「研究ノート」などは、これに該当します。

④一般的資料

　学術的な性格を持つ文献というよりは、新聞、雑誌、各種の統計資料など一般に広く公開されている資料を指します。たとえば、特定の企業について調べる時には、その企業に関する各種の記事や有価証券報告書などの資料の他に、その企業が属している産業の動向や特定の出来事について扱った記事などが、これに含まれます。図書館などで閲覧できる社史などもこれに含めてよいでしょう。

⑤内部記録文書

　調査対象となる組織や集団あるいは特定の人物に関して、特定の場所に蓄積されてきた資料を指します。企業の場合であれば、資料室に保存

されている資料や電子データ（多くは部外秘）などがその典型です。先行調査や一般的資料に分類できる文献が一緒におさめられていることも多いでしょう。もっとも、ここで重視したいのは、まだまとまった形で整理されていない、たとえば、会議の議事録や統計資料などといった、原資料ないし一次資料的な性格を持つものです。他の４つのタイプの文献とは違って、多くの内部記録文書は基本的に非公開であり、閲覧や利用に特別の許可が必要になることが多いものです。しかし、実際に利用することができた場合には、計り知れないほどの価値を持つものが少なくありません。

3-3 調査と研究の相対的比重

　上では、５つのタイプの文献を、後の方になるほど理論的分析というよりは資料ないしデータとしての性格が強くなるような順番で解説しました。一般に「調査研究」という場合は、上で言えば理論文献と先行研究および先行調査の３つを指します。他方、一般的資料と内部記録文書の方は、どちらかと言えば調査研究の分析対象になる「データ」や「資料」としての性格が強いものだと言えます。いずれにせよ、これらの５種類の文献は、そのどれもが調査研究の基盤を支える上で重要な役割を果たすことになります。したがって、文献レビューをおこなう場合には、各種の文献資料に目配りしておく必要があります。

　なお、以上の理論文献、先行研究、先行調査という３つの区分はあくまでも便宜的なものに過ぎません。実際には、１本の論文や１冊の調査報告書が理論的な枠組みの洗練の度合いという意味でも、またその中で紹介されている実質的な報告の内容という点でも優れている場合は少なくありません。

　たとえば、これまでも何度か引用してきた『孤独なボウリング』と『イノベーションのジレンマ』は、まさに後続の調査者にとって第一級の理論文献であるとともに先行研究および先行調査としても優れた性格を持つものです。また、ある調査者にとっては主として先行調査としての性格を持つ論文が、他の調査者にとっては理論的分析をおこなう上で

インスピレーションを与えてくれる文献になることもあるでしょう。

4 文献検索法

4-1 「ライブラリーワーク」の変容——紙媒体から電子媒体へ

　以前は、文献を探し出して読み込む作業などを指す言葉として「ライブラリーワーク」が使われていました。この場合のライブラリーというのは、紙媒体の雑誌論文や書籍が収納されている図書館のことです。しかし、1990 年代半ば以降に加速した「IT 革命」によって、かつては紙媒体が中心だったライブラリーワークも今では電子媒体の資料を対象にしたものがむしろ主流になっています。

　情報技術の進化はまさに日進月歩であり、本書のような紙の本に書いてあることのかなりの部分はすぐに陳腐化してしまいます。したがって、ここでは文献検索に関する現時点での代表的な検索サービスに関する情報だけをあげておきます（以下では、前節の分類で言えば、主として①から③までの文献を検索して利用する方法について解説しています）。

　なお大学等では、図書館や学習支援担当のセンターなどが主催して情報検索サービスに関する講習を定期的におこなっています。文献検索に関する最新の情報については、そちらを参考にすることをおすすめします。

4-2 CiNii——日本語文献の検索

データベースの概要

　現時点で、日本語の文献を検索する上で最も広く使われている検索サービスは恐らく CiNii でしょう。この略称は、大文字と小文字が入り組んでおり、かなり分かりにくいところがありますが、Citation Information by NII（NII による引用情報検索サービス）から来ています。NII は、CiNii の運営主体でもある国立情報学研究所（National Institute of Informatics）という大学共同利用機関法人の略称です。

　本書の執筆時点（2020 年 11 月）では、CiNii という名称で提供され

ているデータベースには、「CiNii Articles」（論文）、「CiNii Books」（書籍：大学図書館所蔵の図書・雑誌）、「CiNii Dissertations」（博士論文：日本の大学等で授与された博士論文）という３つのものがあります。これらのデータベースは、現在では、大学や研究機関に所属していなくても無料で利用できるようになっています。どのデータベースについても、フリーワード検索で特定の語句を手がかりにして網羅的に検索することができるほか、「詳細検索」の機能を使って著者名や刊行年などの条件を細かく指定して文献を絞り込むこともできます。

論文の検索

このうち、初めて調査研究をおこなう際に利用するのは、日本語で書かれた論文をかなり網羅的にカバーしている CiNii Articles でしょう。このデータベースには狭い意味での学術論文だけでなく、雑誌記事なども含まれており、ビジネス関係の情報を検索する際にも便利な検索サービスになっています（実際に収録されている個々のデータベースの範囲については、CiNii のウェブサイトで確認できます）。

なお、上であげた３種類のデータベースのうち、CiNii Articles については、相当数の文献が直接 CiNii のサイトから、あるいは大学や研究機関のサイトへのリンクを経由してダウンロードすることができるので、実際に図書館に足を運ばなければならなかった時代に比べてはるかに便利になっています。もっともその半面、ダウンロードできない文献については、つい敬遠してしまう傾向もあるようです。しかし、そのように「手間がかか」り、かつ一定の経費もかかる文献にこそ、実は貴重な情報が含まれていることも多いので、可能な限りは資料を取り寄せて目を通すようにしたいものです。

4-3　Google Scholar

サービスの概要

日本語だけでなく英語の文献も検索してみたいという時には Google Scholar の検索サービスが使えます（同サイトには「すべての言語」とい

うオプションもあります）。たとえば、『孤独なボウリング』で扱われているテーマについては「社会関係資本」というキーワードで検索すれば、この原稿の執筆時点では4万7000件ほどの日本語文献がヒットします。また、原語の「social capital」で検索してみたところ、約22万4000件の英語文献がヒットしました。

CiNiiと同じようにGoogle Scholarの場合も、オープンアクセスの論文についてはインターネット上から直接ダウンロードすることができます。それ以外の論文についても、大学や研究機関のサイトへのリンクを経由して電子ファイルを入手できる場合があります。

CiNiiに比べてGoogle Scholarは、検索条件のオプションは限定されていますが、刊行年については期間を指定して検索することができます。また、日付順に文献を並べ替えて表示させることもできます（同じような並べ替えはCiNiiでも可能です）。これは、本章の1節で解説した、最新の論文の情報を重視してリサーチ・クエスチョンを設定することを目指す際に、「刊行年の新しい文献から過去に遡って文献レビューをおこなう」というような際にはうってつけの機能です。

研究の流れの把握

なおGoogle Scholarでは、文献情報の一番下の行に「引用元」の件数が示されています。これは、検索した論文を引用した論文や書籍の数を示しています。たとえば、パットナムの *Bowling Alone*（原著）であればその数は6万5500件に及びます。引用件数が多い書籍や論文はそれだけ大きな影響力を持った文献である可能性が高いわけであり、基本文献として一応押さえておく必要があると言えるでしょう。

また、Google Scholarでは、引用元の文献自体を引用している文献を探し出すこともできます。これによって、特定の研究テーマや理論的アプローチの「元祖」ないし「源流」とも言える文献から始まる研究の流れについて、ある程度把握することができます。うまくすれば、どういうテーマに関するどのようなリサーチ・クエスチョンが「ニュースバリュー」のあるものかという点や「何がまだ謎のままか」などに関して

ある程度の目安をつけることもできるでしょう。

　特定の著者がおこなった研究に関心がある場合は、その著者が所属している大学等の研究機関のウェブサイトなどに掲載されている業績一覧をチェックしてみてもいいでしょう。また、日本の研究者の場合には、researchmap という、科学技術振興機構が運営している研究者情報に関するデータベースで主要業績について確認することができます。

4-4 レビュー論文、CiNii Dissertations、ProQuest Dissertations & Theses Global

レビュー論文

　研究の流れをフォローするという点で、場合によっては Google Scholar 以上に効率的に作業をおこなえるのが、専門誌に掲載される「レビュー論文（review article）」を読んでみるというやり方です。「総説論文」あるいは「展望論文」とも訳される review article では、原著論文の場合には主に「問題」のセクションでおこなう文献レビューを、1 本の論文の全編を通しておこなっています。つまり、ある分野の先行研究を整理した上で過去の研究動向を示し、また今後の課題などについて論じることによって、研究の流れの見取り図を提供しているのです。

　Annual Reviews 社のように、自然科学系の領域を中心にして 50 分野ものレビュー論文専門の学術誌を刊行している非営利の出版社もあります。残念ながら、その 50 誌の中には経営学系のレビュー誌は含まれていません。しかし、関連領域である経済学と心理学と社会学については同社からレビュー専門誌が刊行されています。

博士論文の検索サービス

　レビュー論文以外では、先にあげた CiNii Dissertations で博士論文を検索して、その論文の文献レビューのセクションに目を通してみる、というやり方もあります。というのも、博士論文では多くの場合、最新の研究動向を踏まえた上で、研究テーマに関連する文献レビューを丹念におこなうことが約束事になっているからです。したがって、論文の導

入部分（「問題」「Introduction」など）でなされている文献レビューが、自分の調査研究にとって参考になる場合が多いでしょう。

　もっとも、CiNii Dissertations で検索できる博士論文については、それぞれの大学の「機関リポジトリ」に抄録や審査結果しか掲載されておらず、必ずしも論文の全文をダウンロードできない例が多いようです。書誌情報をもとにしてそれぞれの大学の図書館や国立国会図書館で閲覧を申請するほか、大学間の相互作用サービスを使ってみてもいいでしょう。もっとも、その手間や時間そして金銭的費用の割には収穫がそれほど多くない例も珍しくありません。

　それに対して主に英文の学位論文が中心になりますが、はるかに便利な機能を備えているのが、米国ミシガン州に本拠を置く ProQuest 社が提供している ProQuest Dissertations & Theses Global というサービスです。このデータベースには、世界 100 カ国の約 500 万本もの修士論文と博士論文が収録されており、そのうちの 200 万件以上が全文をダウンロードできます（最も古いものでは、1743 年に発表されたドイツ語の学位論文 2 点が実際に電子データとして入手できます）。もっとも、このサービスを契約していない大学図書館も少なくありません。もし、在籍している大学でこの検索サービスが利用できるようであれば、少しがんばって海外の博士論文にチャレンジしてみてもいいでしょう。

4-5　ウェブ系の文献情報に関する注意事項

　以上で見てきたように、各種の文献のデジタル化は、学術関連情報の検索と入手の作業を飛躍的に効率的なものにしてきました。

　たとえば、私自身が大学院生であった 1970 年代には、学術雑誌に掲載された論文を閲覧しようと思ったら、まず図書館の入り口付近に置かれた木製やスチール製の図書目録用の棚（カードボックス）に収納された膨大な数の紙のカードを手でめくって雑誌の登録番号を探した上で、受付窓口で所定の用紙に書き込んだ上で申請しなければなりませんでした。しかも、閲覧は図書館内あるいは閲覧室のみに限られていました。それが今では、同じ論文の多くを、手元にあるスマートフォンやタブ

レットでも瞬時に入手して読むことができます。

　このように利便性という点では飛躍的な向上が見られる一方で、入手できた文献に含まれている情報の利用という面では色々な問題が生じています。以下では、そのうち私が特に気になっている、「デジタル積ん読」と日本語版 Wikipedia の情報の信憑性という 2 点を取りあげます。

ダウンロードしただけで読まれない論文──デジタル積ん読

格段に便利になった情報検索　　上で述べたように、今では文献検索も文献の実物を電子ファイルや印字版で入手することも非常に簡単にできるようになっています。同じようなことは調査資料としてよく使われる新聞や一般誌の記事についても言えます。

　それらの文献や記事については、CiNii などを介さなくても通常のGoogle や Yahoo! などの検索エンジンを使えば、瞬時に大量の情報が入手できる場合が少なくありません。また、その中には無料で資料の全体ないし一部が入手できたり、大学で契約している情報サービス（日経テレコンなど）を使って記事の全文をダウンロードできたりするものもあります。情報検索の利便性という点では、ハサミを使って切り抜いた記事を糊で「スクラップブック」に貼りつけて整理していた時代を思えば、まさに隔世の感があります。

アナログ時代とデジタル時代の積ん読　　しかし情報アクセスが容易になったからと言って、その情報を有効に利用できるようになったかと言えば、必ずしもそうではありません。それどころか、電子情報が容易にダウンロードできる現在の方が、以前のように糊とハサミとスクラップブックを使っていた時代よりも、文献情報の内容の把握という点で劣っているとしか思えない例が少なくないのです。実際、電子ファイルをダウンロードしたことで安心してしまい、内容に目を通さないで済ませてしまうということがよくあります。

　実は、それと同じような傾向は 1980 年代に入って、複写機を使った文献のコピーが、それ以前と比べて格段に簡単かつ安価にできるように

なった頃にもありました。かつては図書館の閲覧室で、しかも限られた時間内にノートをとりながら読まざるを得なかった文献が簡単に複写できるようになってくると、コピーをとっただけで「いつでも読める」と思って安心してしまうのです。今の時代で言えば、ダウンロードして読んだつもりになってしまうのと本質的には同じです。

　手に入れた本に目を通しもしないで、その辺にただ積んだままにしておくことを指して「積ん読」ということがあります。それをもじって言えば、ダウンロードした電子情報やそれを印字したものを読まずに死蔵してしまう傾向は「デジタル積ん読」と呼べるかも知れません。

積ん読対策　このような傾向への対策の1つは、論文をダウンロードしたら、とりあえず一度は目を通しておくことです。それに加えて、目を通したら必ずその内容について簡単なメモをつけておくという工夫も考えられます。詳細な読書ノートを取るとなると、時間が幾らあっても足りなくなるでしょう。ほんの2～3行でも構わないので、何らかのメモをつけておくと、論文の概要が頭の中に刻みつけられます。

　さらに、そのメモをExcelのような表計算ソフトを使って、タイトルや媒体名とともに日付順や項目別などに整理しておくと、なお良いでしょう。つまり、自分用にカスタマイズした文献や記事のデータベースを作るのです。

　このような工夫をしてみるだけでも、文献の基本的な情報を記憶に定着させることができますし、それぞれの記事や論文が研究テーマにとってどのような位置づけになるか、という点について大まかに把握できるようにもなります。前章では、論文の「問題」ないし「Introduction」のセクションでは、研究テーマを一連の先行研究の流れの中に位置づけることが重要なポイントになる、という点について指摘しました。自作の文献データベースを作成する作業というのは、まさにそのような、先行研究の見取り図を作っていく上での大切な準備作業になるのです。

日本語版の Wikipedia には要注意

オンライン百科事典とその問題点　インターネットを介して入手できる情報の中には、論文や書籍に関連する情報以外に、オンラインの百科事典や辞典に掲載されている情報も含まれます。その中でも、学部生や院生が利用するものとして代表的なものに Wikipedia があります。

　Wikipedia という名称は、「ウェブブラウザ上でウェブページを編集することができる『ウィキ（Wiki）』というシステムを使用した『百科事典』（英：Encyclopedia）であることに由来する造語」（ウェブサイトの解説）だそうです。百科事典を標榜するだけあって、Wikipedia には、ある意味では紙媒体の百科事典以上に多彩な項目が盛り込まれています。特定の事柄に関する基本的な情報を得る上では非常に便利なサービスであり、無料で利用できるという点も大きな魅力です。

　もっとも調査研究をおこなう上で、このオンライン百科事典を利用する際には幾つかの点で注意が必要になります。筆頭に挙げられるのが、出所不明や不正確な情報が含まれている例が少なくないという問題です。特にこれは、日本語版の Wikipedia について指摘できます。実際、学生や院生が引用してくる情報には、首をかしげたくなるものが大量に含まれています。

事例──「ホーソン効果」についての解説　経営学関係で言えば、その典型は「ホーソン効果」に関する次のような解説です──「治療を受ける者が信頼する治療者（医師など）に期待されていると感じることで、行動の変化を起すなどして、結果的に病気が良くなる（良くなったように感じる、良くなったと治療者に告げる）現象」。

　ホーソン効果自体は、経営組織論や組織行動論などでよく引用される用語ですが、上の解説は、医療などでよく知られる「プラシーボ効果」の解説であり、全くの別物です（実際のホーソン効果については、たとえば佐藤（2015b）参照）。

　しかも、この明らかな誤りを含む解説は、この記事の最初の版が2012年4月に掲載されて以来、本書執筆時点（2020年11月）まで8

年以上にわたって訂正されていません。さらに、この Wikipedia の記事の誤りは、「収録辞書 500 以上。国内最大級のオンライン辞書」を標榜する某オンライン辞書などに転載されることによって電子空間に広く拡散されています。

　日本語版の Wikipedia は、芸能関係やアニメーション・コミックに関する情報はかなり充実しているのですが、社会科学系については英語版の Wikipedia などに比べてかなり貧弱なようです（ホーソン効果に関する解説の場合と同じような問題は、たとえば「社会調査」という項目における「内部関与法」と「外部観察法」に関する解説についても指摘できます。2020 年 11 月時点の記載）。

　このような不確かな情報に惑わされないようにするためには、幾つか対策が考えられます。1 つは、同じような項目について英語版 Wikipedia で確認してみることです。また、Wikipedia の解説にあげられている出典を直接あたって確認してみるという作業も当然必要になります。いずれにしても、あやふやな裏付けしか提供されていない解説をそのまま引用して使ってしまうことは断じて避けるべきです。

5 文献鑑識眼を身につけていくために
——IMRAD 構造を手がかりにして

5-1 使える巨人と使えない巨人

玉石混淆の文献資料

　上で指摘したように、日本語版 Wikipedia には出所不明の解説や明らかに不正確な記述が含まれています。しかし、紙媒体の百科事典がそうであるように、自分にとってなじみのある領域以外の分野について最初の手がかりを得る上では非常に便利な情報源です。また、特に英語版の Wikipedia の場合には、日本語版とは違って世界中の数多くの専門家が記事の執筆や追加・修正に関わっているせいか、かなり正確で詳細かつ最新の情報が盛り込まれている例が少なくありません。要するに、このオンライン百科事典によって提供されている情報は、まさに「玉石

混淆」なのです。

実は、同じような点が、先にあげた CiNii や Google Scholar などで入手できる文献についても指摘できます。これらの検索サービスを利用すると、研究テーマによっては、たちどころに数百点、時には数千点以上の文献がリストアップされてきて圧倒されます。どんなに検索条件を絞り込んでみたとしても、100 点を超える文献数になることもあります。卒論や修論のための文献レビューでそれらの文献全てにあたっていたとしたら、幾ら時間があっても足りません。さらに問題なのは、これらの文献の内容がそれこそ玉石混淆だということです。

「使える巨人」を見きわめるための知識とセンス

目安としての被引用数と各種の賞　先に Google Scholar の「引用元」という機能についてふれた際に解説したように、このような際の解決策の 1 つに、ある文献が他の文献によってどれくらいの頻度で引用されているかという点を確認するというものがあります。もっとも、比較的よく知られているように、この「被引用回数」というのは必ずしも文献の重要度を測る上で絶対的に信頼できるモノサシではありません。たとえば、多くの問題や欠陥があるからこそ批判的に引用される例も少なくありません。また、引用される回数を増やすために仲間内で意図的に互いの論文を引用しあうというような操作もおこなわれてきました。

学会賞などを受賞した研究書ないし論文であるとか、ベストセラーになった本であるなどという点も、必ずしも参考にはなりません。そうした事実は、文献の価値を測る上での 1 つのモノサシに過ぎないのです。実際、学術賞はさまざまな「大人の事情」（論功行賞、人脈など）で授与されることがあります。また、ビジネス書などの売上が、話題性やタイトルの奇抜さあるいは広告宣伝の巧みさなどに大きく左右されている例も少なくありません。

本当の「巨人」とは？　これらの点に関連して改めて考えてみたいのは、Google Scholar の検索ウィンドウの下に表示されている「巨人の

肩の上に立つ（英語版では "Stand on the shoulders of giants"）」という言葉の意味です。これは、著名な自然哲学者・数学者であったアイザック・ニュートン（1642-1727）が知人への私信で引用したことを1つの契機として広く知られるようになった言い回しです。その基本的なメッセージは、〈学問上の発見や新しいアイディアは、多くの偉大な先人たち（「巨人たち」）が成し遂げた研究の蓄積があってこそ、その上に成立するものである〉というものです。

実際、基本文献などと呼ばれる文献の中には、まさに「巨人」と呼ぶにふさわしい人々によって書かれた必読書と言えるものが含まれています。しかし、その一方で、上で指摘した学会賞を受賞した本やベストセラーの中には、一見偉大な「巨人」のように見えて、実際には参考文献としてはあまり使いようがないものも含まれているのです。

結局のところは、自分自身で判断していくしかないのです。その意味では、自分の目で文献の価値を見きわめていく力、つまり「文献鑑識眼」とでも呼ぶべき知識とセンスは、リサーチ・リテラシーを構成する最も重要な要素の1つだと言えます。これは特に、現在のように情報があふれ、文献検索も容易にできるようになった時代には必要とされる力量です。

それはまた、先行研究を評価する以外に、自分自身が論文を書いていく際に心がけておくべきポイントでもあります。つまり文献鑑識眼は、第1章で解説したこの本の1つの目的でもある「健全な懐疑心」の重要なポイントでもあるのです。

Column 「ビジネス書」との正しいつき合い方

初めて経営学関連の調査研究をおこなおうと思っている人々にとっては、ビジネス書は魅力的な読み物であるかも知れません。最近の経営問題に関する強烈な実践的関心にもとづいて書かれているものが多く、分かりやすい文章と構成で書かれており、興味深いエピソードが取り上げられている点も大きな魅力です。

もっとも、経営学関連のさまざまなタイプの文献の中でも「ビジネス書」（「経済・経営書」などと呼ばれることもあります）は、調査研究の際に利用する上でかなり悩ましいところがある出版物です。

　この点で興味深い事例が、1982年に米国で出版され世界的なベストセラーになったビジネス書『エクセレント・カンパニー』です。同書では、飛び抜けて優れた経営業績をあげていた米国企業43社について、その特徴を「行動の重視」「顧客への密着」など8つの基本的特質（ないし成功の秘訣）としてまとめています。全編を通して興味深い逸話がちりばめられており非常に面白い読み物になっています。しかし著者の1人であるトム・ピーターズは、この本に関して2001年におこなわれたインタビューの中で、次のように発言しています——「ビジネス書を読んで一言一句その通りにしようとする者は阿呆（idiot）以外のなにものでもない」。さらにピーターズは、本を書くにあたってデータを捏造（faked）していたということまで告白しています。

　もともとビジネス書というカテゴリー自体、非常に曖昧なものです。実際、書店や図書館のビジネス書コーナーには、「ハウツー物」を明確に意識して書かれたものから、『イノベーションのジレンマ』のように、長年の研究成果を一般読者向けにかみ砕いて書き下ろしたものまで実にさまざまな内容のものが陳列されています。書き手となる人々の経歴も色々です。企業人が並外れて優れた長年の実務経験を踏まえた上で経営指南書的なビジネス書を執筆する場合もあれば、堅実な実証研究をおこなっていた経営学者がキャリアの中盤以降になって、一般読者向けのビジネス書を執筆するという例も少なくありません。

　このように、ビジネス書は、質や信憑性という点で学術論文以上に玉石混淆的なところがあります。つまり、ビジネス書の中には「使えない巨人」も少なくないのです。読後に「元気」や「勇気」が出ることは、紛れもなくある種のビジネス書の優れた効能です。しかし、その範囲を越えて真に有効な実践上の指針を得るためには、読み手には相応のリテラシーが必要になると言えるでしょう。

　なお、ある種のビジネス書に特徴的に見られる9つの「妄想」につ

いては、『なぜビジネス書は間違うのか』（フィル・ローゼンツワイグ著）が参考になります。

IMRAD 構造から見た欠陥論文
──見聞録、「頭でっかち・お尻でっかち」、分離エラー

第3章で解説した「仮説をめぐる5つの病い」は、GIGO を見抜く上で1つの大切な着眼点になると思われます。また、これから第8章と第9章で解説するサンプリングと測定の作業をめぐる幾つかの落とし穴も、GIGO 的な文献を判別していく上での手がかりになるでしょう。

第1章でも解説したように、GIGO は救いようもなく致命的な欠陥を抱えた調査研究とそれにもとづく調査報告を指しています。それに対して、以下ではどちらかと言えば「救いどころがある」論文の特徴を明らかにすることによって、論文が抱える欠陥を見抜き、使える部分を積極的に活用していく上でのポイントについて解説していきます。

ここでは特に論文全体の構成という点に注目して、理想的な IMRAD 構造からの逸脱を次の3つのパターンとして示していきます──①見聞録型、②頭でっかち型、③分離エラー型。

見聞録型（「ベタな実態調査」型）

本書で何度か指摘してきたように、調査研究には「調査」と「研究」という2つの側面があります。1本の論文の中でこの2つの面がバランスよく結びつけられているというのは、たしかに1つの理想ではあります。しかし現実には、比較的スムーズにリサーチが完遂できたケースでも、調査ないし研究（あるいは「理論ないしデータ」）のどちらか一方が優勢になる場合が少なくありません。

調査研究にもとづいて書かれた論文の中には、この2つの面のうち、調査ないしデータとしての側面が圧倒的な比重を占めているものが少なくありません。これが、本書で「見聞録型」とよぶタイプの論文です。それを IMRAD 構造を応用して図解してみたのが、図表5-4 です。

図表5-4 見聞録型：調査＞研究（data rich, but theory poor）

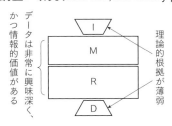

　このようなタイプの論文は、調査現場での観察記録や統計分析の結果それ自体、つまり図で言えば真ん中の２つの部分の要素は実に興味深い内容になっています。しかし、上下の台形がかなり小さなサイズで描かれているように、それらの発見事実が同じようなテーマや対象に関する従来の研究の流れや理論的前提にとってどのような意味を持つのかが必ずしも明らかにはされていません。

　このようなリサーチについて英語で「data rich, but theory poor（データは示唆に富むが、理論面が弱い）」と言うことがあります。特に現場調査の報告書などについては、そのような指摘がなされる例が少なくありません。実際、現場調査の報告書などでは、現場の状況についての報告としては非常に興味深いレポートになっている半面、それが肝心の研究テーマとどのように関わっているのかが読み取りにくいものも少なくありません。「私は見た、聞いた」という点について報告しただけで終わっている見聞録とあまり変わるところがない調査報告になっているのです。

頭でっかち・お尻でっかち型（針小棒大型）

　見聞録型とは正反対の性格を持つのが、次ページの図表5-5に示した「theory rich, but data poor（理論についてはよく考え抜かれているが、根拠となるデータが貧弱）」という問題を抱えている「頭でっかち・お尻でっかち型」の論文です。

　先行研究のレビューは確実になされており、リサーチ・クエスチョン

図表5-5 「頭でっかち・お尻でっかち」型：調査＜研究
（theory rich, but data poor）

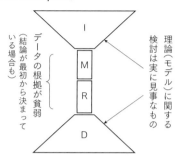

や仮説もよく考え抜かれたものになっています。しかし、その問いや仮説を検証していくために示されたデータがいかにも「とってつけた」ような貧弱なものでしかないのです。

　したがって、Discussion（考察）のセクションでは、その貧弱なデータを根拠にして、半ば強引とも言えるやり方でいわば「針小棒大」的な結論を出しています。中には、最初から結論はほとんど決まっていて、その結論との辻褄をあわせるために、十分な「証拠能力」のないデータを例証用として都合良く使っている例もあります。

　実際のデータは貧弱なものではあっても理論的検討を何よりも優先するという点では「頭でっかち」であると同時に、強引な解釈という意味で「お尻でっかち」でもあるのです。何らかの統計モデルないし数理モデルの構築とその「例証」を目指す論文では、このような傾向が見られることがあります。見聞録型については、よく「単なるファクト・ファインディング（実情調査）に過ぎない」と言われることがあります。一方、この「頭でっかち・お尻でっかち」型の場合は、「単なるモデルづくりに過ぎない」ということになるでしょう。

　なお、インタビューや事例研究をはじめとする現場調査にもとづいて書かれた論文や報告書の中にも、「頭でっかち・お尻でっかち」的な傾向が見られることがあります。つまり、何らかの理論的枠組への信奉を示したり、イデオロギー（政治的信条）的な立場を正当化することに力

図表5-6 分離エラー型：調査≠研究（segregation error）

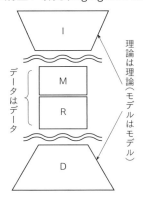

点が置かれており、提供されているデータや資料は貧弱なものでしかないケースがあるのです。

分離エラー型

　見聞録型と「頭でっかち・お尻でっかち」型の混合型と言えるのが、上の図表5-6に図解した分離エラー型です。

　このタイプの論文では、問題セクション（Introduction）での文献レビューや考察セクション（Discussion）での理論的分析はよく考え抜かれたものになっています。また、調査の際に使われた調査技法（Methods）は堅実なものであり、結果として得られたデータにも興味深い情報が含まれています（Results）。

　しかし惜しいことに、データの分析結果と理論的な考察とのあいだの関係が稀薄になってしまっているのです。したがって、図では二重の波線で示したように、上下の台形と真ん中の2つの長方形のあいだには明らかな断絶があることになります。このような傾向について、英語では「分離エラー（segregation error）」ないし「データと分析の分離（data and analysis segregation）」と言うことがあります。

　実際、論文を見ていると、わざわざ調査をしなくても最初から結論は決まっているとしか思えないようなケースがあります。また、「理論は

理論（モデルはモデル）、データはデータ」として両者の食いちがいには目をつぶって、データから言えることだけを理論的前提とは無関係に長々と「結果」セクションに書いて済ませているようにしか思えない論文も見かけます。

Column　分離エラーの落とし穴──壮大な仮説、マメな調査、最後のハッタリ

「壮大な仮説、マメな調査、最後のハッタリ」というキャッチ・フレーズ（？）があります。大学院時代に、酒席で先輩の院生の人たちと話をしていた時にふと思いついたフレーズです。これは、フィールドワークにおいて、最初の問題関心、実際に集めたデータ、最後の結論という３つのもののあいだに食い違いが生じてチグハグなものになりがちな傾向を、半ば自嘲気味に表現したものです。

実際、調査現場に入って手当たり次第にデータや資料を集めていると、その量の多さに圧倒されてしまいそうになります。また現実の社会生活を目のあたりにしたり現地の人々に話を聞いていたりすると、事前に文献を読んだ時に持っていた予想と現実のあいだのギャップがあまりにも大きすぎて、最初に構想していた問題設定や仮説などどこかに消し飛んでしまうこともよくありました。

しかし一方では、修士論文の締め切りや調査報告書の「納期」という動かしがたい現実が目前に迫ってきて、不本意ながらもとにかくフィールドワークの成果をまとめなければなりません。そこで出てくるのが、〈当初の問題設定や仮説と実際に集めたデータとのあいだに相当のギャップがあるのにもかかわらず、強引に（「ハッタリ」をきかせて）最初の問題設定や仮説に沿った結論を出してしまう〉というやり方です。

この種の分離エラーを犯してしまう主な理由の１つは、調査の作業があらかた終わってしまった後になって初めて調査報告を書き始めるというものです。このような落とし穴に陥らないようにするためにも、第３章と第４章で解説した「調査の最中に何度も報告書の下書きや章

立てを書き直す」という作業が非常に重要な意味を持つことになります。

5-3 「発展途上型論文」の活用法

　以上では、主として調査と研究（ないしデータと理論）のバランスという観点から、調査研究をもとにして書かれた論文に見られがちな「欠陥」について、あえて厳しい表現で指摘しました。しかし、必ずしもそのような欠陥のある論文が全く何の情報価値もない「ガーベージ」のような文献であるとは限りません。それどころか、上で見てきた3つのタイプの論文はそれぞれ特有の問題を抱えてはいるものの、見方によっては、むしろ貴重な情報を引き出すことができる「発展途上型論文」であるかも知れないのです。

　実際、「無仮説事後解釈病」のアンケート調査がその典型であるように、明らかに GIGO としか言いようがない論文は大量に存在します。そのような、「data poor and theory poor（データが貧弱なだけでなく理論的根拠も貧弱）」としか言いようがない「救いようのない」調査報告にくらべれば、上で解説した3つのタイプの「欠陥論文」は明らかに何らかの利用価値があります。

　たとえば見聞録型であれば、分析の甘さや理論的視点との関連づけの弱さという問題はたしかにあるものの、その現場体験に根ざした調査報告の中には「現状の把握」という点で実に貴重な情報が含まれているかも知れません。同様の点は、分離エラー型が、理論との接点を欠いたままで提供しているデータについても指摘できます。また「頭でっかち・お尻でっかち型」については、論文の中で提供されている実証データは貧弱でも、理論的アイディアという点では、後続する調査研究にとって貴重なヒントになるかも知れません。

　こうしてみると、文献レビューでは、単に全ての条件を満たした理想的な文献を精選した上で参考にするだけではなく、場合によっては、何らかの問題を抱えた文献から貴重な情報を読み取っていくようなアプローチも必要になると言えるでしょう。つまり、「ガーベージ（GIGO）

であるかないか」というような二分法の発想ではなく、むしろ論文の中で自分自身の調査研究にとって有効に利用できそうな部分を注意深く見つけ出して活用していくという発想が必要になってくるのです。

5-4 調査体験を通して文献鑑識眼を身につけていく

　上で述べたのと同じようなことは、自分自身が調査研究をおこなう場合についても言えます。というのも、初めて調査研究をおこなうような場合には、バランスの良いIMRAD構造を持つ論文を仕上げられることはむしろ例外だと言えるからです。

　第2章で述べたことの繰り返しになりますが、初めて調査研究に取り組む、いわば修業時代には、調査（データの収集）あるいは研究（理論的検討）のどちらかでも、可能な範囲で徹底しておこなうことができれば、それだけでも十分なのです。実際、調査現場の情報やデータを「靴の底をすり減らして足で稼いで」くるか、リサーチ・クエスチョンや仮説について「脳みそを振り絞って」考え抜くことができれば、それは次のステップにつながる貴重な体験となるに違いありません。

　また、一度でも自分で実際に調査をおこない、その結果を論文としてまとめてみた経験があるのと無いのとでは、先行研究を見る目はまるで違うものになります。そのような調査研究の実体験を通してこそ初めて、文献レビューや先行調査のデータなどにもとづいてリサーチ・クエスチョンと仮説を設定するというのが、現実にはどのような性格の作業であるかが「体感」できるからです。また、実際に収集したデータによって仮説を検証するという手続きが持つ意味について理解する上でも、調査の体験は欠かせません。

　そして、そのような実体験を通してこそ、先行研究ないし先行調査に含まれた議論や情報のクオリティについてより的確に判断できるようになるはずです。また、それらの情報のうちのどの部分を採用して何を捨てるべきかという点がより明確に見えてくるに違いありません。

　もっとも、実態の把握とその結果についての公表が緊急に必要とされ

る事態、たとえば、大規模な自然災害や感染症の拡大に付随するさまざまな経営問題について調査をおこなうような場合には、全く違う配慮が必要になります。実際、そのような場合は、何よりもまず事実（ファクト）をできるだけ迅速に把握して報告することが要求されるでしょう。しかしその場合でも、データ収集の作業に関する必要最低限のリテラシーは必要です。次章から9章にかけては、その基本的な考え方について解説します。

考えてみよう

歴史学や産業・業界研究などの分野では、新たな史料ないし資料の掘り起こしがそれだけで評価されることがあります。一方で、経済学系の研究では、モデル構築が何よりも重視される傾向もあります。本章で強調した IMRAD の理想型とそれらの分野に見られる傾向との関係について実際の研究例を参考にしながら考えてみましょう。

調べてみよう

ビジネス関連で情報検索をおこなう上では、本章であげた以外にも、さまざまなタイプの文献データベースが利用できます。図書館のレフェレンスサービスなどを利用して、あなた自身が関心を持っている研究テーマについてどのようなデータベースが使用できるかという点について確認してみましょう。

CHAPTER 5　5つのポイント

1. 何らかの謎を解き明かし、また「ニュースを提供する」というリサーチ本来の使命を達成していくためには、丹念な文献レビューが欠かせない。

2. リサーチに際して利用できる文献は、研究と調査の相対的比重という観点から、次の５つのタイプに分けられる─①理論文献、②先行研究、③先行調査、④一般的資料、⑤内部記録文書。

3. 現在では各種の文献データベースが整備されていることによって、文献レビューは以前とくらべて格段に効率的なものになっている。その半面、膨大な文献情報の中から価値のある情報を見分けていくためには、文献鑑識眼を身につけていく必要がある。

4. 文献の質を見きわめていく上では、IMRAD 構造を手がかりにしながら「調査」と「研究」のバランスという点に注目していくことが１つの重要なポイントになる。

5. 初めて調査研究をおこなう場合、最初から大局観樹や理想的な IMRAD の構成を目指すことは「無いものねだり」にしかならない可能性が高い。それでも、可能な範囲でデータの収集あるいは理論的検討を徹底しておこない、それを論文にまとめるという調査研究の実体験には、文献鑑識眼を養っていく上で非常に重要な意味がある。

What と Why をきわめる
美しくなければ「モデル」とは言えない

　「快刀乱麻を断つ」という言葉があります。「紛糾している物事を、てきぱきと手際よく処理すること」(『広辞苑』)を意味します。ビジネス書やビジネスレポートなどには、この言葉通りに、経営現象に関する難問に対して単純明快な答えを提供している例が少なくありません。しかし当然ですが、見かけ上の答えの明快さはその確からしさ(信憑性)とは全く別次元の問題です。実際、経営現象には多くの要因が複雑に関連している場合が多く、必ずしも単純な原理や法則だけで十分に説明できるとは限りません。因果関係の解明を目指して調査を企画する際には、乱れてもつれた麻糸を解きほぐしていく時のように、細心の注意を払いながら一連の作業を進めていく必要があります。

1 「なぜ」は問いの花形?

1-1　Why の問いの魅力

　第2章で解説したように、『イノベーションのジレンマ』の全巻を貫いていたのは、深刻なアイロニーを含む次のような「なぜ」の問いであったと考えることができます——「なぜ、偉大な企業は、競争環境に対して常に目を配り、顧客の声に注意深く耳を傾け、しかも新技術に積極的に投資してきたつもりなのに、市場での優位性を失ってしまうのか?」。

　常識や通念に反するような現象に焦点をあてていくことは、リサーチ・クエスチョンを魅力的なものにしていく上で最も効果的な方法の1つです。その際に設定される、アイロニーやパラドックスの解明を目指

すリサーチ・クエスチョンは、たいてい、「なぜ（Why）」という問いになります。

　実際、経営現象に関する調査研究の根幹には、下にあげたような「なぜ」の問い、つまり原因と結果の関係に関する強い関心がある場合が少なくありません。

- なぜ、豊産自動車は2000年代はじめに奇跡的とも言われたV字回復を遂げることができたのか？
- なぜ、初芝電機は、2010年代後半に入って半導体事業をはじめとする、「虎の子」とも言えるさまざまな事業を切り売りしなければならなかったのか？
- なぜ、シックステンが日本全国で展開し着実に成果を上げてきたドミナント戦略は、関西地方では期待されていたよりもはるかに小さな成果しかあげていないのか？

　ビジネス書などでも、特定の企業の成功（あるいは失敗）の理由が大きくクローズアップされている例が少なくありません。これは要するに「なぜ、○○社は成功（失敗）したのか？」という、Whyの問いに対する答えだと言えます。その答えである「成功の秘訣」や「失敗の原因」に関する説明は、他社の関係者にとっては「どのようにすれば同じように成功できるのか」あるいは「どうすれば失敗を避けられるのか」というHowの問いとそれに対応する答えに結びついていくことになります。その答えがまた、「○○経営」ないし「○○戦略」などのように、ビジネス書のタイトルやキャッチフレーズにもなっていくわけです。

1-2　日常生活における「なぜ」の問い

　Whyの問いが大きくクローズアップされているのは、調査研究の場合に限りません。私たちは日常生活でも「なぜ」という問いを発することが少なくありません。たとえば、次のような問いかけです——「なぜ、近所のあの店はいつも客で一杯なのに、同じような別の店は閑古鳥

が鳴いているのか？」「なぜ、大学の授業は死ぬほどツマラナイのに、90分（あるいは105分）も我慢して教室の席に座っていなければならないのか？」「なぜ、新感染症に対する日本政府の対応は、これほどまでに拙劣なのか？」。

新聞や週刊誌、テレビあるいはインターネットの記事は、このような「なぜ」の問いにあふれています。一方で、それに対する答えも、専門家、識者あるいは評論家などと呼ばれる人々によって大量に供給されています。

こうしてみると、Whyは、まさに問いの「花形」だと言えるでしょう。また、私たちは、それらの「なぜ」に対して信頼できる答えが提供されることを切実に求めています。したがって、調査研究を企画していく際にも、Why（なぜ）の問いを設定し、またそれに対する答えを明らかにしていくことが大切な要件になります。

1-3 因果推論の難しさ

もっとも実際には、社会現象の「本当の原因」や「本当の理由」の解明には多くの困難がつきものであり、とうてい一筋縄ではいきません。事実、上にあげた幾つかの「なぜ」という問いに対してこれまで提供されてきた答えの中には、明らかに根拠薄弱なものが少なくありません。評論家やコメンテーターなどの断定的な物言いに圧倒されていったんは納得できたように思えても、改めてよく考えてみると、新たな疑問がわいてくる場合が多いものです。また、経営書やビジネス誌などを通して「これこそ正真正銘の決定版」という触れ込みで提供されている経営戦略の中には深刻な矛盾を含むものもあります。

この背景には、経営やビジネスに関わるものに限らず、社会現象の背景には、多くの要因が複雑に関連しあっている場合が多いという事情があります。したがって、必ずしも単純な「原理」や「法則」などで説明し尽くせるとは限らないのです。

一般に、Whyの問いに対する答えを求める手続き、つまり原因と結果の関係について推理（推論）しながら解明していく作業を指して、因

果推論（causal inference）と言います。社会現象については、この因果推論がなかなか「快刀乱麻を断つ」というようなわけにはいきません。つまり、手際よく「スパっと」単純明快な答えを出すことなどできない場合が多いのです。

2 2つの落とし穴——「乱麻」を断ち切るかそのまま放置するか

このただでさえ難しいところがある因果推論の作業をさらに困難かつ厄介なものにしてきたのが、ある種の調査に見られる2つの傾向です。1つは、まさに快刀乱麻を断つようにして、Why の問いに対する答えを2要因間の単純な関係の形で示すことで済ませてしまう、という傾向です。これを本書では、**単純2要因論型**の因果推論と呼ぶことにします。もう一方の**迷路式要因関連図型**では、膨大な数の要因を網羅した「絵解き」の中に盛り込もうとします。こちらは、一見、複数の要因間の込み入った関係を明快に整理しているようにも見えます。しかし実際には、「乱麻」をもつれた状態のままで放置しているのとほとんど変わるところがありません。

2-1 単純2要因論型——乱麻を断ち切るだけでは何も説明できない

ボックス＆アロー・ダイアグラム

原因と結果の関係を解明していこうとする際の最初の手がかりになるのが、いわゆる**ボックス＆アロー・ダイアグラム**です。これは、特に難しい手続きなどではありません。単に、線で囲んだ箱型（ボックス）の中に、原因ないし結果として考えられる要因のものを書き込んだ上で、矢印（アロー）付きの直線を使って結びつけるという、ただそれだけのことです。つまり、〈原因→結果〉というわけです。

非常に単純な工夫であり、日常生活でもこのような図解はよく見かけますが、このように簡単な図解をしてみるだけでも、あれこれと頭の中だけで考えていたアイディアを目に見える形にして改めて考え直してみる上で効果的である場合が少なくありません。たとえば、『孤独なボウ

リング』の構成を示した図表2-1（34ページ）のような図解は、調査報告書全体で展開されているストーリーを「見取り図」のような形で示してみる上で実に効果的です。

　そして、ボックス＆アロー・ダイアグラム式の図解法を適用してみると、単純2要因論型の因果推論があまりにも安易な図式であることがよく分かります。学術論文などの形で報告されている調査研究の場合には、因果関係をこのような単純な図式で説明している例はそれほど多くはありません。一方で、新聞や雑誌で記事として取りあげられている「アンケート調査」などには単純2要因論型の図式が暗黙のうちに前提とされている例がかなりあります。

単純2要因論型の実例

「アンケート調査」の例　　第3章で取りあげた「子ども時代の自然体験が豊富であればあるほど高学歴かつ高所得になる」および「親による幼児期の遊ばせ方次第で難関突破力が向上する」という主旨の2つの調査報告は、単純2要因論型の因果推論の典型です。これらの報告書に見られる主な主張を、ボックス＆アロー・ダイアグラムで示せば、次のようなものになります──〈幼少時の自然体験（原因）→成人後の学歴と所得水準（結果）〉〈子ども時代の遊び体験（原因）→「難関突破力」（結果）〉。

　こうして改めて図解してみると、あまりにも単純な因果推論であることがよく分かります。実際、学歴や所得という結果には、他の多くの要因（親の養育態度、経済状況、学校教育など）が関与しているはずです。場合によっては、自然体験の程度だけで説明できる部分などほとんどゼロに近いのではないかとさえ思えてきます。全く同じ点が、子ども時代の遊ばせ方と「難関突破力」の関係についても言えます。

　この種の単純なアンケート調査の多くは、第3章で解説した、まさに「テキサスの射撃名人」式の「無仮説事後解釈病」の本領を発揮して、おびただしい数のクロス集計表やグラフを並べ立てた上でもっともらしい説明をおこないます。それもあって、単純2要因論型の因果推

論が抱えている深刻な問題点が見えにくくなってしまっているのです。

ビジネスレポートの例　同じようなことは、ビジネス誌などで紹介される<ruby>サクセスストーリー（成功物語）</ruby>的なビジネスレポートについても指摘できます。このようなタイプの事例報告では、リーダー（社長や会長）の傑出した資質が主な成功要因としてクローズアップされている例が少なくありません。つまり、一種の「英雄譚（英雄物語）」になっているのです。これを、ボックス＆アロー・ダイアグラムの形式で示せば〈[リーダーシップ（原因）]→[経営業績（結果）]〉ということになります。

　たとえば、先にあげた「豊産自動車のＶ字回復」をめぐる Why（なぜ）の問いのような例では、類い稀なる資質と「胆力」を持ったリーダーが、数々の苦難を果敢な決断と強烈な指導力によって乗り越えていった、という痛快なストーリー展開になっている例が少なくありません。

　また本質的には全く同じ点が、「初芝電機の虎の子事業の切り売り」のような「失敗」の事例についても言えます。これも、社長や会長の資質や行動を中心にして〈[リーダーシップ]→[経営業績]〉という単純２要因論の図式で語られる場合が少なくありません。違いがあるとすれば、成功物語の場合は「正の原因が正の結果を生む」という筋立てであるのに対して、失敗事例の場合は「負が負を生む」というストーリーになっているだけに過ぎないとも言えます。また単純化された失敗物語の場合には、全体の物語が、業績悪化の全責任を負うべき「主犯」ないし「張本人」を突き止めようとする「悪者探し」の物語になっています。

単純２要因論型の魅力と魔力

　アンケート調査にせよビジネスレポートにせよ、単純２要因論型の最大の魅力は、その見かけ上の分かりやすさです。

　実際、その種の議論におけるストーリー展開は、学歴や収入の向上にとって抜群の効果がある決定的な要因（「秘訣」）の解明、あるいは「成功の立役者」や「失敗の真犯人」の割り出しという単純明快なものに

なっているだけではありません。その要因あるいは立役者（真犯人）それ自体が、特に詳しい説明がなくても常識的かつ直観的に理解できるようなもの（自然体験、遊び体験、リーダーとしての優れた資質など）として描かれているのです。

　ビジネス関係の調査報告の場合に限らず、このように、原因と結果となる要因をそれぞれ1個だけに絞った「正（プラス）の原因→正（プラス）の結果」ないし「負（マイナス）の原因→負（マイナス）の結果」という単純2要因論型の図式的説明は、その見かけ上の分かりやすさから新聞や雑誌あるいはインターネットの記事などでもよく取りあげられます。

　たとえば、〈暴力番組の視聴→非行〉〈メタボ健診→長生き〉などといった主旨の調査報告に関する記事です。これらの調査報告では、「主因」（ないし「主犯」）として扱われている要因以外の他の要因が影響していた可能性はほとんど考慮に入れられていません。単にパーセントなどで示される単純な集計結果——暴力番組の視聴時間別の非行率、健診受診の有無別の平均寿命など——にもとづいて、一見明快な結論を導いているだけに過ぎないのです。

　Column　短絡的な十分条件説

　単純2要因論の前提になっている〈1つの原因→1つの結果〉という仮定が成り立つのであれば、「〜しさえすれば、難問もたちどころに解決できる」というようなことだって主張できるでしょう。このような主張は、「短絡的な十分条件説」とでも名づけられます。つまり、特定の要因や施策を、まるでそれが十分条件（＝それがありさえすればある事物が必ず成り立つような条件『大辞林』）であるかのように扱ってしまうという乱暴な議論の進め方です。ビジネス書の広告や帯などには「この単純な原理（PDCA、選択と集中、ロジカル・シンキングなど）を心得ておきさえすれば、長年の懸案が一挙に解決できるだけでなく業績の右肩上がりは確実！」というような主旨の煽り文句がよく見られます。

これなども、短絡的な十分条件説の一種だと言えます。

　同様の点は、新型コロナウイルスの感染拡大を受けて 2020 年 4 月に急激に盛り上がっていき、1 ヵ月あまりで急速に収束していった、「9 月入学」への移行をめぐる議論についても指摘できます。9 月入学への転換を声高に主張していたのは、全国各地の知事たち 19 人と財界人および一部の教育評論家でした。その主張によれば、「グローバルスタンダード」である 9 月入学に移行しさえすれば、新感染症の拡大にともなう休校による学習の遅れを取り戻せるだけでなく、長年の懸案であった日本の教育の国際化の遅れが解消できるというのです。もし本当にそうだとしたら、まさに、一石二鳥の画期的な妙案に違いありません。

　しかし、そのような政治家や「識者」たちの主張の中には、たとえば留学生にとって日本の学校教育を魅力的なものにする上で必要となる施策や財政的措置に関する本格的な検討の痕跡は見られません。つまり、その人々はどうやら「カネは出さなくても、制度いじりさえすれば問題は一挙に解決できる」と考えていたようなのです。

2-2　迷路式要因関連図型──乱麻をもつれたままで放置する
要因関連図の実例

　上で見たように、単純 2 要因論型の因果推論が抱える最も深刻な問題は、複雑に関連する要素の多くを「バッサリ」と切り捨てて単純化して説明してしまうところにあります。それではその反対に、できるだけ多くの要因を逐一取りあげて、それらのあいだの関係を網羅的に図解してみればより的確な因果推論ができるのでしょうか。

　これについて考えてみる上で参考になるのが、図表 6-1 に示した「マーケティング面からみた出版業界の特性」というタイトルがついた図です。

　この図は『書籍出版のマーケティング──いかに本を売るか』（出版マーケティング研究会、1991）という本に掲載されていたものです。この図式には、合計で 25 個もの文章が日本の出版業のさまざまな特性を

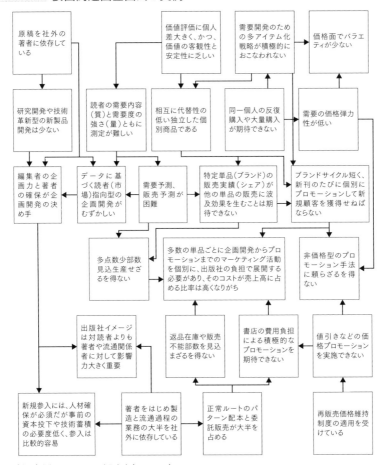

（出所）出版マーケティング研究会（1991：26）。

　表すものとして、それぞれの箱の中に書き込まれています。またこの本の解説によれば、上の図では「比較的強い因果関係がある」と考えられる項目を相互に矢印で結びつけてあるということです。つまりこの図式は、膨大な数の項目を矢印で結びつけた巨大なボックス＆アロー・ダイアグラムだと言えるのです。

見取り図と迷路パズルのあいだ

図の分かりにくさ　『書籍出版のマーケティング』では、この図が示されているページに先立って 15 ページにわたって 18 項目の出版業の特性がそれぞれ詳しく論じられています。図表 6-1 は、それらの解説の集大成として示されたものです。

そして、上から 3 段目の真ん中あたりにあるボックスに「需要予測、販売予測が困難」と書き込まれているように、この図の主な目的は、出版業に見られる各種の特徴の中でも、特に書籍の出版と流通が抱えている深刻な問題点を明らかにすることにあります。こうしてみると、図表 6-1 は、日本の出版業界に見られる特徴を、同業界が直面している数多くの問題との関連でいわば「マッピング」してみたものであり、その意味では、一定の意義のある図解だと言えます。

しかし、この図は必ずしも読者にとって分かりやすい「絵解き」になっているとは言えません。実際、私自身がかつて共同研究者とともに出版業界に関する調査研究をしていた時には、この図を参考にしながら 15 ページにわたる解説の内容を何とか理解しようとしてみました。しかし、何度か読み直してみても、図の内容と本文の解説が実際にどのように対応しているのかを十分に解読することはできませんでした。

迷路のような図解　一般に図解表現の最大の意義は、文章や口頭の説明だけでは理解しにくい、多数の要素間の関係を平面上に視覚的なイメージとして展開することによって分かりやすく示す、というところにあります。

たとえば図表 2-1 は、『孤独なボウリング』という、全体で 560 ページ以上（原著でも 510 ページあまり）にもおよぶ大著の中で展開されているストーリーの筋立てを明快な形で整理しています。読者は、この図によって、本文で解説されている原因と結果の関係に関する議論の骨格を容易に読み取れるようになります。つまり図表 2-1 は、『孤独なボウリング』における議論に関する明快な地図ないし**見取り図**のようなものを提供しているのです。それは喩えて言えば、道に迷って困っている時

に、目的地に到着するまでの最適・最短の経路が即座に読み取れる地図を提供してもらったようなものです。

それに対して、図表6-1の場合には、迷子になって困っている時に手渡されたのは、どこが入り口でどこが出口なのかさえもすぐには読み取れない**迷路パズル**のような図だったのです。実際、このように「ごちゃごちゃした」感じがある図から何か明確に浮かんでくるものがあるとしたら、それは「出版業界の人たちはマーケティングという点でとても多くの問題を抱えており大変なのだろう」という印象くらいでしょう。

要するにこの図では、「乱麻」がほとんどそのままの状態、つまり絡み合ってもつれた糸の束の状態で放置されているのです。原因と結果の関係を示す図式を指して「因果モデル」という言葉が使われることがあります。しかし、「乱麻」が乱麻のままで放置された迷路パズルのような要因関連図は、美しい因果モデルとはとうてい言えないでしょう。

発想のツールとしての要因関連図の意義

何で何を説明しようとしているのかが不明　仮に図表6-1と同じ内容を、生産（版元）・流通（取次）・販売（書店）の3つの業種に分けて、要因関連図の形で整理してみたらどうでしょうか。あるいは、3つの業種の「区分地図」のようなものを作ることも考えられます。どちらの場合も、図表6-1よりもはるかに分かりやすい要因関連図になるはずです。

いずれにせよ、この図の場合に限らず、要因関連図型の因果推論は、もつれあった糸のような要因間の複雑な関係を丹念に解きほぐしていくというよりは、単に膨大な数の要因を羅列的に並べただけに過ぎないという場合が少なくありません。その結果、外見上は要因のあいだの関係を明快に──「一目瞭然」の形で──整理しているように見えて、実は、「何を何で説明しようとしているのか」がよく分からないケースが多いのです。

作り手のための図解に過ぎない　こうした問題の背景には、要因関連図

の多くが、読者に対して分かりやすい図解を提供するというよりは、むしろ図の作り手である著者の発想や思考を促すための工夫として作成されることが多い、という事情があります。実際、図表6-1のような図は、いわゆる「ブレスト（ブレーンストーミング）」や「ネタ出し」などの際に使用される図解としてであったならば、それなりに有効であるかも知れません。

　発想のためのツールとして要因関連図の代表的なものには「KJ法」や「マインドマップ」などがあります。たとえばKJ法では、さまざまな情報やアイディアを紙のカードに書き込んだ上で、それらのカードを並べ替えたり相互に線で結んだりして図解します（川喜田、1967；1973）。

　第7章でも改めて詳しく解説しますが、これらの図解法は、問題解決の糸口を見つけたり新しいアイディアを生み出したりする上ではきわめて効果的です。しかし、その作業の過程で作成される要因関連図の多くは、あくまでも思考のプロセスを視覚的なイメージの形で表現していく中で作成される、いわば「仕掛品」ないしその場の参加者だけに分かるメモ書きのようなものに過ぎません。決して、因果推論の最終的な結果、つまり「完成品」として読者に提供できる分析モデルなどではないのです。

3 「反面教師」から学ぶ因果推論の基本原則

　以上で見てきたように、単純2要因論型と迷路式要因関連図型は、それぞれ因果推論のアプローチとしてはかなり深刻な問題を抱えています。一方で、この2つのアプローチにはメリットもあります。つまり両方とも、適切な因果推論の方法について学んでいく際に一種の「反面教師」としての役割を果たしてくれるのです。

　その点を詳しく見ていくためには、まず適切な因果推論をおこなうための基本的な原則について理解し、またルール違反を犯した場合に陥りがちな幾つかの落とし穴について検討しておく必要があります。その検

討の結果として明らかになってくるのは、因果推論に関する誤りの根底にあるのは、What の問いをおろそかにして Why の問いに対する答えを性急に求めてしまう傾向だという点です。つまり、因果関係の解明をめぐる誤りは、具体的な「事実関係」について確認する作業を怠ることによって生じてくる場合が多いのです。

3-1　因果推論の３原則

　適切な因果推論をおこなうためには、次の３つの条件を満たす必要があると言われてきました。

- 相関関係：原因と見なされている現象と結果と見なされる現象とのあいだに「片方が変われば他方も変わる」という相関関係が成立していることを示さなければならない
- 時間的前後関係：原因は結果に先行していることを確認しておく必要がある
- 疑似相関（見かけの相関）の排除：原因と結果のあいだに観察される共変関係が、その原因以外の要因の影響によってもたらされた「疑似相関」、つまり見かけの関係ではないことが証明できなければならない

　このように改めて書き出すと、３つとも一見かなりハードルの高い厳しい条件のように思えます。しかし、原因と結果の関係について私たちが日常生活でごく普通におこなっている判断に当てはめてみると、個々の要件自体は、比較的容易に理解できるものであることが分かります。

　これについて、地面が濡れているのを見て、雨が降ったことが原因であったと判断する場合を例にとって考えてみましょう。

　この場合の因果関係に関する推論をボックス＆アロー・ダイアグラムで示せば、〈 降雨 (原因) → 濡れた地面 (結果) 〉となります。このような因果推論をおこなうためには、〈雨が降っていない状態から降っている状態への変化にともなって、地面が濡れていない状態から濡れた状態

への変化が生じた〉という**相関関係**について確認しておかなければなりません。2番目の**時間的前後関係**については特に説明はいらないでしょう。つまり、雨が降った後の時点で地面が濡れたのを実際に見ていたからこそ、雨の方が原因であると判断できるのです。

最後の**見かけの相関の排除**という条件についても、少なくともこの例については、比較的簡単に確認できるはずです。たとえば、雨があがってしばらく時間が経ってもまだ地面が濡れているのに気づいたとします。その上で、たとえば誰かがホースで水まきをしていたり、あるいは近くの池から水があふれ出ていたというような他の要因が関与していないという事実が確認できた場合には、やはり降雨という現象こそが原因だったと判断できるはずです。

3-2　因果推論における誤り

以上のように、因果推論における3つの要件それ自体は、それぞれ単純明快なものです。しかし、調査研究では、実際に入手できた資料やデータにもとづいて、何が原因であり何が結果であるかという点を的確に読み取ることがそれほど容易ではない場合が少なくありません。現に、この点に関して致命的な誤りを犯している社会調査の例は頻繁に見受けられます。たとえば、単純2要因論型では、まさしくそのような致命的な誤りを犯すことによって「コジツケ」に近い強引な解釈がなされています。

相関関係の誤り（測り間違い）

「モノサシ」をめぐる問題　経営現象を含む社会現象を対象とする調査では、現実には成立していないはずの相関関係を実際に存在するものとして判断する誤りを犯してしまうことがよくあります。

これは1つには、第9章で詳しく見ていくように、社会科学の場合には、〈どのような概念をどのような尺度や指標（モノサシ）で測定すべきか〉という点が、それほど明確にはなっていないからです。自然科学では多くの場合、定番的な測定器具が存在し、またその精度に関する

基準も厳密に規定されています。それに対して、社会現象については、それぞれの調査者が独自の指標を設定している例が珍しくありません。また、比較的広く使われている指標でも、その信憑性という点で問題を抱えているケースがよく見られます。

このようなモノサシの信憑性をめぐる問題が特に顕著に見られるのは、「つまみ食い型事後解釈」の傾向を持つアンケート調査や「意識調査」などです。

その典型が、先に単純2要因論型の例としてあげた、自然体験と成人後の学歴や年収との関係に関する調査です。この調査では、子ども時代に自然にふれた経験（「満天の星を見た」「泥だらけの遊びをした」など）の頻度について思い出して回答してもらったりしています（明石、2013：130）。しかし、大人になってから幼稚園や保育園時代まで含めて思い出してもらって回答を得た「アンケート」の情報がデータとしてどれだけ信用できるかという点については、かなり議論が分かれるところでしょう。

同じような点は、もう1つの、就学前の遊び体験と「難関突破力」の関係に関する調査報告についても指摘できます。この調査では子ども時代の遊び体験（正確には「遊ばせ方」）の程度やその内容については本人の親の回答から、一方で、難関突破力については、特定の大学（「難関大学」）への進学実績あるいは特定の資格試験（「難関資格」）の合格実績あるいは「難関職業」への就職実績で測定しているのです。

経営現象に関する因果推論の場合　モノサシがあまり信用できないものであるために因果推論が破綻している例は、経営現象に関する調査報告の場合にも比較的頻繁に見受けられます。かなり極端な例ではありますが、その点で最も分かりやすいのは、後になって粉飾決算が明らかになった企業を、その事実が露見する前の時点で取りあげて書かれた成功物語的なビジネスレポートでしょう。

その種のビジネスレポートの多くは、ある時点から「勝ち組企業」などと言われるようになった企業を事例報告の対象として取りあげて、

「成功」を導いたとされる要因（経営戦略、リーダーシップなど）に焦点をあててストーリーを組み立てていきます。これをボックス＆アロー・ダイアグラムで表せば、〈 (優れた) 経営施策 → (傑出した) 経営業績 〉ということにでもなるでしょう。

　たしかに、「勝ち組企業」という評価が定まる前後の時点で観察してみた場合には、経営業績を示す幾つかの指標（株価、売上高、利益率など）の数値に右肩上がりの傾向が見られるかも知れません。一方で、同時期のあいだに経営施策に何らかの変化があったということが確認できるかも知れません。その場合は、一応、「片方が変われば他方も変わる」という相関関係の定義は満たされていることになります。したがって、「優れた経営施策の採用が原因となり、好調な経営業績が結果として生じた」という主旨の因果推論をおこなうための条件の1つがクリアされたとも言えます。

　しかし、経営業績を示す指標の数値が粉飾された「ウソ」の数字に過ぎなかったとしたら、どうでしょうか。その場合は、そもそも相関関係自体が成立していないわけですから、経営施策と経営業績とのあいだの因果関係も当然存在しないことになります。

逆因果の誤り（原因と結果の取り違え）

時間的前後関係という問題　たとえ測定自体は適切におこなわれ、また相関関係の存在が実際に確認できても、それだけでは十分ではありません。というのも、どちらが原因でどちらが結果なのかが簡単には判断できない場合が多いからです。

　中には、原因と結果を完全に取り違えてしまっている例さえあります。先に挙げた例でいえば、「地面が濡れたことが原因となって雨が降った」、つまり、〈 濡れた地面（原因） → 降雨（結果） 〉という荒唐無稽な主張をするのとほとんど同じような誤りを含む判断をしてしまう場合があるのです。

　このような**逆因果**と呼ばれる誤りは、ビジネスレポートでは特に珍しいことではありません。というのも、上でふれたように、この種の事例

報告では、必ずしも実際の企業の経営施策や業績の変遷をリアルタイムで、つまり現実世界の時間軸に沿って「定点観測」的にフォローしているわけではないからです。むしろ圧倒的に多いのは、ある時点（「勝ち組」に仲間入りした時点）で得られた情報を使って、過去にさかのぼって実際の因果プロセスについて推測する、というやり方でしょう。

　こうなると、実際に〈原因とされる現象が先行しており、その後の時点で結果とされる現象が生じている〉という事実を確認することが難しくなってきます。たとえば大胆な経営戦略を採用したから目覚ましい経営業績をあげられたのか、それとも逆に、経営業績が良好だからこそ思い切った戦略を採用することができたのかが必ずしも明確にはならない場合も少なくないのです（現実には、その両方の因果メカニズムが働いていることも多いでしょう）。

（横断的な）統計調査が陥りがちな落とし穴　原因と結果を取り違えてしまう逆因果的な推論は、質問表調査や既存の統計資料を使って分析をおこなう際にも頻繁に起こりがちです。なぜならば、その種の統計分析でも、ビジネスレポートの場合と同じように、ある一定の時点で得られた統計データを使って過去にさかのぼって実際の因果関係について推測する場合が多いからです。

　逆因果的な推論の例としては、たとえば、従業員の職務満足度と経営成果のあいだの関係に関する統計的調査の例が考えられます。この場合は、複数の異なる企業ないし同一企業の複数の事業部の従業員を回答者にして、職務満足度についての質問表調査をおこなうという場合が多いでしょう。そして、その調査の結果とそれぞれの企業ないし事業部の経営成果との相関について分析してみるのです。

　その場合、たとえ両者に高い相関があったとしても、もしその統計データの情報だけしか手元にないのだとしたら、〈職務満足→経営成果〉あるいは〈経営成果→職務満足〉という、2通りの解釈が両方とも成立してしまうことになります。

　つまり、1つの解釈は〈人事労務管理がうまくいって仕事への満足度

や志気（やる気）が高くなった̇か̇ら̇良好な経営成果に結びついた〉というものです。これは、たしかに現実にありそうな話ではあります。しかし一方で、相関関係に関する情報だけでは、〈良好な経営成果が達成されており給与条件が改善された̇か̇ら̇こ̇そ̇、人事労務管理に対してはかなりの不満や不平があったとしても職務満足度が上がった〉と考えることもできてしまうのです。

Column　横断的デザインと縦断的デザイン

　上で指摘したのは、いわゆる「横断的研究デザイン（cross-sectional research design）」による調査が因果推論に関して抱えている本質的な問題です。つまり、一定の時点で複数の事例を対象にして調査をおこなって、その相関関係をもとにして因果関係を推論するというアプローチをとる場合は、どうしても時間的前後関係の条件をクリアできなくなってしまうのです。

　それに対して「縦断的研究デザイン（longitudinal research design）」では、同一の調査対象をリアルタイムで「定点観測」的に観察して、複数の時点で測定をおこなうことによってその変化を分析します。上の例で言えば、同じ企業ないし事業部の従業員について複数の時点で職務満足度を測定して、それぞれの時点における経営成果との関係を分析するのです。この縦断的な研究デザインを採用すれば、たしかに因果推論における時間的前後関係という条件は一応クリアできます。

　しかし、この縦断的デザインには、長期の調査にかかる膨大な経費や継続的な調査に対して企業関係者からの協力を得ることの難しさなどさまざまな現実的な制約があります。それもあって、質問表調査の多くは横断的デザインになっています。また、産業統計などのように定期的に統計情報が収集されている場合は、その時系列のデータを用いて縦断的な分析ができることがあります。もっとも、その場合も、企業に関する詳細な事例研究に必要な定点観測的な情報がカバーされているとは言い難い面があります。

疑似相関の誤り（第三要因の見落とし）

結婚がキャンデー消費低減の真の原因？　相関関係がきちんと測定されており、また原因と結果の時間的な前後関係が確認できていたとしても、実際には因果関係が成立していない場合もあります。これが、見かけの相関ないし**疑似相関**などと呼ばれる誤りです。疑似相関は、当初想定されていた原因と結果のあいだの関係が、実はその両者にとって共通の原因となるような何らかの要因によって引き起こされたものであることによって生じている場合が少なくありません。

　比較的よく知られているのは、社会統計学の古典的な教科書であるハンス・ザイゼルの『数字で語る』（2005）で解説されている、配偶者の有無とキャンデー消費のあいだの疑似相関の例です。

　ザイゼルが引用している 3009 名の女性を対象にした質問表調査の結果によれば、「キャンデーをよく食べる」と回答した人は、独身の場合は 75 パーセントであったのに対して既婚者は 64 パーセントに過ぎませんでした。つまり、既婚者の有無とキャンデーの消費傾向のあいだには相関関係が成立していたと考えられたのです。また、（『数字で語る』の初版が刊行された 1940 年代当時の米国では）独身から既婚という状態への移行には明らかな時間的前後関係も存在していました。となると、婚姻とキャンデー消費のあいだには何らかの因果関係があるようにも思えてきます。

年齢という第三の要因　ところが、その質問表調査の結果を、回答者の年齢を 25 歳未満と 25 歳以上という 2 つのグループに分けて集計し直してみたところ、当初の相関が消えてしまいました。つまり、25 歳未満の場合は「キャンデーをよく食べる」と回答した人の割合は独身者、既婚者のどちらの場合も約 80 パーセント、一方、25 歳以上の場合は両方とも約 60 パーセントだったのでした。

　こうしてみると、どうやら「結婚したからキャンデーを食べなくなった」あるいは「結婚が原因となってキャンデーの消費量が抑制された」、つまり「結婚（原因）→ キャンデー消費（結果）」と考えるのは誤りで

図表6-2　疑似相関の例──結婚とキャンデー消費

あるらしいことが明らかになります。要するに、この場合は、配偶者の有無とキャンデー消費量の相関関係は、〈それらに先立って年齢という共通の原因がまずあって、それが、結婚とキャンデー消費の両方に対して影響を与えていた〉と見るのが妥当だと考えられるのです。

　以上の点からすれば、実際の因果関係は図表6-2のようなものだったと考えられます。つまり、「結婚したからキャンデーを食べなくなった」ではなく、「年齢を重ねたからこそキャンデーを食べなくなった」と考えることができるのです。

　これと同じような疑似相関の誤りは、社会現象に関する調査で得られた結果の解釈ではよく見られます。特に単純2要因論型の因果推論の場合には、それが顕著です。それもあって、社会調査の教科書やマニュアルなどでは、よく「相関関係は因果関係ではない」あるいは「相関関係は因果関係にとっての必要条件ではあるが十分条件でない」という点が強調されてきました。

経営現象の場合　疑似相関を見抜いていくためには、当初はそれぞれ原因および結果だと考えていた2つの要因以外の「第三の要因」を考慮に入れて再検討してみる必要があります。経営現象の場合の例としては、たとえば、経営幹部の交代と経営業績のあいだの因果関係というものが考えられます。

　よく「強力なリーダーシップを発揮するトップに交代したから経営業績が上向いた」というようなことが言われる場合があります。しかし、もしかしたら、これは「社内の危機感」という第三の要因が両方に共通する原因として存在していたのかも知れません。つまり、「このままではこの会社は立ち行かない」という強烈な危機感が社内に広く共有され

194

ていたからこそ、一方ではそれが経営トップの交代という事態を引き起こす原動力となり、他方では一致団結して経営業績を向上させようという気運にもつながっていったという可能性です。

　この第三の要因を加味すると、当初の〈リーダーシップ→経営業績〉という単純2要因型の図式は、図表6-3のように書き換えることができるかも知れません。

現実世界の複雑な因果関係　もっとも当然ですが、現実には図表6-3に示されているような単純明快な因果関係が成立している例はまずありません。実際、新しいトップの傑出したリーダーシップが業績回復にとってほとんど影響を持たないということはあり得ないと思われます。現実には、相当の力量を持った新しいトップや経営幹部が選ばれてその手腕を発揮し、現実を直視した危機感と改革の気運の両方を醸成して業績を回復軌道に乗せる上で多大な貢献を果たしていることも多いでしょう。

　また、組織存亡の危機に際して社員が示す危機意識や実際の行動にはさまざまなタイプのものがあると思われます。経営危機を乗り越えていくためには、それら多様な種類の社員の対応や資質を見きわめながら、会社全体を統括していくことが経営幹部やその部下たちにとって重要なポイントになるに違いありません（これらの点については、『V字回復の経営』をはじめとする三枝匡氏の一連の著作（三枝、2003；2013a；2013b）が非常に参考になると思われます）。

　いずれにせよ、図表6-3に示したような形で、第三の要因が影響を及ぼしている可能性を常に念頭において因果関係を検討していくことは、単純2要因論型的な発想のワナを避ける上で重要なポイントの1つです。それは取りも直さず、第3章で解説した、対抗仮説との対決を通

して仮説をきたえあげていくという「自分ダメ出し」を繰り返しおこなっていく、ということに他なりません。

3-3 「なぜを5回」と「どうなっているのかを5回」

WhyとWhatは二枚看板

3つの誤りの共通点　以上で見てきた、単純2要因論型の場合に典型的に見られる3種類の誤り、つまり相関関係の誤り（測り間違い）、逆因果の誤り（原因と結果の取り違え）、疑似相関の誤り（第三要因の見落とし）には1つの重要な共通点があります。つまり、性急にWhyの問いに対する答えを求めようとするあまりにWhatの問いについての検討がいい加減なものになってしまっているのです。換言すれば、**原因の解明を急ぐあまりに実態の把握がおろそかになっているのです。**

　相関関係の誤りの場合には、原因あるいは結果のどちらか、もしくはその両方をあまりアテにならないモノサシで測定しているために、実態（経営業績、職務満足度など）についての検討が不十分なものになっている例が多いでしょう。逆因果の場合には、物事が起きた際の実際の時間的経緯を丁寧にフォローしていないために、とんでもない事実誤認を犯している可能性があります。疑似相関は、最初に目についた2つの現象（リーダーの交代と業績回復など）に関心が奪われたことによって、同時期に生じていたはずの他のさまざまな事態に注意が及ばず、重要な事実（社内で高まっていた危機感など）の詳しい事情をとらえ損ねていたのかも知れません。

WhatとWhyの往復　これらの例はいずれも、〈$\boxed{1 つの原因}$→$\boxed{1 つの結果}$〉という単純で分かりやすい説明の誘惑に屈してしまったために、事実関係についての詳しい検討がおろそかになっている例だと言えます。第2章では、「WhatとWhyの往復運動」を心がけることの重要性について指摘しました（42～43ページ）。実際、WhyとWhatという2種類の問いのあいだに密接な連携がなければ、リサーチはどうしようもなく不十分で不完全なものに終わってしまいます。

ところが現実には What の問いは、一方の Why の問いがいわば花形としての扱いを受けているために、その陰に隠れて、「脇役」的な位置づけにされてしまう場合が少なくありません。しかし実際には、**事実関係に関わる What の問いに対する答えを求める地道な努力を抜きにしては因果関係に関わる Why の問いなど成立し得ない**、とさえ言えます。

　要するに、What という問いは本来、調査研究（リサーチ）の舞台において、Why と肩を並べる「二枚看板（ツートップ）」ないし「ダブル主演」の一方としての主要な役柄を演じていくべき重責を担っているはずなのです。

Column　〈説明 対 記述〉の二項対立を越えて──「分析的記述」の意義

　Why の問いを偏重するあまり What を脇役に追いやってしまう傾向は、「記述（description）」よりも「説明（explanation）」の方が本質的かつ「高尚」な目的だとする考え方に典型的に現れています。このような傾向は、研究法や調査法に関する解説書などにも見られます。それらの解説書は、「単なる記述」ないし「単なるファクト・ファインディング（実情調査）」のレベルを越えて、社会現象の背後にある因果関係について「説明」していくことこそが調査研究の究極の目標だと主張します。

　たしかに、本書でも何度か指摘してきたように、「見聞録」的な論文や報告書などの情報価値はそれほど高くありません。しかし、だからと言って、因果関係の解明を実態の把握よりも高く評価してしまうのは、物事の半面しかとらえていない偏った見方だと言えます。

　因果関係の解明をより正確かつ精緻なものにしていくためには、「因」と「果」それぞれに該当する事実（ファクト）をできるだけ正確に把握した上で記述しておかなければなりません。ところが、「説明」だけを重視する発想にもとづいておこなわれた調査研究の中には、この実態の把握という点で深刻な問題を抱えている例が少なくありません。その典型は、因果推論のための高度な解析技法を駆使している一方で、信憑性という点でかなり問題のある二次的な資料や統計データ

を安易に利用しているために、文字通り GIGO に終わってしまっている調査研究です。

　なお、ここで改めて確認しておきたいのは、記述中心の調査研究であるという事実それ自体が問題ではない、という点です。問題なのは、先にあげた、単に見たまま聞いたまま、そして感じたままを単に書き写しただけに過ぎない「ベタな記述」です。私たちが目指すべきなのは、その対極にある「分析的記述（analytical description）」です。つまり、社会現象について、その背景にある因果関係や歴史的背景などとの関連を踏まえて把握し、またさまざまな解釈の可能性について「自分ダメ出し」を繰り返した末に初めて明らかになってくる「実態」についての記述なのです。

2 つの「なぜを 5 回」

　この Why と What の関係について参考になるのが、トヨタ生産方式を支えてきたアイディアの 1 つであるとされてきた「なぜを 5 回」という考え方です。

大野耐一の「なぜを 5 回」　トヨタ自動車工業の副社長だった大野耐一氏は、「トヨタ式生産方式」の基本的なアイディアを体系化し、また社内で強力に推進していった人物として知られています。大野氏は、その著書の中で、同社の生産現場では「なぜを 5 回繰り返す」ことが奨励されていたことを明らかにし、その実例として次のようなものをあげています。

①「なぜ機械は止まったか」→「オーバーロードがかかって、ヒューズが切れたからだ」
②「なぜオーバーロードがかかったのか」→「軸受け部の潤滑が十分ではないからだ」
③「なぜ十分に潤滑しないのか」→「潤滑ポンプが十分にくみ上げていないからだ」

④「なぜ十分にくみ上げないのか」→「ポンプの軸が摩耗してガタガタになっているからだ」

⑤「なぜ摩耗したのか」→「ストレーナー（濾過器）がついていないので、切粉が入ったからだ」（大野、1978：33-34）

　この例に見られるように、トヨタ式（大野流）の「なぜを5回」の前提には、〈一つひとつの問題の実態を確実に把握した上で慎重に原因を探索していく〉という、非常に丁寧で慎重な手続きがあります。実際、「なぜ（Why）」という問いの繰り返しは、他方で「どうなっているか（What）」という問いを繰り返して事実や実態を明らかにしていく作業を踏まえて次のステップに進むことによって初めて意味を持つものだと言えます。

　またそれによってこそ、単なる対症療法的な対応の範囲を越えた、より根源的な原因の究明と「根治療法」的な解決策（How に対する答え）へと結びついていくことが期待できます。逆に言えば、それぞれの段階で実証データにもとづく確実な答えを提示せずに、Why を機械的に繰り返すだけでは、分析のレベルが深まっていくはずもありません。

某評論家の「なぜ（Why）を5回」　この点については、ある評論家の著書で取りあげられていた例が参考になります。その評論家は、「なぜ（Why）を5回」を、「何が真の原因だったのかに気づき、その部分を起点に社会を変える方法を考えることができ」る手法として推奨した上で、次のような例をあげていました。

①「なぜ、日本は変化対応力が弱く保守化したのか」→「老人の支配力が強いからだ」

②「なぜ、老人が支配するのか」→「老人が60歳を過ぎても、仕事に固執するからだ」

③「なぜ、老人が仕事に固執するのか」→「日本の老人は海外先進国に比べると、とてつもなく不安で、孤独だからだ」

④「なぜ、不安で孤独なのか」→「家族や地域社会に必要とされない
　　からだ」
⑤「なぜ、家族や地域社会に必要とされないのか」→「それは定年ま
　　での間、あまりにも長い時間を会社に使いすぎて、会社以外に居場
　　所がないからだ」（勝間、2010：39-40）

　これは、日本において「シルバー資本主義（老人が会社を経営し、老人
が政治を取り仕切る社会体制）」が蔓延している状況の背後にある「真の
原因」を明らかにするために「なぜ（Why）を5回」という発想を適用
してみた例なのだそうです。
　しかし、これは明らかにトヨタ式の「なぜを5回」とは似て非なる
ものです。というのも、この例では、What の問いに対する答えの裏付
けとなるはずのデータは全くと言って良いほど示されていないからで
す。さらに、この一連の問いのプロセスを開始するためには、「シル
バー資本主義という状況が日本社会において『蔓延』している」という
事実が確認されていなければならないはずです。しかし、この評論家の
本では、その点に関しても確実な根拠となるようなデータが示されては
いません（そもそも、その種のデータが現実に存在するとは考えにくい面も
ありますが）。
　つまり、トヨタ式の「なぜを5回」とは対照的に、単に Why の問い
が機械的に繰り返されているだけなのです。そのために、「なぜ
（Why）」が繰り返されるたびに「真の原因」が絞り込まれていくどころ
かむしろ逆に視点が拡散していきます。さらに、最終的な結論めいたも
のとしては「会社や政治以外のところで、老人が生きがいを感じられる
居場所を作ること」というものが、How の問いに対する答えとして導
かれてしまっているのです。

4 WhatとWhyを変数の組み合わせとして考えてみる

4-1 美しくなければ「モデル」とは言えない

もう1人の反面教師（＝要因関連図）から学ぶ因果推論の基本

要因は多ければ多いほど良いのか？　ここまで見てきたように、単純2要因論型の説明は、多くの点で因果推論に関する基本的なルールに違反したものになりがちです。したがって、Whyの問いに対する答えとしては明らかに失格です。また、トヨタ式の「なぜを5回」の例は、筋の良い調査研究を目指すためには、何度となくWhyとWhatの問いを繰り返しながらリサーチ・クエスチョンについて突き詰めて検討していく地道な作業が不可欠であることを示しています。

　以上のような点を考えあわせてみると、調査研究の企画に際しては、多数の要因を盛り込んだ分析図式が必要になると言えそうです。その点だけに限れば、要因関連図型の図式は、単純2要因論型の説明にくらべて、社会現象の実態をより忠実に再現した見取り図ないし「地図」を提供しているようにも思えてきます。

「絵解き」と分析モデルの違い　もっとも既に指摘したことからも明らかなように、単に盛り込む要素を増やしていきさえすれば、それだけで現実の世界を忠実かつ正確に再現した優れた分析モデルのようなものが出来上がってくるわけではありません。たとえば要因関連図の中には、単なる「絵解き」程度に終わってしまっており、因果関係の解明はおろか実態の把握にとってもあまり役に立たないものが多いのです。

　これは1つには、KJ法的な図解やマインドマップのような要因関連図は、本来、頭の中にあるアイディアを目に見える形で表現してみることによって思考と発想を促進するという、きわめて私的な作業の過程で作成されることが多いからです。グループワークなどの際にKJ法的な図解を利用する場合でも、その図解の内容が完全に理解できる人々はかなり狭い範囲に限定されます。したがって、いわば「内輪」で分かりさえすればそれで済んでしまう絵解きのような図解と、最終的に調査報告

の読者に理解してもらうことを目指して作成される分析モデルとのあいだには、当然大きなギャップがあります。

「モデル」と現実のあいだ

地図と現地の関係　要因関連図をそのまま分析のためのモデルとして扱ってしまうことの問題点について考えていく際には、〈現実を把握するために使われる「モデル」と現実そのものとの違い〉という点について理解しておく必要があります。この点は、「地図と現地」つまり地図とその地図に表現されている現実の地形とのあいだの関係に喩えてみると分かりやすいかも知れません。

図表6-1のような要因関連図は、単純2要因論型の説明にくらべれば、盛り込まれている項目数という点では比べ物にならないほど多く、したがって一見すると、より忠実に現実を反映した図式になっているようにも見えます。しかし、この図は、詰め込めるだけの要素をぎっしりと詰め込んでしまっているために、「何で何を説明しようとしているのか」が見えにくい迷路パズルのようなものになってしまっています。

実際、たとえば何らかの経営現象を対象にした調査研究で私たちが最終的に目標としているのは、決して、対象となる企業や業界あるいは市場の現実そのものをそっくりそのままの形で忠実に再現することではないはずです。私たちが、リサーチの対象として設定した現象に含まれている数え切れないほど多くの要素を1本の論文ないし1冊の報告書の形で凝縮して描き出すことで目指しているのは、経営現象の姿やその骨格を大づかみに把握して理解できるような**モデル**を作ることなのです。

これについては、「実物大の地図」というものを想定してみると理解しやすくなるかも知れません。仮にそのようなものが実際に存在していたとしても、それは、決して現実を正確に写しとったコピーになるわけでもなければ、何らかの目的にとって有効な道具になるわけでもないでしょう。三次元の地形を二次元の紙の上に投影した地図というのは、実際の地形を大幅に抽象化しまたかなりの部分を大胆に省略しているという点では、確かに不正確きわまりないコピーです。しかし、この「不正

確」な地図と現物と全く同じサイズの地図とをくらべた場合、はたして
どちらが地図として役に立つでしょうか。また、どちらが現実に対して
より「忠実」だといえるでしょうか。地図はあくまでも現実のモデルな
のであって、決して現実そのものでもなければその忠実なコピーでもな
いのです。

分析モデルの前提となる理論と先行研究　モデルは、抽象化と省略とい
う操作を経て作り上げられたものであるからこそ、かえって、実物その
ものを肉眼で見た時にはむしろ見えてこない重要なポイントを浮かび上
がらせることができます。

　私たちが Why と What の問いの繰り返しを通して最終的に作り上げ
ようとしているのは、まさにそのような意味での分析モデルです。ま
た、私たちが明らかにしようと思っているのは、その分析モデルという
レンズを通してこそ初めて明瞭な形で見えてくる経営現象の「現実」な
のです。

　そして、その分析モデルを構築していく際に、「**何を強調し何を省略
するか**」という点を決めていく上で最も重要な役割を果たすのは、理論
的視点でありまた先行研究から得られる情報に他なりません。それは、
何らかの目的のために市街地の地図を作っていく際に、地理学や測量法
に関する理論と地形や街路などについて蓄積された情報が不可欠である
のと全く同じです。

　こうしてみると、要因関連図はモデルというよりは、むしろそのモデ
ルを作成する際に素材になる素描ないしスケッチのようなものだと言え
そうです。このラフスケッチとも言える要因関連図などをもとにしてリ
サーチ・デザインの原型となるような分析図式ないし現実理解のための
モデルを作っていくためには、幾つかの手続きを経なければなりませ
ん。

「事例について知る」上での要因関連図の強み

　要因関連図の場合は、図中に書き込む語句や文章の内容に特に制限はありません。むしろ連想のおもむくままに、どんどんアイディアを出していくことが推奨されます。たとえばKJ法でブレーンストーミングをおこなう場合には、議論のトピックに関する言葉や語句をカードにどんどん書き込んでいきます。

　その上で、トランプの「七並べ」などの要領でカードを一定の順番で並べ替えてみたり、「似たもの集め」の要領で同じようなテーマに関する語句や文章をグルーピングしたりします。そのような作業を通して、新しい発想が浮かんでくることが少なくありません。また、頭の中であれこれと考えていただけではよく分からなかった意外な関係性が視覚的なイメージを通して明瞭に見えてきたりすることもあります。

　そして、以上のような要因関連図の強みを最大限に生かす効果的なやり方としては、具体的な事例に即して、たとえば特定の企業や店舗あるいは製品の特徴ないし問題点などをカードに記載して、論点を整理していくようなアプローチが考えられます。そのように個別具体的な事例に焦点をあて、また物事が起きている現場に密着した「手触り感」を通して具体的な事例に関する深掘りが可能になるという点こそが要因関連図的な図解法の強みでもあります。

「区分地図」の限界

　しかし、このような自由度の高さと具体的な事例に密着した図解法としての特長は、その事例に関する詳細な分析を通して、より一般的な問題について理解しようとする際には逆に不利な条件になることがあります。というのも、個別の事例（たとえば特定の企業）が持つ独特の特徴やその面白さを図解の中に詳しく描き込んでいくと、その事例がより広い文脈で持つ意味やその文脈の中における相対的位置づけが見えにくくなってしまうことがあるからです（これについては、次章で例をあげながら改めて解説します）。

要するに、地図に喩えて言えば、要因関連図は区分地図のような図式を作るためにはうってつけの方法ではあります。しかしその半面で、その区分地図の相対的な位置づけが分かるような「広域図」のような分析モデルを作っていく上では必ずしも向いていないのです。

　第4章でIMRADのワイングラス構造について解説した際にもふれたように、実際の地図の場合でも、特定の地域の地形や町並み、街路についてどれだけ詳しく描き込んだ区分地図が手元にあったとしても、必ずしもそれだけでは目的地にたどり着くことはできません。一方で、その区分地図に描かれた地域の相対的な位置づけが分かるような広域図が必要になるのです。

　同じような点は、個々の事例に関わるさまざまなトピックのあり方を示す見取り図としての性格を持つ要因関連図についても指摘できます。事例研究（＝事例について知ること）は、研究テーマの問題全体を視野に収める大局観の中に位置づけることができた時にこそ、その事例が一般的な問題に対してどのような意味を持っているのかという点を明らかにすること（＝事例を通して知ること）ができるようになります。それによって、「単なる実態報告」や「ベタな記述」の範囲を越えることができるようになるのです。

虫瞰図（虫の目）と鳥瞰図（鳥の目）のバランス

　「事例について知る」だけでなく「事例を通して知る」ことが持つ意味について理解する上で重要なヒントになるのが「虫の目と鳥の目」という言い方です。

　虫の目というのは物や人あるいは出来事のディテールについて綿密に描きこむような視点です。虫の目の視点で描かれる現実の姿は、上の喩えで言えば区分地図にあたります。要因関連図は、まさに虫の目で描かれた現実の姿——これを「虫瞰図」と言います——のような分析図式を作ってみる上では最適の方法だと言えます。

　一方で、鳥の目というのは、「鳥瞰図」的な視点、つまり空中から下を見下ろして、全体の構図を大づかみにとらえるような物の見方、つま

りこの本で「大局観（ビッグピクチャー）」と呼んできたものです。上の喩えで言えば、広域図がこれにあたります。

　虫の目だけでは、物事の一般的な傾向や全体の構造は見えてきません。しかし、だからと言って、反対に鳥の目だけではその全体の構造を成り立たせている一つひとつの構成要素について詳しく把握することはできません。見知らぬ土地で目的の場所にたどり着くためには区分地図と広域図の両方が必要であるように、因果関係を解明していこうとする際には、特定の事例に関する虫瞰図的な要因関連図と、他の事例に対しても適用可能である鳥瞰図的な分析モデルとを組み合わせていく必要があるのです。

4-3　鳥瞰図的な分析モデルの作成を目指して——変数という考え方

「要因」から「変数」へ

　鳥瞰図的なモデルを構築するということは、取りも直さず、複数の事例について横断的に検討した場合に浮かび上がってくる一般的なパターンや傾向を明らかにしていく、ということに他なりません。また、それによって個々の事例をより深いレベルで理解することができるようにもなります。そのためには、これまで主に「要因」という言葉を使って解説してきた内容を「変数」という言葉でとらえ直してみる必要があります。

　「変数」は英語で言えば variable です。これは、vary（変わる）ないし various（さまざま）と able（し得る）の2つの部分から構成される名詞ないし形容詞です。名詞として使われる場合には、「値が変わり得るもの」あるいは「さまざまな値をとり得るもの」という意味になります。そして、調査研究で「変数」と言う時には、通常、調査対象が持つ幾つかの属性（特徴・性質）のうち、特に重点を置いて検討していこうとする属性に数値を当てはめて考える場合の、その属性のことを指します。

実例——社会関係資本という変数

　ここで改めて『孤独なボウリング』の例を取りあげて、この「変数」という用語の使い方について考えてみましょう。この本で著者のパットナムは「社会関係資本」を、集団や組織あるいは地域社会のメンバー同士のあいだで形成される信頼感や社会的絆、そしてまた、それらによって生み出される豊かな社会的価値を示す概念として定義しています。また『孤独なボウリング』では、「社会関係資本」というものを同書全体を貫く最も重要な概念、つまり**キー・コンセプト**として用いた上で、米国のさまざまな生活局面でコミュニティのつながりが失われていった状況について、各種の統計データを駆使して描き出しています。

　たとえばパットナムは、「リーグ・ボウリング」（仲間同士でチームを組んで地域のリーグで対戦するボウリング）をおこなうための団体の成人会員数が、第二次大戦後しばらくのあいだは増加傾向にあったのが、1960年代初め以降は一転して急激な落ち込みを見せているデータを示しています。彼は、これを、米国における社会関係資本の衰退という事実を示すデータとして扱っています。つまり、この場合、社会関係資本は、何らかの原因によってその値が変わりうる（増えたり減ったりする）属性、つまり、変数として設定されているのです。

翻訳プロセスとしての調査の企画作業

　この例からも明らかなように、調査を企画していく際には、〈どのような理論的枠組みを踏まえてどのような概念をキー・コンセプトとして採用するのか〉という点を明確にしていかなければなりません。またそれに加えて、以下の3点も重要なポイントになります。

①キー・コンセプトとなる概念をどのような種類の変数として扱うか
②リサーチ・クエスチョンと仮説を、それぞれどのような変数の組み合わせとして表現するか
③さまざまな調査対象の変数の値をどのような指標（モノサシ）を使って測定するか

つまり、調査研究の企画にあたっては、**データ収集とデータ分析の手続き**を念頭において、問いと仮説を具体的な変数同士のあいだの関係に翻訳していく必要があるのです。

なお、上の③については、第9章で調査研究における「測定」という手続きについて見ていく際に改めて説明します。以下では、主に①と②の点を取りあげて、問いの形式と変数の組み合わせとのあいだの関係について解説します。

Why（因果関係）の問いの場合

独立変数と従属変数　第3章で仮説について解説した際に述べたように、社会調査で変数と言う場合には、Why（なぜ）という問いとそれに対応する仮説（仮の答え）が議論の中心になっている例が少なくありません。また、実はそもそも仮説についての定義自体、原因に該当する「**独立変数（independent variable）**」と結果に相当する「**従属変数（dependent variable）**」との関係が中心になっている例が多いのです。たとえば、第3章で紹介した、仮説に関する幾つかの定義の中では、次の例がその典型だと言えます――「リサーチ・クエスチョンないしリサーチ・プロブレムに対する仮の答えであり、独立変数と従属変数のあいだの関係の形式で表現される」。

この「独立」「従属」という言葉には、少し分かりにくいところがあるかも知れません。これは、変数の「数値の変わり方」に見られる基本的な違いからきています。つまり、原因側である独立変数は結果側である従属変数の値とは無関係に――独立に――特定の値をとることができます。一方、従属変数の方は、独立変数の値の変化に左右されて――値の変化に従属する形で――その値が変わる、ということになっているのです。

変数間の相関関係　『孤独なボウリング』の例で言えば、たとえば同書の第13章では、テレビの視聴時間と公的会合や地域組織あるいは公的機関に対する請願署名への参加の度合いの減少を示すデータにもとづい

て、「テレビ視聴への依存傾向が社会関係資本の衰退をもたらした重要な原因の1つである」と結論づけています。この場合は、会合・組織・請願への参加の程度を、従属変数である社会関係資本の程度を示す指標（モノサシ）として見なした上で、〈テレビ視聴（原因＝独立変数）→社会関係資本（結果＝従属変数）〉という因果関係を想定していることになります。

　つまり「テレビをみている時間が長ければ長いほど、社会関係資本は衰退していく」というわけです。これは、「なぜ、米国社会において社会関係資本が衰退しているのか？」という Why の問いに対する1つの答えとして提示されたものだと言えます（あくまでも「1つの答え」です。実際、『孤独なボウリング』では他にも重要な原因になりうる項目の候補が想定されていますし、当然、単純2要因論などではありません）。

　この例に見るように、Why の問いとそれに対応する仮説（仮の答え）を中心にして調査研究をおこなう場合には、複数の変数のあいだの相関関係に焦点をあてて、原因と結果の関係を説明していくことが基本となります。つまり、一方の変数の値が変化するにつれ、他方の変数の値が「どのように変化するか」（あるいは変化しないか）という点に着目していくことになるのです。

What（事実関係）の問いの場合

変数値の確定　一方で、What（どうなっているか）の問い、すなわち事実関係に関する問いに焦点をあてて調査を進めていく場合には、それぞれの調査対象が持つ属性の変数値を確定していくことを目指します。

　たとえば第2章でも解説したように、『孤独なボウリング』の第Ⅱ部では、「1960年代以降になって米国の市民・社会生活には何が起きているのか？」という What の問いが基本的なテーマになっています。そして、その中核的なリサーチ・クエスチョンに関連する、より具体的な調査課題として扱われているのは、たとえば次のような一連の問いであったと考えることができます――「米国社会において、社会関係資本はどのような変遷を遂げてきたのか？」「本当に米国社会において社会関係資本は衰退していると言えるのか？」「衰退しているとしたら、そ

の傾向は、どのような地域や階層あるいは生活局面で特に目立った傾向として現れているか？」。

Why の問いとの関係 これら一連の調査課題レベルの問いに関する調査においては、米国社会全体あるいは特定の地域社会や社会階層が持つさまざまな属性のうち、特に社会関係資本に関わる変数の値に対して焦点があてられます。つまり、それらの変数値がそれぞれどのような変動パターンを示してきたのか、という点を明らかにすることがデータの収集と分析に関連しておこなう作業の中心になっていくのです。

　そして当然のことながら、そのような What の問いに対する答えが明確なものになって事実関係が確定された時点で初めて、「**なぜ、米国の社会関係資本にはそのような変動パターンが見られるのか？**」という Why の問いが意味を持つことになります。

　また、だからこそ、単純2要因論型の因果推論は致命的な欠陥を抱えていると言えるのです。というのも、単純2要因論型では、事実関係が明確になっていないにもかかわらず、因果関係の問いに対する答えを性急に求めようとしているからです。つまり、この場合は「What と Why の往復運動」を心がけるどころか、実態を的確かつ正確に把握していくための努力をそもそも最初から放棄しているのです。

　What と Why の問いやそれに対応する仮説を組み合わせたリサーチ・デザインを策定していく際には、変数間の関係を図解ないし一覧表の形式で表した何らかの分析図式が重要な手がかりになる場合が少なくありません。次章では、その分析図式の例として、本章で取りあげた要因関連図の他に、「因果図式」と「事例—変数マトリクス」の2つを取りあげて解説していきます。

戦略論の大家として知られるハーバード・ビジネススクール教授のマイケル・ポーターには『競争戦略論』(2018)という著書があります。同書には、サウスウエスト航空やイケアなど4社の「活動システム」ないし「活動システムマップ（activity-system map）」が、他社には模倣困難である優れた戦略ポジショニングの特徴を図解したものとしてあげられていました。また、それぞれの「マップ」には十数個から二十数個の要素が配置されています。これに関連して、次の2点について考えてみましょう。

①活動システムマップと本章で解説した迷路式要因関連図とのあいだの共通点と違いは何か。

②多数の要素が複雑かつ緊密に関連しあっているシステムはたしかに他社にとって模倣困難であると考えられる。しかし、その半面、1つの要素が破綻しただけでもシステム全体が機能不全に陥ってしまうことはないだろうか。

ビジネス書の中には、さまざまな経営上の難問をたちどころに解決できる特効薬のような経営手法について解説しているものが少なくありません。そのような種類のビジネス書に含まれている単純2要因論的な発想をボックス＆アロー・ダイアグラム形式で図解した上で、現実の企業の事例と比較しながらその問題点について指摘してみましょう。

CHAPTER 6　5つのポイント

1. Why（なぜ）の問いに対する答えを求めていくことは、調査研究を魅力的なものにしていく上で最も重要なポイントの1つ

である。もっともその一方で、因果推論（原因と結果の関係の解明）をおこなう際には慎重な配慮が必要とされる。

2.　因果推論の際に陥りがちな落とし穴には、「単純2要因論」と「迷路式要因関連図」という2つのものがある。

3.　適切な因果推論をおこなうためには、①相関関係、②時間的前後関係、③疑似相関の排除という3つの条件を満たさなければならない。単純2要因論的な主張には、これらの点に関する配慮が決定的に欠けている。

4.　適切な因果推論をおこなうこと、つまりWhy（なぜ）の問いに対する答えを求めていく際には、事実関係に関わるWhat（どうなっているか）の問いに対する答えを明らかにしていくための地道な努力が欠かせない。

5.　要因関連図は、多数の要因を盛り込むことによって、まるで迷路のような分かりにくい図解表現になってしまうことがある。調査研究を通して「何で何を説明するのか」という点を明確にしていくためには、大胆な省略と抽象化の手続きによって現実の一面を鮮やかに描き出すことができる美しいモデルの構築を目指していかなければならない。

リサーチ・デザイン
調査企画における計画と創発

　建物をたてようとする際に、簡単なメモ書きだけでイキナリ工事を始めるというようなことはあり得ません。また、設計図もできていない時点で、資材を目分量で発注することも普通はないはずです。しかしアンケート調査では、計画らしい計画を立てることもなく、なし崩し的にデータ収集が開始されてしまう場合が珍しくありません。だからこそ無仮説事後解釈病のような「症状」が出てしまうのでしょう。どのような種類の調査研究であっても、どこかの時点では調査の基本方針を確定しておかなければなりません。これが「リサーチ・デザイン」と呼ばれるものです。

1 基本設計としての「リサーチ・デザイン」

1-1 リサーチ・デザインとは？
デザインの構成要素
　本格的なデータ収集の作業に入る前には、次のような点について検討を済ませておく必要があります（各項目には該当する本書および姉妹編の章番号も示してあります）。

【基本的な問題設定】
- ・問い：どのようなリサーチ・クエスチョンを中心にして調査を進めるか？（第2章）
- ・仮説：一連の調査課題レベルの問いに対応する仮説を、どのような変数の組み合わせとして設定するか？（第3章）

・理論：どのような理論ないし概念の「レンズ」を通して研究テーマ
　　　　をとらえるか？（第5章）

【データの収集と分析の方針】

・調査対象（事例）：リサーチ・クエスチョンに対する答えを求めて
　　　　いく上で、どのような基準によって最も相応しいと思われる事
　　　　例を選び出せばよいか？（第8章）

・変数：取りあげた事例が持つさまざまな属性（変数）の中でも特に
　　　　どのような属性に焦点をあててデータ収集をおこなうか（第6
　　　　章、第9章）

・調査技法：それぞれの仮説の構成要素である変数について、どのよ
　　　　うな調査技法を用いてデータを収集し、また分析していくか？
　　　　（姉妹編『社会調査の考え方［下］』第10章～第13章）

　以上のような項目に関する方針、つまり調査の基本的な構想ないし
「基本設計」のことを「リサーチ・デザイン」と言います。そのリサー
チ・デザインを確定していく作業は、取りも直さず、IMRAD構造で言
えばI（問題）とM（方法）の内容を充実させていく、ということに他
なりません。また、上でそれぞれの項目に該当する章を示しておいたよ
うに、ある意味では、本書全体がリサーチ・デザインに関する解説書と
いうことになります。本章では、そのうちでも特にリサーチ・デザイン
の大枠を決めていく上で重要な手がかりになる「分析図式」について解
説していきます。

無計画的な「アンケート調査」の結末

　リサーチ・デザインの重要性については、ほとんど無計画のままにお
こなわれた調査の例について考えてみると理解しやすいと思います。

　たとえば、アンケート調査のような場合には、上にあげたような項目
について検討を重ねておくこともなく、なし崩し的にデータ収集が開始
される例が少なくありません。実際、その種の調査では、先行研究に関
する本格的な文献レビューはほとんどおこなわれません。その代わり

に、短時間の「ブレーンストーミング」程度の議論で出てきた項目を中心にして質問表を作成して一連の作業が始まったりします。

このようにして、いわば「出たとこ勝負」で調査を始めてしまった場合に生じがちなのが、手元に回答が記入された質問表の束——インターネット調査の場合はデータファイルの山——が集まってしまった後で、それをどのように処理していけばよいか見当もつかずに困り果ててしまう、といった事態です。苦しまぎれに出てくるのが、とりあえず質問表に盛り込まれた個々の項目について基本統計量（平均、分散、パーセントなど）を計算してみたり、幾つかの質問項目の回答データに関するクロス集計の結果を出してお茶を濁してしまう、というやり方です。

現在では、専用の統計ソフトだけでなくエクセルのような表計算ソフトでも、その種の初歩的な集計や分析だけでなく、もっと複雑な解析だって比較的簡単にできてしまいます。つまり、もっともらしい分析結果は幾らでも「ひねり出す」ことができるのです。第3章で解説した無仮説事後解釈病というのは、まさにその種の無計画・無方針の調査によく見られる「症状」だと言えます。

Column　緊急の対応が必要となる調査の場合

以上の解説とは異なる配慮が必要になってくるのが、早急に実態を把握しなければならない問題に関する質問表調査や聞き取り調査です。たとえば、大災害の発生時や感染症が急拡大しているような場合です。このような緊急事態の際には、結果としてはある程度の不備が生じることになるかも知れなくても、現状の迅速な把握とその公開を優先しなければなりません。

もちろん、そのような状況下であっても心得ておくべき注意事項はあります。たとえば、特定の回答を誘導するような項目を質問表に盛り込んだりすることは極力避けるべきです。また、無神経な言い回しで被災者や被害者の気持ちを逆なでしてしまうような設問などは問題外です。実際、緊急時であっても的確に現状把握ができるようになる

ためにも、私たちは基本的なリサーチ・リテラシーを身につけておく
必要があるのだと言えます。

『孤独なボウリング』の場合

それに対して、筋の良い調査研究の場合には、リサーチ・デザインの
構成要素についてそれぞれ明確な方針が定められています。

たとえば『孤独なボウリング』の例で言えば、「米国におけるコミュ
ニティの崩壊と再生」という研究テーマについて「社会関係資本」を
キーコンセプトに設定して検討を加えています。第2章のコラム（41-
42ページ）で解説したWhatとWhyを中心とするリサーチ・クエス
チョンは、まさにその社会関係資本という概念を中心にして設定された
ものです。

さらに、そのリサーチ・クエスチョンは、図表2-1（34ページ）に示
されているような、米国社会のさまざまな局面（政治参加、市民参加、
宗教参加など）における社会関係資本の動向に関する一連の調査課題を
めぐる問いにブレークダウンされて検証されています。また、著者の
パットナムは、主として既存の統計データを駆使して、それらの調査課
題レベルの問いに対応する仮説を検証していったと考えられます（既存
資料の活用法については姉妹編『社会調査の考え方［下］』第13章参照)。

1-2　リサーチ・デザインにおける計画と創発

集大成としての『孤独なボウリング』の場合のリサーチ・デザイン

もっとも、あらかじめ計画を立てておく必要があるとは言っても、そ
の調査計画は「一度決めたら絶対変えてはならない」というほど融通が
きかないものではありません。事実、リサーチ・クエスチョンを育て、
またそれに対応する仮説をきたえあげていくためには、むしろ調査の進
展状況に応じて柔軟に計画を修正していくことが必要になる場合が少な
くありません。また、それによってこそ確実なデータを入手できるよう
になります。

たとえば、上に示した『孤独なボウリング』のリサーチ・デザインに

関する解説は、実は、同書の全編を通して展開されているストーリーを踏まえて、本書で改めて一貫した調査計画の形で再構成したものです。パットナムが『孤独なボウリング』の巻末にある「The Story Behind This Book」（邦訳では「本書の背景」）というセクションで解説しているように、同書は、その折々に発表された数々の論文や報告書に盛り込まれていた内容の集大成として刊行されたものなのです。

　それらの文献には、上で一貫したリサーチ・デザインとして要約したような内容が、それぞれ重要な構成要素（パーツ）として含まれていると考えられます。また、同じような点は、本書で何度か取りあげてきた『イノベーションのジレンマ』についても指摘できます（同書の文献表には、共著論文を含むクリステンセン自身による先行研究が十数点あげられています）。

「創発」とは？

　以上のような点について考えていくためには、リサーチ・デザインにおける「創発」的な側面について理解しておく必要があります。

　第4章でも解説したように、論文や調査報告書の多くは、現実の調査がたどっていったジグザグな経緯をまっすぐな1本の直線の物語として再構成したものだとも言えます。その意味では、IMRAD構造のIとMのセクションで解説されている、一見直線的（リニア）な形式で整理された、完璧な計画のようにも見えるリサーチ・デザインは、一種のフィクションだと言っても決して過言ではありません。

　実際、調査研究が実際にたどっていった経緯の中には、創発的な要素——作業を進めていく中で明らかになっていく予想外の事柄——が含まれている場合が少なくありません。もっともそれは、必ずしも、当初立てていた計画における見通しの甘さや計画自体の失敗を意味しません。リサーチ・デザインというのは、むしろさまざまな試行錯誤を経て最終的に「計画」と「創発」のあいだのバランスが達成できた時にこそ最も有効なものになるのです。

　同じような点は、建築の際の設計図や工業製品のデザインについても

指摘できます。特に、斬新な構想の製品をデザインしていく際には、創発的な要素が非常に重要な意味を持ってくることが多いと思われます（初代 iPhone の製品デザインや具体的な仕様が幾多の試行錯誤を経て最終的に決定されていくまでの過程については、ブライアン・マーチャントの『ザ・ワン・デバイス』(2019) が参考になります)。

　そのような新製品の場合は、手描きのラフスケッチや大まかな「イメージ・イラスト」のような概念図から始まって、実物大や縮小サイズの模型を作り、さらにさまざまな素材を使った試作品を経て設計図が作成されて、実際の生産に入ることが少なくないでしょう。その結果として、最終的な「計画」である設計図の中に創発的な要素が絶妙のバランスで取り込まれていくことになると思われます。

1-3　4種類の分析図式

ラフスケッチとしての「分析図式」

　創発と計画のバランスを念頭に置きながらリサーチ・デザインの骨格を組み立てていく際に重要な手がかりになるのが、さまざまなタイプの分析図式です。

　その種の分析図式の中には、一方には、たとえば前章で取りあげた要因関連図のように、調査研究を実際におこなっていく際に考慮に入れるべき要因（変数）や複数の要因間の関係を、文字通りラフスケッチのような形で「マッピング」することによって出来上がる図解があります。他方には、もう少し厳密な形で、実際にデータが得られた時点における要因間の関係を一連の仮説命題に近い形で描き出したものもあります。いずれの場合にせよ、何らかの分析図式は、そのリサーチ・デザインの骨格を明らかにしたり、その細部について徐々に練り上げていく上で重要な手がかりになる場合が少なくありません。

各タイプの概要

　図表 7-1 は、そのような、リサーチ・デザインの「原型」とも言うべき分析図式を、4 つのタイプに分けて整理してみたものです。

図表7-1　4つのタイプの分析図式

分析図式の特徴	ボックス&アロー・ダイアグラム型		事例─変数マトリクス型	
	要因関連図型	因果図式型	一覧表型	集計表型
対応する問い	What と Why （実態の把握・ 因果関係の解明）	Why 中心 （因果関係の解明）	What と Why	What と Why
主な用途	グループワーク・ 「ブレスト」	因果推論のための 仮説構築	比較事例分析	数値データの 収集と分析
直観的理解	容易 （主に作成者にとって）	やや困難な場合も	比較的容易	やや困難な場合も
論文や調査報告書等で の最終版の公開形態	基本的に非公開	本文内で分析 モデルとして	本文内あるいは 付録部分で 事例比較表として	付録部分や本文内 で基礎集計表 （記述統計）として

　表の左側に配置した要因関連図型と因果図式型の場合には、検討対象になる要因や項目同士の関係を、各種の線で結んで示す形式の図解として表現します。また、それらの線のうち因果関係を示すものには矢印がつけられます。したがって、これら2つの分析図式をひっくるめて「ボックス&アロー・ダイアグラム型」と呼ぶことができます。要因関連図型については既に前章である程度詳しく解説しておきましたが、もう一方の因果図式型というのは、各種の項目（要因）の中でも特に因果関係に関わる部分を抜き出して図解したものです。

　表の右側にあげた2種類の分析図式では、調査の際に主な検討対象になる項目や変数同士の関係を、一覧表ないし集計表の形式で示します。変数を縦の列、調査対象となるそれぞれの事例を横の行に配置した行列（マトリクス）の形式で示すので、ここでは、この2つをまとめて「事例─変数マトリクス型」と呼ぶことにします。

4つの分析図式の使い分け

　以下では、これら4つの分析図式の特徴について実例を示しながら説明していきます。なお、ここでは、それら4種類の図式を、〈要因関連図→因果図式→一覧表→集計表〉という順番にしたがって使うことを想定した上で、ステップ・バイ・ステップ方式で解説していきます。これは、ブレーンストーミング的な「ネタ出し」の段階から、実際にデー

タを収集して統計解析をおこなうまでの一連の作業を想定しています。

　もっとも、現実の調査研究では、必ずしもこの順番どおりに作業を進めていくとは限りません。たとえば、同じようなテーマに関する先行研究の蓄積が十分にある場合には、最初から集計表型の分析図式を利用するかも知れません。さらに、特定の先行研究を忠実になぞりながら調査をおこなうというような場合には、リサーチ・デザインを確定する以前の段階で、何らかの分析図式を用いる必要は特にないのかも知れません。というのも、そのような調査で採用されるリサーチ・デザインは「計画」の部分がほぼ100パーセントであり、創発的な要素が入り込む余地はほとんどゼロに近いからです。

　喩えて言えば、それは、絵画制作の際に、基本的な構図だけでなく細部の描写にいたるまでかなりの部分が、いわば「天下り式」で指定されているようなものです。そのような場合であれば、まっさらな白紙の上にデッサンのようなものを描いてから一連の作業を始める必要などは特にないでしょう。

1-4　研究テーマとしての「実店舗小売企業のネット抵抗力」
初めての調査研究で分析図式を適用してみる

　本章では、ある架空の企業に関するケーススタディをおこなう場合を想定して、その際に4種類の分析図式がそれぞれどのような役割を果たすか、という点を中心に見ていきます。また、特定の企業に関する事例研究を通して、より一般的なテーマや問題について検討をおこなっていく際に考慮すべきポイントなどについても解説します。

　なお以下の解説では、調査を実施する上で次のような制約があることを想定しています。

・報告書や論文の執筆を含めて、1年ないし1年半程度の期間内に調査を完了する必要がある
・4〜5名程度のグループ・プロジェクトとして調査研究をおこなう
・同じようなテーマに関する先行研究や既存資料の蓄積はそれほど多

くない
・比較単純な因果関係を想定する

　以上は、かなり厳しい制約条件のように思えるかも知れません。しかし、これは、卒論や修論を制作する作業の一環として初めて調査研究をおこなう場合の現実的な条件にかなり近いところがあると思われます。

研究テーマ＝「ネット通販」の拡大

　ここで参考例として取りあげるのは、「小売企業の『ネット抵抗力』の源泉」という研究テーマです。小売企業を取りあげるのは、図書館やインターネットなどで入手できる間接的な情報だけでなく、現場観察による一次的な情報も利用できるからです。

　上にあげた研究テーマの背景について、ここで簡単に解説しておきます。

　さまざまな小売りの領域では、2010 年代後半に入って、インターネット通信販売（「ネット通販」）をはじめとする EC（Electronic Commerce：電子商取引）の拡大傾向が顕著になっていきました。また、それにともなって、実店舗での販売が落ち込んでいった例が多く見られました。2010 年時点での BtoC（Business to Consumers：企業―消費者間）の物販のうち EC 経由であったものは 3％以下に過ぎませんでした。その比率は 2018 年には 6％以上にまで拡大しており、その総額は約 9 兆 3000 億円にのぼっていたとされます（経済産業省、2019）。

　ただし、ネット通販拡大による影響の大きさや深刻さという点に関しては、企業や業態によってかなりの差が見られます。たとえば、アパレル系では 2019 年度時点で EC 化比率が 11.5％にまで及び、業態全体では減益となった企業が半数に達していました（『日本経済新聞』2019 年 1 月 27 日付）。また、家電製品のように、3 割以上が EC を介して販売されるようになった例もあります。

テンキ・ホートという事例

　その一方で、実店舗での販売が中心であったにもかかわらず、むしろ売上を伸ばしている企業も何社かありました。本章では、その中でも代表的なディスカウントストア系の企業の「ネット抵抗力」について事例研究を通して明らかにしていくことを想定しています。ここで仮にテンキ・ホートと名づけた企業は、次のような特徴を持っていると仮定します。

・実店舗での販売を重視し、ネット通販も手がけてはいるが、その売上におけるシェアは1割以下に過ぎない
・創業以来、日本全体でネット通販が急速に伸びていった期間も含めて30期以上にわたって連続して増収増益を果たしている
・「濃密陳列」などと呼ばれる形で商品がところ狭しと並べられている
・店舗の内部が迷路のように入り組んでおり、来店客が目当ての商品を探すために時間がかかる

2　要因関連図で調査課題を洗い出してみる

2-1　初期段階での問いと要因関連図

　以上で述べた「ネット抵抗力」に関する問題関心を研究テーマとして文章化するならば、たとえば、「EC（特にインターネット通販）全盛時代にあって成長を続ける実店舗中心の小売企業の謎」というものが考えられるでしょう。またそのテーマは、次のようなパラドックスを中心とするリサーチ・クエスチョンとして言い換えることができます。

　Why：なぜ、小売企業の多くがインターネット通販拡大の影響を受けて業績不振に陥っている中にあって、実店舗中心の営業を維持してきたテンキ・ホートはむしろ着実な成長を続けてきたのか？

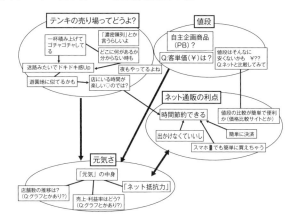

この Why の問いは、一定の魅力を持った問題設定になっていると考えられます。というのも、この Why の問いは、テンキ・ホートが他の小売企業一般とはきわめて対照的な傾向を示す事例であるという点に注目しているからです。つまり、そのパラドックスをめぐる「謎解き」を目指す問いになっていると言えるのです。

2-2 KJ 法の要領で要因関連図を作ってみる

実例──「テンキの元気」

要因関連図は、このような問題関心のもとで調査研究のリサーチ・デザインを策定していく際の最初の手がかりとしては、うってつけの分析図式です。図表 7-2 は、実際に KJ 法の要領でテンキ・ホートをめぐる問いに関する要因関連図を作ってみたものです。

この要因関連図風の図解──仮に「テンキの元気」と名づけてあります──を作成する上で主に参考にした素材は、インターネット経由を含む雑誌や新聞の記事の情報であるとします。また、現場調査の一環としてテンキ・ホートの店舗を実際に数カ所訪問してみた際に受けた印象なども加味されたことを想定しています。なお、ここではスペースの制約から全部で 20 項目ほどしかあげていませんが、KJ 法による実際のグ

ループワークなどでは、これよりもはるかに多くの項目が要因関連図の中に盛り込まれることになるでしょう。

現場感覚に根ざした「ネタ出し（アイディア出し）」を心がける

前章でも指摘したように、要因関連図は、調査の初期段階で「アイディア出し」ないし「ネタ出し」をおこなう時などによく使われます。特に、グループワークや「ブレーンストーミング（ブレスト）」などの際にKJ法の要領で要因関連図を作ってみると、議論が活性化して作業がはかどる場合が少なくありません。

カードに語句や文章を書き込んでいく際には、正確な表現を心がけたり専門用語を用いたりする必要は特にありません。むしろ、ふだんの会話で使われるような口語表現を中心にし、また簡単な記号なども適宜入れておいた方が効果的です。というのも、その方が発想が自由に湧いてきますし、「わいわいガヤガヤ」といった雰囲気の活発な議論になるからです。その点では、仲間内にしか分からないような表現や略語を使っても全く問題ありません。

また、TV番組などで出てくる捜査会議のシーンのように、ホワイトボードの上に写真や画像を貼ったり見取り図を書き込んだりしてみてもいいでしょう。そうすると、その種の視覚的なイメージから色々と新たなアイディアが湧いてくることがあります。

調査課題の「洗い出し」とマッピング

要因関連図は、具体的な調査課題をリストアップしていく上で非常に効果的です。また複数の情報のあいだの相対的な関係を「マッピング」することによって、検討すべき事柄の見落としがないようにすることもできます。これらの手続きは、取りも直さずWhatの問いを網羅的に洗い出していく作業に他なりません。

一方で、要因関連図からは、そのようにして描き出してみた実態の背景にある因果関係を掘り下げて分析すること、つまりWhyの問いをより明確なものにしていくための有効な手がかりが得られる場合が少なく

ありません。

　たとえば、図の右上にある 値段 という言葉で括られた部分には、自主企画商品 (PB)? という項目があります。自主企画商品というのは、「PB（プライベートブランド）」などとも呼ばれ、小売企業がみずから企画し独自のブランドで販売する商品のことです。この図では、テンキ・ホートには、「熱狂価格」という PB のラインナップがあることを想定しています。

　図表 7-2 には、この熱狂価格系の商品が「テンキの元気」について理解していく上で重要なポイントになるという前提のもとに、「テンキ・ホートで扱っている商品全体の点数と売上に占める PB 系商品の比率について確認する必要がある」という点についてメモ書きの形で記入してあります。それ以外にも 4 点ほど「Q：○○」という形で調査課題をあげておきました。これらは全て調査課題レベルの問いということになります。

　一方この図では、値段 と テンキの売り場ってどうよ? という 2 つの項目群からは、元気さ という項目群に向けて太い矢印が引かれています。これは、この 2 つの項目群とテンキ・ホートの増収増益とのあいだに比較的強い因果関係があるだろうという見込みを示しています。

2-3　要因関連図の限界
分析の焦点が曖昧になってしまうことがある

　以上のように、要因関連図は、自由な発想で作成し、またそれぞれの項目に使う言葉も日常語が中心であることから、少なくとも図の作成にあたった当人たち自身には直観的に理解しやすいものになっています。また、リサーチの初期段階で調査課題を洗い出した上で最終的なリサーチ・デザインの目安をつけていく上でも非常に効果的です。

　もっともその一方で、要因関連図の場合は、よほど注意しておかないと分析の焦点が曖昧になってしまうことがあります。つまり、「あれもこれも」と調査課題をどんどん盛り込んでいく中で、いつの間にか、どのような点が中心的な研究テーマであったのかが、作図している当人た

ちにも分からなくなってきてしまうのです。

　そうなってくると、分析図式が調査テーマに関する分かりやすい見取り図になるどころか、むしろ逆に迷路パズルのようなものになりかねません。実際、何らかの点で関係のある要因を網羅的にあげていこうとしたらキリがないでしょう。時間的にも資源的条件という点でも制約のある卒業研究などのような調査で、要因関連図に含まれている無数の調査課題について漏れなく情報を収集しようとしたら、収拾がつかなくなってしまいます。

作業用の足場に過ぎない

　作成者たち自身にすら分かりにくいものになっている要因関連図が、外部の人々に理解できるはずはありません。前章で指摘したように、図表 6-1（183 ページ）は、そのような分かりにくい迷路パズルのような図解表現の典型だと言えます。

　ここで注意しなければならないのは、要因関連図の多くは、頭の中で展開される思考プロセスを視覚的なイメージとして表現する作業の中途段階で作成されるものだということです。いわば「仕掛品」ないし私的なメモのようなものに過ぎません。当然それは、因果推論の最終的な結果ないし「完成品」として読者に提供できる分析モデルとは全くの別物なのです。

　建築に喩えて言えば、KJ 法やマインドマップの発想によって作成される要因関連図は、いわば作業用の足場であり、決して最終的に出来上がってくる建築物ではありません。言うまでもなく、足場には、一連の建築作業を進めていく上でなくてはならない重要な役割があります。しかし当然ですが、その作業用の足場は建物の竣工前後には速やかに撤去しておく必要があります。そうでなければ、施主（建築主）に引き渡すことなどできません。

単なる絵解きから「モデル」へ

　この点に関しては、ある種の誤解がつきものです。実は、調査研究に

もとづいて書かれた卒業論文や修士論文の中には、図表6-1がそうであったように、「分析結果」と称して要因関連図あるいはKJ法の図解をそのまま提示している例があるのです。これは、仕掛品に過ぎないものを完成品と称して販売することにも匹敵するやり方だと言えるでしょう。同じような点について、経営学者の伊丹敬之氏は『創造的論文の書き方』という本の中で次のように指摘しています――「思いつきのプロセスの解説は、いわば『舞台裏』を見せること。それを見せまくることは、恥ずかしいことと思うべし」（伊丹、2001：283）。

　要因関連図が、その場の思いつきや内輪だけで理解できる「絵解き」のレベルにとどまっている限り、分析図式としてはほとんど使い物になりません。分析図式を読者に理解してもらえるような調査報告の原型として活用していくためには、単なる「絵解き」ではなく、何らかの意味で「モデル」と呼べるものにしていかなければならないはずです。

　前章で指摘したように、地図は、実際の地形を大胆に省略して最重要なエッセンスだけを凝縮して示しているからこそ、現実の「モデル」として役に立ちます。同じように、要因関連図などを素材にしてリサーチ・デザインを策定していこうとする際には、その中から最も重要な要素だけを抜き出して、それを何らかの分析モデルとして組み立てていく必要があります。そのためには、まず、「何で何を説明しようとしているのか」（＝最も重要な独立変数と従属変数は何であるのか）という点を明確にしておかなければなりません。

3 因果図式（タイプ1）
――「何で何を説明するか」に焦点を絞る

3-1　ネタ出しから「ダメ出し」へ＝すわり直して改めて考えてみる

　グループワークやブレーンストーミングなどで要因関連図を作成していく際には、性急な「ダメ出し」は禁物です。たとえば、参加者の誰かが実際にテンキ・ホートの店舗を訪れた際に見聞きしたことを踏まえてアイディアを出そうとしている時に、それを無理矢理たとえば定番の経

営学用語などを使って説明してしまうのは、決して得策ではありません。そんなことをしたら、現場に根ざした自由な発想が台無しになってしまう可能性があるからです。

　もっとも、要因関連図に続く次の段階で作成する分析図式については事情が違ってきます。この段階では、むしろ特定の要因に焦点をあてて、Why の問いに対する答えの目安、つまり「**何で何を説明しようとしているのか**」という点を明確にしていかなければなりません。

　そのように要因を絞り込んでいく作業の際には、理論的な視点や先行研究の論文に盛り込まれていた情報などが非常に重要な意味を持ってきます。それらの根拠にもとづいて、建設的な「ダメ出し」の作業をおこなっていくことが必要不可欠になるのです。ある場合には「ネタ出し」の段階でリストアップされていった要因の大半をそぎ落としていくことが必要になることもあるでしょう。それとは逆に、初期段階の要因関連図では取りあげられていなかった項目が新しく盛り込まれていくこともあります。

　以上のような「ダメ出し」の作業の結果として出来上がってくる主な分析図式の１つが**因果図式**です。

3-2　実例──「テンキの元気の素」

原因と結果の関係に焦点をあてていく

　因果図式の作成時点では、リサーチ・デザインの策定作業は、原因と結果の関係に関する分析の焦点を明らかにするための手続きに移っていくことになります。

　図表 7-3 には、そのような特徴を持つ因果図式の例をあげておきました。なお、この図を「タイプ１」と呼ぶのは各項目に「雑然」「豊富」などの変数の値が入っているからです。この変数値の記載という点についてはすぐ後で、タイプ２の因果図式、つまり具体的な変数値が記入されていない因果図式を取りあげる際に改めて解説します。

　この因果図式には、図表 7-2 の要因関連図にもあげられていた実店舗の売り場の魅力という項目が「売り場要因」でくくられた項目群として

図表7-3 「テンキの元気の素」――因果図式（タイプ 1 ）

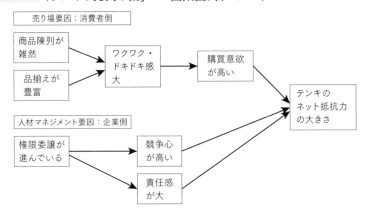

含まれています。一方では、「人材マネジメント要因」として、当初の要因関連図には含まれていなかった人的資源管理に関連する項目が 3 点新たに加わっています。

　これは、要因関連図作成後に先行研究や先行調査を何点か検討した結果として浮かび上がってきたポイントです。つまり、店長に対してだけでなく、売り場の責任者のレベルにまで及ぶ大幅な権限委譲を特徴とする人材マネジメントのあり方が「テンキの元気」にとって重要な要因である可能性が示唆されたことを想定しています（これらの点については、以下の文献を参考にしました――安田、2000；伊丹、1980；岸本、2004；山川、2018；坂口、2018）。

理論のレンズを通して現実を見る

　ここで改めて強調しておきたいのは、因果図式に移行していく際には、何らかの理論的視点にもとづく検討が重要になってくるという点です。これは、グループワークなどの時には専門的な用語や概念の使用が、自由闊達な議論にとって支障になりかねないという理由で当面は控えられていたのとは対照的です。

　たとえば、図表 7-3 の例で言えば、商品の陳列法とそれに対する消費者の反応については消費者行動論やマーケティング理論、人材マネジメ

ントについては人的資源管理などに関する理論的アイディアが重要な意味を持ってくるかも知れません。この、先行文献のレビューを踏まえた理論的検討という手続きは、特定の事例に関する分析だけでなく、その事例について得られた情報を通してより一般的な問題について分析をおこなっていくことを目指す際には特に重要なポイントになります。

そして、このように理論的な視点を導入するということは、取りも直さず、第6章で解説した〈抽象化と省略の操作を経て現実の特定部分を切り取って鮮やかに描き出すことができる**モデル**を作っていく〉ということに他なりません。

「テンキの元気」についてはさまざまな角度から説明することが可能でしょう。その多様な可能性を探っていく上で最初の手がかり（「とっかかり」）になるというのが、要因関連図の大きな利点でもあります。しかし、調査研究の最終的な目的は「あれもこれも」と網羅的にそれらの多種多様な説明の可能性を列挙していくことではありません。むしろ、特定の理論というレンズを通して初めて鮮明に見えてくる現実のある側面を、分析的な視点にもとづく因果図式として切り出していくことが当面の目標になるのです。

文献レビューの必要性

学部学生と一緒にKJ法の実習をしていると、この要因関連図から因果図式への移行がスムーズに進まない場合がよくあります。要因関連図による「ネタ出し」の作業は比較的順調に進んでいたのに、ある時点から議論が進まなくなってしまうのです。結局、一般誌のビジネスリポートで報告されているのとそれほど変わらないレベルの結論を出して終わってしまう場合も珍しくありません。

これは1つには、学部学生のあいだは先行研究の読み込みが不足しがちだからです。そのため、〈理論的視点や抽象的な概念を踏まえた上で、個別の事例の特徴をより一般的な問題と関連づけて理解していく〉というような発想がなかなか出てきません。そうなると比較的手軽に読めるビジネス書や薄手の新書などに頼りがちにもなり、その種の情報あ

るいはインターネット辞典の項目や記事などを通して得られる「ネタ」が尽きてしまうと、次の段階には進めなくなってしまうのです。

　その点からしても、先行研究について検討しておくことには非常に重要な意味があります。特にグループワークで調査研究に取り組むような場合には、第5章の解説などを参考にしながら先行研究について検討しておくとよいでしょう。そうすることによって、要因を絞った因果図式を構築していく際の大切な手がかりが得られるはずです。

3-3　タイプ1の因果図式の利点

　図表7-3のような形式の因果図式の最大のメリットは、〈特に重要であると思われる変数に焦点を絞った図解を通して、データの収集と分析を進めていく際の方向性を明確にすることができる〉という点にあります。

　この因果図式では、「ネット抵抗力」と名づけた従属変数に関連のありそうな多数の要因の中でも、売り場要因および人事マネジメント要因という2つの独立変数（群）に焦点があてられています。これによって要因関連図では必ずしも明らかになってはいなかった「**何で（どのような独立変数で）何を（どのような従属変数を）説明するのか**」という点がより明確な形で浮かび上がってきます。

　また、このようにして複数の変数のあいだの関係を図解した上で「**何をどのようにして調べていけばよいか**」、つまり、**どのような項目（変数）について、どのような調査技法を使ってデータを収集していけばよいか**という点に関しても大まかな見当をつけることができるようになります。さらに図表7-3のような因果図式は、最終的に書き上げる論文や報告書のストーリーラインのひな型として使えるかも知れません。因果推論の骨格がある程度固まっている場合は、それを論文や報告書全体の粗筋として考えて、あとは細部を詰めていきさえすれば、論文が出来上がってくるようにも思えてきます。

タイプ1の因果図式の限界

――「思い出し型」の単一事例研究の落とし穴

　もっとも、図表7-3のような因果図式は、それだけでは、最終的なリサーチ・デザインの原型となる分析図式としては幾つか問題があります。中でも最も深刻なのは、図表7-3を単になぞるだけというような説明の仕方では、因果推論の際にクリアすべき3つの条件――相関関係、時間的前後関係、疑似相関の排除――を満たしているとは言い難い、という問題です。それは、主として次のような2つの事情によります――①図表7-3ではテンキ・ホートだけを対象にした単一事例研究が想定されている、②変数の値が固定されている。

相関関係――成立していない可能性がある

　図表7-3では、それぞれの項目の変数値が一方の側に固定されています。独立変数の値について言えば、たとえば「雑然」「豊富」「進んでいる」となっており、それらとは逆の値である「整然」「貧弱」「進んでいない」などは見当たりません。同じ点は、従属変数の側の「大きさ」についても指摘できます。

　これは取りも直さず、それぞれの変数が違う値を取った場合の因果関係が暗黙の内に想定されていることを意味します。

　たとえば、図の左下にある〈 権限委譲が進んでいる → 競争心が高い 〉は、それとは正反対の〈 権限委譲が進んでいない → 競争心が低い 〉というパターンが暗黙の前提になっていると考えられます。しかし、「権限委譲が進んでいるからこそ競争心が高くなっている」ということを主張するためには、本来、その逆の「権限委譲が進んでいないから競争心は低いままに留まっている」という状態が成立していなければならないはずです。しかし、この因果図式で扱われているのはテンキ・ホートという1事例だけなので、現実にその逆パターンが成立するかどうかは、その事例から得られる情報だけでは確認できません。

　それどころか、以下のような2つのパターンのどちらかが成立している可能性だって否定できないでしょう。

- 権限委譲が進んでいない → 競争心が高い
  →想定とは逆の因果関係。たとえば「権限委譲が進んでいないから
  こそ、上司に少しでも認めてもらおうとして競いあうことにな
  る」という可能性
- 権限委譲 …×… 競争心
  →無関係。「もともと強烈な競争心がある人材を優先的に採用して
  きたので、権限委譲がなされているか否かにかかわらず互いに熾
  烈に競い合っている」という可能性

　つまり、調査対象となった事例が1つだけであり、独立変数につい
ても従属変数についてもその値にバリエーションが見られない以上、本
来は、因果推論の最も重要な前提条件である相関関係が成立しているか
どうかは確認できないはずなのです。

時間的前後関係──確認が困難である

　もっとも、単一事例研究でも、変数値の変化が確認できる場合があり
ます。その1つが、何らかの方法によって異なる複数の時点における
変数値の情報を確認するというやり方です。

　たとえば、一方には、テンキ・ホートが、一見雑然としているように
見える商品陳列を開始する前と後というそれぞれの時点における消費者
の「ワクワク・ドキドキ感」と購買意欲の違いに関するデータが手元に
あったとします。また、他方には、売上高と利益率に見られる経時的な
変化に関するデータが存在していたとします。その場合、それらの2
種類のデータをつき合わせた上で、実際に相関関係が成立しているかど
うかを確認することができるかも知れません。

　しかし前章で解説したように、ビジネス書や経営誌に掲載される事例
紹介的なビジネスレポート（ビジネス記事）では、このように時系列に
沿ってリアルタイムで変数値の変化について確認している例は多くはあ
りません。実際にはむしろある時点──「勝ち組企業」として認められ
る前後──で得られた情報を使って、いわば時計の針を逆に回して実際

の因果プロセスについて推測する、というやり方がとられます。つまり、過去の状態を回顧して（思い出して）もらって再構成するのです。

　そのような方法でも、それぞれの時期の状態について信憑性の高い記録が残されている場合には、異なる時点の状況をかなり忠実な形で「再現」することができるかも知れません。これは、記録映画のフィルムを逆回転させるようなやり方だと言えます（このアプローチについては、すぐ後で「近似的定点観測」として解説します）。

　しかしほとんどの場合、図表7-3に示したような因果図式の多くは、事態の推移を現実の時間軸に沿って忠実に再現したものではありません。つまり、この図は、時間の経過にともなって左側から右側へと物事が進行する様子をありのままの姿でとらえた動画のようなものではないのです。むしろ、右端の状態を起点にして、そこから左の方向へ逆算して、過去に何かあったはずの出来事や成功要因と思われるものを取りあげた上で、成功物語として「再構築」している可能性が高いのです。

疑似相関――「つまみ食い型事後解釈」かも知れない

　図表7-3のような因果図式が、現実に起きた出来事の忠実な再現ではなく、「後知恵」のような形で事後的な解釈が加えられた再構築であったとしたら、どうでしょうか。その場合は、適切な因果推論のために不可欠となる「疑似相関の排除」という条件がクリアされていない可能性が浮かび上がってきます。

　もし現実に幾つかの要因（変数）のあいだに、それぞれ図表7-3で描かれているような相関関係が存在していたとしても、それらが疑似相関である可能性は否定できません。たとえば、仮に実店舗の売り場での「ワクワク・ドキドキ感」と購買意欲とのあいだに相当程度の相関が存在していたとしても、それだけでは、この図には描き込まれていない他の要因（たとえば大胆な価格設定）が、むしろ購買意欲に対してより大きな影響を及ぼしていたというような可能性は排除できません。

　この疑似相関の可能性は、「つまみ食い型事後解釈」をめぐる問題とよく似たところがあります。第3章でも解説したように、事前に仮説

を設定せずにアンケート調査をおこなったような場合には、世間の注目を浴びそうな相関関係が幾つか見つけられれば、それをつまみ食い的に取りあげてもっともらしい説明をしてしまうことがよくあります。

　特にテンキ・ホートのように、長期にわたって増収増益を続け、しかも 2010 年代後半に入って多くの小売企業がネット通販に押されて業績不振に陥っている中であっても例外的に「元気」な企業が存在していたとしたら、まさに成功物語的なビジネスレポートにとっては恰好の事例だと言えます。そして、その「成功」を遂げた時点から逆算して過去に何かあったはずの成功要因を見つけようと思えば、幾らでも見つけ出せるかも知れません。

④ 因果図式（タイプ 2）――変数値にバリエーションを持たせる

4-1 変数値と事例名をリセットする

タイプ 2 の実例

　以上は、単一事例研究の場合には避けられない問題だと言えますが、これには少なくとも 2 通りの解決策があります。1 つは、異なる時点の情報を収集した上で実際の経緯をできるだけ忠実に再現していくことを目指す、というやり方です。本書ではそれを（少し長い名称になりますが）「近似的定点観測型単一事例研究」と呼ぶことにします。もう 1 つは、事例の数を増やして横断的な比較をおこなうというアプローチです。ここでは、それを「横への展開型複数事例研究」と名づけます。

　どちらのアプローチを採用する場合でも、図表 7-3 とは幾つかの点で性格が異なる因果図式が必要になってきます。ここでは、それを「タイプ 2 の因果図式」と呼ぶことにします。次ページの図表 7-4 は、図表 7-3 をそのタイプ 2 の因果図式に作り替えたものです。

タイプ 1 の図式との違い

　この図表 7-4 と先にあげた図表 7-3 には、同じような内容の項目がほぼ同じ位置に配置されています。もっとも、2 つの図解のあいだには幾

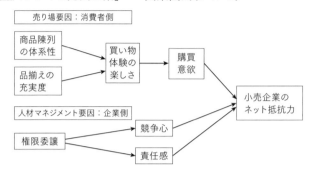

図表7-4 「テンキの元気の素」──因果図式(タイプ2)

つか重要な違いもあります。1つは、分析図式の構成要素（パーツ）で
あるそれぞれの項目が全て「変数値」ではなく変数の名称だけになって
いるという点です。つまり、全ての項目から「雑然」「豊富」など、物
事の程度を示す言葉が取り去られているのです。また図表7-4では、従
属変数に該当する項目からはテンキ・ホートという企業名が「小売企
業」という一般的な名称に置き換えられています。

　具体的な企業名と変数値を省略したことによって、図表7-4は図表
7-3の因果図式に比べて少し分かりにくくなっており、「一目で分かる
図解」とはとうてい言いにくい面もあります。しかし、その半面、この
2つの省略によって、因果図式は、同じ事例（特定企業）の幾つかの時
点での状況を再構成した上で定点観測的に物事の経緯を追跡できるよう
になります。また、複数の事例（企業）を横に並べて比較していく際の
分析図式としても使えるようになります。

　つまり、タイプ2の因果図式は、縦断的比較と横断的比較のための
テンプレート（ひな型）になり得るのです。

4-2 　近似的定点観測型単一事例研究(縦断的比較)

複数の静止画を並べて相関関係と時間的前後関係について確認する

　縦断的比較の場合には、事例自体は同じ対象（同一の企業、部門、業
界など）を扱う一方で、その同じ事例について、物事が実際に推移して
いった経緯や過程を時系列に沿って追跡して「再現」していくことを目

指します。これは、もっぱら関係者の証言によって事実の「再構築」を
おこなう回顧型のビジネスレポートなどとは対照的なアプローチです。

　先にあげた図表7-3は、ある一定の時点で見られる変数間の関係を切
り取って写し出したものです。その意味では、静止画（スチール写真）
のような性格を持つ因果図式だと言えます。一方で、図表7-4をテンプ
レートにして、異なる複数の時点における要因間の関係を書き込んで数
点の因果図式を作ったとした場合も、その一つひとつは静止画のような
ものだと言えます。その点では、タイプ1とタイプ2の因果図式のあ
いだに特に大きな違いはありません。

　しかし、縦断的比較では、それら複数枚の静止画を「フリップブック
（パラパラ漫画）」のように連続して検討していきます。それによって、
変数値の変化やそれにもとづく要因間の関係の変化の過程を時系列に
沿って追跡できるようになります。これは、一種の「定点観測」的な作
業だと考えることができます。もちろん、それは厳密な意味での定点観
測ではありません。実際、定点観測という場合、本来は、何らかの現象
（天候・気象、地形など）を文字通りリアルタイムで観察することを指し
ます。

　ただし「近似的」なものとは言っても、この場合は、実際にそれぞれ
の時点で採取されたデータや資料を検討材料として使うことを想定して
います。したがって、先に解説したような「回顧型（思い出し型）」、つ
まり主として関係者の記憶にもとづく証言に依存する事例研究などとく
らべれば、「時間的前後関係」という点でより確実な因果推論ができる
でしょう。

テンキ・ホートの縦断的比較

　テンキ・ホートを対象にして縦断的比較ないし一連の過程の追跡をお
こなうような場合には、継続的にデータや資料が蓄積されており、また
それが利用可能であるということが前提になります。

　たとえば、来店客を対象にした質問表調査やPOSデータを使った調
査が過去に何度かおこなわれていたとします。その調査項目としては、

来店客層の属性（年齢、来店回数、来店の時間帯、訪日外国人観光客の比率等）や来店の動機あるいは購買行動の特徴（購買額、ネット通販と実店舗の使い分け等）などが考えられます。それらの記録資料は、テンキ・ホートの経営幹部の証言や調査者自身の一度や二度の現場観察の結果などに比べればより確実な実証的根拠になると言えるでしょう。

　実際に企業を対象にして、このような近似的定点観測型の単一事例研究をおこなう場合には、経営方針や経営業績にとって分岐点となった幾つかの時点に着目することが重要なポイントになります。

　たとえば、ある時期までは売り場担当者に対してまだそれほど権限委譲がなされておらず、その後さまざまな試行錯誤を経て、現場に大幅な裁量権を与えた人事マネジメントが基本的な方針になったとします。その場合には、その試行錯誤の前後の時点の状態について、当時の社内資料などをもとにして再現した上で比較してみることが考えられます。そのような再現作業が実際に可能であれば、回顧型の事例研究にくらべてより確実な因果推論ができるようになると考えられます。

4-3　横への展開型複数事例研究（横断的比較）

確実な因果推論のための横断的比較

縦断的比較の難しさ　もっとも現実には、以上のような形で定点観測的に時間的推移を再現することはかなり難しいでしょう。というのも、企業自体が必ずしもそのようなデータを定期的に収集しているとは限らないからです。また、仮にそのような情報が存在していたとしても、その種の情報に対して部外者が容易にアクセスできるとは限りません。

　特に、初めて調査研究をおこなうような場合には、入手できる情報の範囲はかなり狭く限定されるでしょう。また、時間や資源、マンパワーという点での制約もあります。そのように多くの制約条件がある場合に考えられる解決策の1つが、第2章でふれた「横への展開」です。つまり、特定の企業の変遷を時系列に沿って縦断的にフォローしていくのではなく、幾つかの共通の項目（変数）について複数の事例（たとえば企業数社あるいは同系列の数店舗）を横断的に比較するのです。

変数値にバリエーションを持たせる　定点観測的な調査では、時間軸に沿って変数値の変化を検討していくのに対して、横断的比較の場合は、検討の対象となる時点はほぼ同じで、事例の数を増やすことによって変数値にバリエーションを持たせることになります。これによって、少なくとも相関関係については確認できるようになるかも知れません。

　理想的なのは、同じ小売本社の傘下にありながらも、対照的な営業方針が採用されている複数の店舗を比べてみるというようなやり方です。本部企業という点に関しては条件を同じにすることによって、疑似相関の誤りの可能性を低くすることができるからです。実際、たとえ複数の店舗について調べてみて、商品の陳列方法と「ネット抵抗力」のあいだに一定の相関が見られたとしても、本部企業自体が違っていたとしたら、その相関関係が陳列方法以外の他の要因（本社の方針、価格設定など）によるものである可能性を排除することが難しくなります。

　　事例を通して知ることを目指す横断的比較

横への展開のもう１つの狙い　もっとも、横断的な事例比較という方法を採用する際の主な狙いが、必ずしも特定の事例について確実な因果推論をおこなうことではない場合もあります。実際、第２章でも解説したように、「横への展開」では、特定の事例について詳細な情報を入手するというよりは、複数の事例に関する情報を通してより一般的な研究テーマについて掘り下げた分析をおこなうことを目指す場合が少なくありません。

　たとえば、ネット通販が急拡大している状況下でも実店舗を中心にした経営をおこなって成長を維持している企業の中に、テンキ・ホートとはきわめて対照的な商品の陳列方法を採用しているところがあったとします。その企業——ここで仮に「リクマチ」と名づけます——では、テンキ・ホートとは逆に商品陳列が体系的に整理されており、またスマートフォン・アプリによる検索システムとの併用によって、来店客が探していた商品アイテムを短時間で見つけられるような配慮がなされていたとします。さらに、「クリック＆コレクト」方式で、事前にリクマチの

通販サイトで選んでおいた商品を店頭で受け取る仕組みが導入されていることも想定します。

このような場合は、テンキ・ホートの場合には重要な意味を持つとされる、売り場の遊園地的な雰囲気や宝探し的な楽しさが、必ずしも「ネット抵抗力」にとっての必要条件ではなかったという可能性が浮かび上がってきます。

新たな問いの可能性　現実にそのような企業が存在していた場合には、今度は新たに、次のような Why の問いが立てられるかも知れません。

> Why：既存の小売企業の多くがインターネット通販拡大の影響を受けて業績不振に陥っている中にあって、なぜ、実店舗中心の営業を維持してきたテンキ・ホートとリクマチの 2 社は、互いに対照的な商品陳列のアプローチをしてきたにもかかわらず、両社ともに目覚ましい成長を続けてきたのか？

このように、横断的な比較研究では、「新たな問いの設定」という創発的な手続きを通してリサーチ・クエスチョンをより深く掘り下げていくことができるかも知れません。実際、上の問いは、次にあげる 2 つの「謎」を含んでいるという点で、222 ページにあげた当初の問いよりもさらに魅力的なものになっているとも言えます――①：ネット通販全盛の状況下で例外的に売上を伸ばしている実店舗中心の企業に関する謎、②：対照的なアプローチをとっているにもかかわらず同じように売上を伸ばしている 2 つの企業という謎。

4-4　因果図式の制約
以上で見てきたように、タイプ 2 の因果図式は、事例研究の際の因果推論をより確実なものにするだけでなく、研究テーマについて深く掘り下げて検討していく上でも有効な分析図式だと言えます。実際、学術論文などには、図表 7-4 のような図解を、調査研究全体の基本的な前提

である因果推論に関する「モデル」として掲げている例も少なくありません。

　もっともその一方で、このようなボックス＆アロー・ダイアグラム形式の因果図式は、比較事例研究をおこなう際の分析図式として使う上では幾つかの点で制約があります。最大の制約は、一定数以上の事例を比較しようとすると見づらくなってしまう、というものです。たとえば複数の企業の事例を横断的に検討するために図表 7-3 や図表 7-4 のような因果図式を何点か作図すると、情報が錯綜してしまって重要な原因と結果の関係が見えにくくなります。

　同じような点が、定点観測的に同じ企業の変化を時系列に沿って見ていく場合についても指摘できます。それぞれの時点の状況を書き込んだ数点の因果図式を横に並べてみたり、あるいは「フリップブック」のように順番にめくってみたりしても、実際の変化のパターンをフォローすることは難しいでしょう。図解表現の最大のメリットは、本来、視覚的なイメージを通して全体的なパターンを直観的に理解できるところにあります。しかし、その図解の点数があまりにも多くなってくると、なかなか「一目で全体を見渡す」わけにはいかなくなってしまうのです。

5 事例─変数マトリクス

5-1 解決策としての事例─変数マトリクス

実例

　そのような因果図式の制約に対する有力な解決策の 1 つとして考えられるのが、次ページにあげる図表 7-5 のような形式の分析図式です。このような表のことを**事例─変数マトリクス**（case-variable matrix）と呼ぶことがあります。

　この例に見るように、事例─変数マトリクスでは、一連の変数を縦の列に並べる一方で、調査対象となるそれぞれの事例を横の行に配置した表の形式で示すことが少なくありません。もっとも、この行と列の関係は多分に便宜的なものです。たとえば事例数が比較的少なく、一方で変

図表7-5　事例—変数マトリクス（一覧表型）の例

事例	独立変数群（原因の候補）							従属変数（結果）		
	売り場要因				人材マネジメント要因			ネット抵抗力		（コロナ後対応力）
	品揃えの充実度	陳列の体系性	買い物体験の「宝探し」的な楽しさ	購買意欲	権限委譲	競争心	責任感	売上高増加率	増益率	（指標）
テンキ・ホート	高	低(濃密陳列)	大	大	高	高	大	大	大	?
リクマチ	中	高(整然)	中→小?	中	高	高	大	大	中	?
百円ショップ	高(低価格帯限定)	高	大	大	中	中	大	大	大	?
コンビニエンスストア	低	高	小?	中	低	低	小	減(マイナス)	減(マイナス)	?
百貨店	低	高(整然)	小?	小	中	低	中	減(マイナス)	減(マイナス)	?
ネット通販	高	非該当	小?	大	低	低	小	大	大	?

事例分析の方向性（木＝個別事例を見る）

変数間の関係に関する分析の方向性
（森＝全体的なパターンを見る）

数の数がかなり多い場合には、事例を縦の列、変数を横の行の側に配置しても一向に差し支えません（実際、その方が「横への展開」「横断的比較」あるいは「横串を通して比較する」などという言い方のイメージに近いでしょう）。

　図表7-5には、テンキ・ホートとリクマチ、それに百円ショップの3つを、ネット通販拡大期にあっても比較的「元気」な企業ないし小売業態の候補としてあげています（「ネット抵抗力」については、一定期間における企業グループ全体としての売上高の増加率と増益率という2つの指標で測定することを想定しています）。一方で、それとは対照的に業績が低下傾向にある業態の代表として百貨店とコンビニエンスストアをあげ、また参考例としてネット通販一般の特徴をまとめてみました。つまり、この事例—変数マトリクスでは、全部で6つの事例を横断的に比較することを想定しているのです。

因果図式との併用

　このように表形式にしておけば、事例数が増えても、全体のパターンが見渡せるようになります。数点の因果図式を横にならべたり、連続してめくってみたりするのとくらべれば、事例—変数マトリクスでは、複数の変数間の関係や事例同士の共通点と違いが格段に把握しやすくなる

と思われます。

　もっとも、この表だけでは、変数同士の具体的な関係はよく理解できません。表の一番上には、一応「独立変数群」と「従属変数」という大まかな区分が設けられてはいますが、それだけでは、合計で9個の変数のあいだに実際にどのような関係が想定できるのかが明確ではありません。その点については、タイプ2の因果図式の方がむしろ直観的に理解しやすい分析図式になっています。

　この点から言えば、事例—変数マトリクスは因果図式を完全に置き換えるものではなく、それと併用すべき分析図式であると言えます。たとえば図表7-4と図表7-5を横に並べて交互に見比べてみれば、変数間の関係が直観的に理解できるだけでなく、複数の事例間の共通点や相違についても把握しやすくなるでしょう。

5-2　問いと仮説のマッピング

仮説の集合体としての事例—変数マトリクス

　ここで改めて確認しておきたいことが1点あります。それは、図表7-5に示したような一覧表形式の分析図式はあくまでもリサーチ・デザインの策定段階、つまり本格的なデータ収集の作業に入る以前の段階で作られるものである、ということです。その意味では、**この表のマス目に入っている特定の変数値は、それぞれ広い意味での仮説に該当すること**になります。

　また、幾つかのマス目の項目にある疑問符（？）は、情報が不足気味であり、今後詳細な実態調査が必要である、ということを示しています。つまり、これらの疑問符は、What の問い（＝「（実態は）どうなっているのか？」）の場合で言えばその文章の最後につけられる疑問符に該当するわけです（表の右端の縦一列に並べておいた一連の疑問符については250ページ以降で解説します）。

　もっとも、若干の程度の違いこそあれ、それ以外のマス目に仮に入れている変数値についても、同じような点が指摘できます。つまり、それらの変数値の多くは、まだ「仮説命題」と言えるほどの具体的な根拠に

もとづいて記入されたものではないのです。実際、「変数値」とは言っても、細かい数値ではなく「高・中・低」あるいは「大・中・小」というようにかなりアバウトな語句が使われています。

問いの集合体としての事例—変数マトリクス

以上のような点からすれば、リサーチ・デザインの企画段階で作成される事例—変数マトリクスの各マス目は、調査課題レベルの問いであると考えることができます。

たとえば、リクマチの「品揃えの充実度」に関するマス目には「中」という値を入れています。これは、特定の店舗を訪問した際の印象にもとづいて仮に入れておいた値であることを想定しています。確実な根拠を踏まえた仮説（＝仮の答え）であるというよりは、むしろ「リクマチの実店舗における品揃えはどうなっているか？」という What の問いを示しているのです。統計データによってより確かな裏付けが得られた時には、まさに「仮説命題」と呼ぶにふさわしいものになるでしょう。

そのような点を念頭において事例—変数マトリクスを眺めてみた場合、横の列を貫いているのは次のような2つの問いであると考えることができます。

What：それぞれの小売企業の店舗における商品陳列、人事マネジメント、ネット抵抗力はどうなっているか？
Why ：なぜ、それぞれの小売企業のネット抵抗力は○○（大きい・中程度・小さい）なのか？

マトリクスで木と森の両方を見る

要するに、事例—変数マトリクスを横方向に見ていくということは、個々の事例について深く掘り下げてケーススタディをおこなっていく際の検討項目を一つひとつ確認していく、ということに他ならないのです。

一方で、同じマトリクスを縦方向に見ていく際には、もっぱら一連の

変数のあいだの変動パターンに目を向けていくことになります。これは、取りも直さず、事例を通してより一般的な研究テーマについて検討を進めていくことを目指す作業に他なりません。そして、その場合、一連の変数間の関係に関わるリサーチ・クエスチョンのレベルの問いは、たとえば次のようなものになるでしょう。

> Why：なぜ、ネット通販をはじめとする電子商取引が拡大傾向にある中で、複数の小売企業のあいだには「ネット抵抗力」や経営業績という点で顕著な違いが生じているのか？

こうしてみると、事例─変数マトリクスは、個別の事例について検討していくだけでなく、複数の事例の検討を通して、全体的な傾向について分析していく上でも有効な分析図式であると言えます。実際、図表7-5では何本かの白抜きの矢印で示したように、マトリクスを横方向に検討するということは個別事例を詳細に見ていくことであり、他方で同じマトリクスを縦方向に見ていくことは全体的な傾向やパターンについて見ていくことに他なりません。

　第2章であげた「木を見て森を見る、森を見て木を見る」という考え方を当てはめた場合、マトリクスでは、横方向に「木（個別事例）」について検討していくだけでなく、縦方向に「森（全体的なパターン）」に関する分析が可能になるのです。また、これは、第6章で解説した「虫の目と鳥の目」のバランスをはかっていくということでもあります。

理論的視点と事例─変数マトリクスの構成

　先に指摘したように、因果図式を作成していく際には、特定の理論的アイディアや概念を念頭において、要因関連図に盛り込まれた多数の要因の中から特に重要と思われる原因と結果の関係を抜き出した上で、それを「モデル」として表現します。それと同じ点が事例─変数マトリクスについても指摘できます。つまり、表の項目として配置する変数を精選していく際には特定の理論的視点を踏まえた上での検討が必要になっ

てくるのです。

　実際、どのような理論的枠組みを採用するかによって、事例─変数マトリクスに配置される変数の項目のラインナップは変わってくるはずです。場合によっては、図表7-5に盛り込まれた売り場関連および人材マネジメント関連の、合計で7つの項目とは全く異なる独立変数が採用されることもありうるでしょう。また、テンキ・ホートの「元気さ」に関連する従属変数についても、全く違う指標が採用されることになるかも知れません。

　同様の点は、マトリクスで比較の対象として取りあげる事例についても指摘できます。たとえば、ディスカウントストア系だけでなくより広い範囲の小売企業に着目する場合には、アパレル系の企業が検討対象の候補としてあがってくるかも知れません。このような点を含めた事例の選び方をめぐる戦略については、次の第8章で詳しく見ていきます。

Column　先行研究を「解読」していくための分析図式

　以上で指摘した、事例─変数マトリクスを問いと仮説の集合体としてとらえることができるというポイントから示唆されることが1点あります。それは、分析図式は、リサーチ・デザインの骨格を決めていく際の目安として役に立つだけでなく、先行研究の基本的な筋立て（ストーリーライン）について理解する上でも重要な手がかりとしても使える、という点です。

　先に述べたように、論文や調査報告の中には、実際に因果図式によく似た図解が文章の内容を理解する上で効果的に使われている例があります。一方で、それとは正反対に、学術論文の中には、議論がかなり入り組んでおり、一度読んだだけでは、全体的な筋立てがなかなか読み取りにくいものもあります。そのような論文については、論文の中で展開されている議論を因果図式や事例─変数マトリクスの形で一度整理してみると良いでしょう。

　それによって、「著者は結局何を言いたかったのか」あるいは「何

（独立変数）で何（従属変数）を説明しようとしているのか」という点などが見えてくる場合があります。また、分析図式を使って整理してみると、論文の著者が実は大切なポイントを見落としていたという事実に気がつくこともあります。

5-3　一覧表型と集計表型

集計表型の事例—変数マトリクス

図表 7-5 では、それぞれのマス目の中に入っているのは変数とは言いながら、「高」「低」「大」「小」などの語句です。いわゆる「質的方法」による事例研究（文書資料やインタビュー記録などが主なデータとして使われる調査研究）の場合には、これとよく似た一覧表形式でリサーチ・デザインが策定され、またその結果が報告されている場合も少なくありません。たとえば、テンキ・ホートに関するケーススタディでは、同社の創業者や経営幹部の証言や調査者の現場観察の結果などにもとづいて、来店客にとっての「宝探し」的な買い物の楽しさや各店舗における人材マネジメントのあり方に関する検討がおこなわれるかも知れません。

一方で実際の調査では、それぞれの変数について何らかの指標を設定して数値データを収集することもよくあります。たとえば、テンキ・ホートの実店舗の魅力に関する分析には、来店者に対しておこなった質問表調査のデータや POS データあるいは同社独自のポイントカードで収集された顧客データが使えるかも知れません。また、店舗のタイプ別や立地条件別の売上高と増益率などに関してテンキ・ホート本社から詳細な情報が提供されたような場合には、当然それらの数値が重要な分析対象になります。

そのような統計データ中心の調査では、事例—変数マトリクスには、最初から具体的な数値が入ることを想定して作成されることになります。その場合、事例—変数マトリクスは**集計表型**と名づけられるものになります。

個々の調査課題に対応するデータ・マトリクスとの違い

問いのレベルとマトリクスの種類の対応　ただし、ここで注意しておきたいのは、分析図式としての事例—変数マトリクスは、調査研究の過程で作成される無数の集計表（データ・マトリクス）とは基本的に性格が異なるものである、という点です。

　実際におこなわれる調査の最中には、さまざまな調査課題レベルの問いに対応して相当数にのぼる、文字通りの「集計表」が作成される場合が少なくありません。たとえば、質問表調査の回答を集計した表や各店舗の商品タイプ別の売上をまとめた集計表などです。それらの中には、外見上は集計表型の事例—変数マトリクスとよく似たものがあるかも知れません。しかし、それらの集計表はあくまでも個別具体的な調査課題レベルの問いに対応するデータ・マトリクスです。

　それに対して、本章で解説してきた分析図式としての事例—変数マトリクスの場合は、リサーチ・デザインの大枠や調査研究の全体的な方向性について決定していくことが主な目的になっています。つまり、ここで言う事例—変数マトリクスは、本来、主にリサーチ・クエスチョンレベルの問いに対応して作成されるものなのです。

統計的調査と「アンケート調査」の場合　もっとも、数値データの統計解析を中心とする調査研究の場合は、分析図式としての事例—変数マトリクスと調査課題レベルのデータ・マトリクスとのあいだに特に目立った違いがない例も少なくありません。たとえば、先行研究を踏襲するような形で実施されるような統計的調査の場合には、既に明確なリサーチ・デザインが存在しているわけですから、2種類のマトリクスのあいだにほとんど差がない場合も多いでしょう。

　それと対照的なのが「アンケート調査」です。この場合は、リサーチ・デザインについて慎重に検討を重ねることは滅多にないでしょう。むしろ思いつき程度のアイディアや簡単なブレーンストーミングなどで出てきた質問項目を中心にして作成された質問表（「アンケート用紙」）を使った上で、いきなりデータ収集が開始されることが少なくありませ

ん。

　この場合は、分析図式は一切存在せず、単にデータ・マトリクスとしての集計表だけが存在することになります。だからこそ、調査結果をまとめて報告する際には、出てきた集計結果から面白そうな（＝一般受けしそうな）ものだけを「つまみ食い」的にピックアップして取りあげるというようなことにもなるわけです。

調査報告の中での取りあげ方

　因果図式や要因関連図のような分析図式は、図解形式で示されているということもあって直観的に理解しやすいものがかなりあります。それに対して、事例─変数マトリクスの方は、一目見ただけでは、かなり分かりにくいところがあるでしょう。特に集計表型の場合には、マス目に記入された数値が実際にどのような意味を持つのかという点が読み取りにくい例が少なくありません。

　一方で一覧表型の場合には、図表7-5がそうであるように、記入されているのが単語や文章であるために、集計表型よりははるかに理解しやすいとも言えます。そういう事情もあって、調査研究の成果を最終的に論文としてまとめていく際には、一覧表型の事例─変数マトリクスを本文の中で引用したくなることがあるかも知れません。

　しかし、これまで繰り返し述べてきたように、分析図式としての事例─変数マトリクスは、あくまでも調査研究の初期や中期の段階でリサーチ・デザインの目安をつけるために作成されるものです。つまり、第6章で取りあげた迷路式要因関連図の場合と同じように、途中の段階で作成されたマトリクスというのは作業用の足場のようなものに過ぎないのです。したがって、最終的には撤去されるべきであり、論文の「表舞台」にはあまりふさわしくありません。

　ただし、試行錯誤を経て最終的にそれぞれの事例の主な特徴を簡潔に整理して示した事例─変数マトリクスの場合は、少し事情が違ってきます。この場合は、一覧表型形式で本文内に示しておくと、読者にとっては、それぞれの事例の特徴や事例比較の要点を大づかみに把握する上で

重要な手がかりになる場合が少なくないのです。

分析図式を通して、問いを育て仮説をきたえていく

新しい問いと新しい仮説の可能性——「コロナ後対応力」という例

コロナ禍における小売企業　図表7-5の右端には、「コロナ後対応力」という項目を一連の疑問符を入れてあげておきました。これは、2020年に世界的規模で爆発的に拡大していった新型コロナウイルス感染症との関連で、当初予定していた研究テーマの内容が大きく変わったことを想定して新たに付け加えたものです。

「コロナ禍」は、小売企業に限らずさまざまな業種の企業に対して深刻で甚大な影響を与えていきました。実店舗での販売を重視してきた企業について言えば、外出自粛の影響で人の流れが大きく変わっただけでなく、感染予防の観点から、それまでの慣行の大幅な見直しを迫られました。

たとえば店員と来店客の対面販売時における接触に関する制限や、商品陳列や店舗レイアウトの変更、あるいは来店客の滞店時間の制限などです。また、観光客向けの商品の販売収入が大きな比率を占めていた小売企業にとっては、厳しい入国制限によって訪日外国人（インバウンド）の消費が激減したことが大きな痛手になりました。一方で、ネット通販を拡張したり新たに電子商取引への取り組みを開始した事業者も少なくありません。

新たなリサーチ・クエスチョン　このような状況にあって、テンキ・ホートにとっては、強みとされていた「濃密陳列」や迷路のような店舗構造、あるいは来店客の比較的長時間の滞在を前提とした店舗運営をどのようにすべきかが、大きな問題になってくると思われます。また、人々が混雑した店舗を避けるようになっている状況にあって、テンキ・ホートに限らず各種の小売企業が今後どのような対策を取り、「コロナ後対応力」という点でどのような効果をあげていくかという点が大きくクローズアップされていくことでしょう。

こうした変化は、それまで想定していた「EC拡大期における小売企業のネット抵抗力」という研究テーマを全く違った観点からとらえていくことにもつながるに違いありません。このように想定を超えるような事態が生じた際などに、その事態に柔軟に対応して新しい問いを立て、また新しい仮説を設定していく際にも、因果図式や事例―変数マトリクスのような分析図式は重要な手がかりになると思われます。

分析図式と「計画と創発のバランス」

　リサーチ・デザインに大幅な変更が加えられていくのは、このような世界史の転換点とも言える状況に直面した時だけに限りません。

　本章の冒頭でリサーチ・デザインにおける「計画と創発のバランス」という点について解説したように、リサーチ・デザインは、一度決めてしまったら絶対に当初の計画を変更してはならない、というほど融通が利かないものではありません。むしろ、ある程度データや資料を収集して分析してみた上でその結果にもとづいて柔軟に修正を加えていった方が、最終的には筋の良い調査研究になる場合が多いのです。

　たとえば、図表7-5でリクマチを追加的な事例にしたのは、同社が、テンキ・ホートとは対照的な商品の陳列と検索の方法を採用していながらも、テンキ・ホートと同じようにネット抵抗力を持っていると判断したからに他なりません。このように、調査を進めていく中で当初の想定とは異なる特徴を持つ事例の存在が明らかになった場合には、初期段階で設定された仮説、さらには、研究テーマやリサーチ・クエスチョンそれ自体が変わっていくこともあるでしょう。

　そのようにして当初の仮説を否定するような事例を意図的に探す過程があってこそ、問いが「育ち」また仮説が「きたえられて」いくのだとも言えます。因果図式や事例―変数マトリクスのような分析図式は、そのような作業を通してリサーチ・デザインを徐々に練り上げ、ある場合には根本的に組み替えていく際の方向性を明らかにしていく上でも重要な役割を果たすことになります。

このような「肯定のための否定の作業」を進めていく際には、調査対象となる事例を注意深く選び出し、またその事例のさまざまな属性について正確な情報を収集していかなければなりません。第8章と第9章では、そのような事例の選択と変数の測定をおこなっていく際の基本的なルールやコツについて解説していきます。

CHAPTER 7　5つのポイント

1.　リサーチ・デザインは、調査の基本設計である。主な構成要素には、問い、理論、仮説、調査対象（事例）、変数、調査技法などが含まれる。分析図式は、試行錯誤を通してリサーチ・デザインを練り上げていく際に重要な手がかりになる。

2.　要因関連図は、調査現場で見聞きしたことやメディア情報などにもとづいて自由発想で「ネタ出し」をしたり、具体的な調査課題をリストアップしたりする際に特に有効な分析図式で

ある。その半面、要因を盛り込みすぎてしまうと「何で何を説明しようとしているのか」が一向に読み取れない迷路パズルのようなものになってしまうことがある。

3.　因果図式の作成に際しては、特定の理論的アイディアや概念を踏まえて要因を絞り込んでいく。それによって、調査対象について理解する上で特に重要なカギになると思われる因果関係の解明を目指す。

4.　事例―変数マトリクスは、複数の事例の比較を通して因果推論をより確実なものにしたり、新たな解釈の可能性を探ったりする上で有効な分析図式である。

5.　リサーチ・デザインの策定段階で作成される分析図式の多くは、作業を進める上での「足場」に過ぎない。調査研究をおこなう際には、分析図式を一種のたたき台にして別の解釈の可能性を探っていく「肯定のための否定の作業」を心がけたい。

サンプリング
事例選択における戦略的創発を目指して

　「あなたは私たちの調査の標本（サンプル）として選ばれました。どうかご協力をお願いします」などと言われて違和感をおぼえない人は少ないでしょう。というのも、標本という言葉には、どうしても「動植物（昆虫標本、植物標本など）や無生物（鉱物標本、化石標本など）のサンプル」の連想がつきものだからです。当然ですが、現実には、このように無礼な言葉を使って調査への協力依頼がなされることは滅多にありません。もっとも、調査法や統計学の教科書には、どういうわけか、サンプルや標本あるいは「標本抽出」などという、生身の人間や集団、組織が対象になる調査研究にはあまりふさわしくないとも思える用語が頻繁に登場してきます。

1　標本調査の基本的な発想

1-1　一を聞いて十を知る──少数の事例を通して全体について知る

　国勢調査などの全数調査（「悉皆調査」とも言います）の例を除けば、通常の調査研究では、限られた数の対象について得られた情報を通して一般的な実態や傾向について推測します。たとえば、ビジネス関連のケーススタディでは、特定の企業の業績や事業戦略について調べるだけでなく、その事例研究を通して企業戦略一般をめぐる問題について理解することを目指す場合が多いでしょう。同じように世論調査であれば、通常は、限られた数の回答者から得られた情報にもとづいて、国民全体の動向（政府・政党への支持、特定の政策に関する評価など）に関して知ることを目指します。

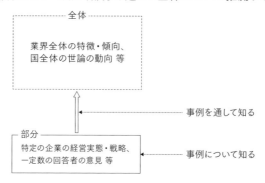

図表8-1 部分について知る、部分を通して全体について推測する

全体

業界全体の特徴・傾向、
国全体の世論の動向 等

←------------ 事例を通して知る

部分
特定の企業の経営実態・戦略、
一定数の回答者の意見 等

←------------ 事例について知る

　「一を聞いて十を知る」という言い方がありますが、リサーチでは、限られた数の調査対象（者）から得られた情報（「一」）にもとづいて物事の全体像（「十」）を明らかにすることを目標にします。言葉を換えて言えば、調査研究における究極の目標は、「部分」について得られた情報を通して「全体」の傾向について推測することにあるのです。この部分と全体の関係は、取りも直さず、「事例について知ること」（＝事例を知ること）と「事例を通して知ること」（＝事例で知ること）の関係に他なりません。

　これを図解すると、図表 8-1 のようになります。

1-2　標本（サンプル）を「抽出」する手続きとは？ ──統計的調査の場合

選び間違いを避けるために

　ここでクローズアップされてくるのが、その**全体の特徴や傾向に関する情報を得る上で最もふさわしい事例をどのようなやり方で選んでいけばよいか**という問題です。逆に言えば、これは「選び間違いを避けるためにはどうしたらいいか」という問題でもあります。

　これらの点に関する判断を誤ると、とんでもない失敗を犯してしまうことがあります。たとえば選挙予測のための調査で、特定の地域や所得階層の有権者の回答しか得られなかったとしたら、候補者の当落を大き

く読み違えてしまう恐れがあります（これは、2016年と2020年の米国大統領選挙や連邦議会選挙で実際に起きたことでした）。

　同じように、本来は自動車業界一般の動向について知りたくて調査を始めたはずなのに、高価なカスタムカーを作っている企業だけを調査対象にするのは、明らかな「選び間違い」だと言えるでしょう。このような、「特殊（特異）な事例からの一般化」などと言われる誤りを避けるためには、何らかの明確な方針にもとづいて、全体の傾向を代表するような事例（群）を選び出していかなければなりません。

　事例の選択法という点に関して調査法や統計学の入門書などでは、通常、「**サンプリング**（sampling）」という手続きを中心にして解説されますが、その代表的な訳語が「標本抽出」です。たとえば統計的調査における標本調査に関する解説では、「**母集団**（universe ないし population）」（＝調査の結果を一般化したい事例群）から一定数の事例群を**標本**ないし**サンプル**として「抽出」する際の手続きが中心になっています。また、標本から得られた情報を元にして母集団の状態について推測するような調査のやり方を標本調査（sample survey）と言います。

標本抽出の方向性⇔推測の方向性

　標本調査の基本的な発想を図解で示したのが次ページの図表8-2です。

　この図では、楕円の形で示された全体（母集団）と部分（サンプル）を結ぶ矢印の向きが図表8-1とは逆になっていますが、これは実際の標本抽出（サンプリング）の手続きを表しています。右側に示した2つの矩形（長方形）をつなぐ二重線の矢印は、図表8-1と同じく上向きです。こちらは、標本から得られた測定値や解析結果をもとにして母集団全体の傾向や法則性などについて推測することを表しています。

　なおビジネス・ケーススタディでは、数値データ（財務諸表データ、業界統計など）だけでなく、よく文字資料（社史、新聞・雑誌の記事、インタビュー記録など）が貴重な情報源になります。その場合も、基本的には統計的調査と同じように、実際の調査対象となった企業や個人など

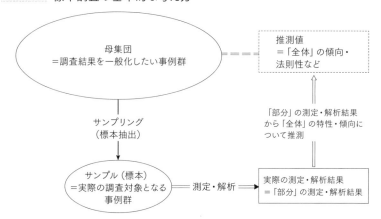

の事例、つまり「部分」について得られた情報にもとづいて全体的な傾向（企業戦略一般、業界全体の動向など）について推測していくことが少なくありません。

1-3　ご都合主義的サンプリング＝GIGO の元凶

代表的なサンプル（正確な縮図）対 偏ったサンプル（歪んだ縮図）

サンプルの代表性　統計的調査の場合には、抽出したサンプルが母集団の傾向や構成が忠実に反映される「縮図」であることが究極の目標になります。また、正確な縮図になっている事例群のことを「**代表的なサンプル（標本）**」と言います。その反対に、偏ったサンプルは「非代表的なサンプル」などと呼ばれます。たとえば、先にあげた例のように、選挙予測のための調査で、限られた特定の地域の住民や所得階層の人々からしか情報が得られなかったとしたら、それはまさに代表性という点で深刻な問題を抱えた「歪んだ縮図」でしかない非代表的なサンプルだということになるでしょう。

アンケート調査などでは、代表性に問題のある偏ったサンプルから得られた情報をもとにして安易な結論を出してしまう場合が少なくありません。その種の調査がともすれば GIGO（屑入れ屑出し）になってしま

う主な理由の１つが、こうしたサンプルの「選び間違い」です。

街頭アンケートの問題点　その典型が、「街の声を聞く」などという触れ込みでおこなわれる、いわゆる街頭アンケートです。国論を二分するような問題（例えば消費税率の改定、感染症にともなう緊急事態宣言の発令）が生じた時などには、よくテレビ番組で駅の周辺や商店街などで通りがかりの人々をつかまえて意見を聞いたりします。

　ここで暗黙のうちに想定されている「母集団」は、日本人全体であり、またその世論ということになるでしょう。しかし、実際に街頭アンケートで意見を聞くことができるのは、せいぜい「特定の日にたまたま駅や商店街に居合わせた人々」あるいは「テレビに映りたがっている人々」に過ぎません。

　ですので、当然ながら、世論の一般的な動向を知るための代表的なサンプルではありません。しかし、その種のアンケート調査では、集計結果が母集団の忠実な縮図になることなどは特に期待されていないようです。実際、娯楽番組の一環として実施されるアンケート調査では、「数さえ揃えられれば構わない」とされているようなのです。

ご都合主義的サンプリング＝論外の標本抽出法

　このように「とりあえず取りやすいところからデータを取る」ことを優先して一定数の回答を集めるようなやり方は、「**ご都合主義的サンプリング**（convenience sampling）」などと呼ばれます。当然のことながら、その種の、ほとんど無方針かつ無計画のサンプリングにもとづいておこなわれるアンケート調査の情報価値はほとんどありません。次節で解説していくように、筋の良い統計的調査をおこなうためには、ご都合主義的サンプリングとは逆に、基本的なルールに従った計画的なサンプリングが必要不可欠です。

　もっとも、ビジネス・ケーススタディの場合には、かなり事情が違ってきます。対象とする具体的な企業などの事例の選択にあたっては、現実的な条件や調査の進展状況を考慮に入れた上で臨機応変の対応が必要

になる場合が少なくありません。つまり、この場合は、事前の計画というよりはその時々における創発的な発想が重要になるのです。

　以下では、まず「ランダムサンプリング（無作為抽出)」が原則ないし建前になっている統計的サンプリングの「理想と現実」について解説します。その上で、その統計的サンプリングとはさまざまな点で対照的な、ある種のケーススタディに特徴的に見られる事例選択の方法である「目的志向型サンプリング」のポイントについて見ていくことにします。

　なお、これ以降の解説では、以下にあげる同じような意味を持つ複数の用語を文脈によって使い分けていきます。

・標本—サンプル—事例（群）
・標本抽出—サンプリング—事例選択
・無作為抽出—ランダムサンプリング—確率的サンプリング
・事例研究—ケーススタディ
・統計的研究—統計的調査

2 統計的サンプリングの理想と現実
——「見果てぬ夢」としての無作為抽出

2-1 確率標本を作るための基本原則

　先に述べた通り、統計的サンプリングの背景には、基本的に図表8-2に示したような発想があります。この図で想定されているように、サンプル（部分）が母集団（全体）の姿を忠実に反映する縮図になるためには、本来、次の４つの条件をクリアする必要があるとされています（詳しくは姉妹編の第8章参照）。

・条件①：母集団に関する明確な定義——〈どのような対象を母集団として想定するか〉という点について明確にしておく（＝「サンプルから得られた情報をどこまで一般化したいのか」という点を明確にする）

・条件②：確率的サンプリング（無作為抽出）――全ての事例がサンプルとして選ばれる可能性が等しくなるように配慮する（＝確率論の原則にしたがって、サンプルの偏りが少ない「確率標本」になるように努力する）

・条件③：適正なサンプルサイズ――母集団の特性や傾向について知るために十分なだけのサンプルサイズ（「標本数」「n数」とも）になるようにする

・条件④：回収率（回答率）の高さ――収集したサンプルの中で有効な情報が得られる事例が占める比率が一定以上（たとえば60パーセント以上）になるようにつとめる（＝不十分な情報しか得られない事例の比率をできるだけ低くする）

　上にあげた4つの条件をまとめて言えば、次のようになります――①ターゲットとなる「全体」のイメージを明確にした上で、②特定の部分に偏ることなく、③十分なだけの数の事例に関するデータを、④できるだけ取りこぼしがないように集める。

　これら4つの条件のうち、統計学や調査法の教科書などで特に強調されてきたのは、条件②です。つまり、**無作為抽出（ランダムサンプリング）** と呼ばれる方法によって、母集団の全ての事例についてサンプルに選ばれる確率が等しくなるように配慮された**確率標本**（probability sample）になっているという点が重視されているのです。

　たとえば新聞社がおこなう世論調査などでは、よく、コンピュータ・プログラムで無作為に発生させた番号に電話をかけて回答に応じてくれた人々を調査対象者にするという、RDD（ランダム・ディジット・ダイヤリング）あるいはRDS（ランダム・ディジット・サンプリング）と呼ばれる手続きが採用されます。これによって、（建前としては）回答者が偏りなく選ばれていると想定するのです。

選び間違いによるGIGO

　上にあげた4つの条件を満たしていないサンプルは、何らかの点で偏りや歪み（バイアス）を含むものになります。したがって、その偏ったサンプルから得られたデータは、母集団の姿を忠実に写していない「ピンぼけ写真」のようなものになってしまう可能性があります。事実、アンケート調査の多くは、これらの条件を無視したご都合主義的サンプリングを採用しており、その「選び間違い」の結果としてGIGOになっているのです。

　たとえば、テレビ番組の「街頭アンケート」であれば、たまたま番組スタッフの依頼に応じてくれた通行人だけを対象にしているという点からすれば、条件②を満たしていない偏ったサンプルであることは明らかでしょう。したがって、他の3つの条件についても明らかに失格です。

　事実、街頭アンケートなどでは、そもそも、結果として得られた情報をどこまで一般化したいのか（条件①）という点については、ほとんど考慮されていないケースが多いようです。また、実際にどれだけの数の回答が得られたか（条件③）という点や、合計で何人に声をかけたうちのどれくらいの割合の人たちが実際にまともに回答したのか（条件④）などという点に関する情報が番組の中で提供されることは滅多にありません。これは、とりあえず数さえ揃えられれば一種のエンタテインメントとして成立するからなのでしょう。

インターネット調査におけるサンプリング

　実は、一見真面目なテーマを扱っているようにも見えるインターネット調査などについても、同じような点が指摘できます。その種の調査ではよく、「回答が1000に達した段階で回答受付を終了した」というような解説が見られます。これは考えてみれば、かなり変な話です。というのも、そのような「一定期間内に回答してくれた1000人にとりあえず聞いてみた」というようなやり方では、偏ったサンプルにしかならないはずだからです。

また、ここでは詳しい解説は省略しますが（姉妹編第8章参照）、回答数が果たして必要かつ十分なサンプルサイズであるかどうかは、本来、絶対数だけで決められません。サンプルサイズの適切さは、調査の目的や具体的な研究テーマによって判断の基準が異なり、1000では全く足りない場合もあれば、むしろ十分すぎる場合もあるのです。

　要するに、インターネット調査の報告書などで1000などという数字をあげている場合には、「とりあえず数を揃える」ことが優先されていると見ることができるのです。全く同じ点が、1000件はおろか、それをはるかに超える数万件の回答を集めたなどと豪語している（ように見える）インターネット調査についても指摘できることは言うまでもありません。

2-3　教科書的解説（理想）と現実のあいだ——標本調査は妥協の産物
統計的調査の実際

　もっとも、サンプリングに関して以上のような問題を抱えているのは、必ずしも安易なアンケートやインターネット調査の場合に限りません。実際におこなわれてきた標本調査には、これら4条件のどれか、場合によってはその全てを満たしていないものが多いのです。むしろ、4条件を完全にクリアしている調査の方が「例外中の例外」だとさえ言えます。また、主に数値データの分析にもとづいて書かれた調査報告書や論文の中には、もともと確率的サンプリングの手続きを踏んでいないものが少なくありません。

　これは、少し不思議なことのように思えるかも知れません。というのも、上にあげた4つの条件は、たいていの調査法や統計学に関する教科書にあげられている「基本中の基本」とも言える原則だからです。実際、読者の中には基礎統計学や調査法入門などというタイトルの講義の際にこれら4条件あるいはその内の幾つかについて耳にしたことのある人がいるかも知れません。また、標本抽出に関する計算問題を解いたことがある人も多いでしょう。その人々は、学術的な論文や報告書であれば、当然これらの条件については慎重な配慮がなされているはずだと

思っていることでしょう。

　もっとも実際には、さまざまな現実的な制約があって、教科書で解説されている通りのやり方で標本調査をおこなうことは、とうてい不可能な場合の方が圧倒的に多いのです。つまり、多くの場合は、**教科書や解説書で標本調査の条件としてあげられているのは「無いものねだり」の理想論ないし難度が非常に高い「努力目標」でしかないのです。**

回収率（回答率）をめぐる現実的制約

　回収率ひとつをとっても、企業を対象にした標本調査などでは、３割を超えることはむしろ稀です。たとえば、本格的な国際比較研究として高く評価されてきた『日米企業の経営比較』（加護野ほか、1983）の場合には、日本企業の回収率は 28.2 パーセントでしたが、米国企業の場合は 22.7 パーセントにしか過ぎませんでした。標本調査の回収率についての目安とされることがある 60 パーセントとはほど遠い数値です。同じように、学生を対象にした「授業評価アンケート」などでも、回収率が３割を超える例は非常に稀でしょう。

　このように回収率が３割を切っているような場合、つまり条件④がクリアされていない場合には、どれだけ回答数が揃っていたとしても、上であげた確率的サンプリング（条件②）の条件を満たしていないことは明らかです。これは、たとえ当初の計画段階では無作為抽出によって母集団から万遍なく標本が選び出されることが想定されている場合も同じです。実際の回収率が３割ないしそれ以下であったら、母集団全体のごく一部しか反映していない、かなり偏ったサンプルになっている可能性が高いと言えるでしょう。

　また、厳密な意味での無作為抽出をおこなうためには、母集団に含まれる全ての事例に関する完全なリストが存在していることが前提になります。ところが現実には、そのようなリストが整備されている例はそれほど多くありません。また、たとえば選挙人名簿や住民基本台帳のように、仮に理想に近いリストが存在していたとしても、その閲覧や利用については厳しい制限がかけられている場合が少なくありません。

以上のような事情もあって、たとえ最善の努力を尽くしていたとしても、実際におこなわれてきた標本調査の多くは「妥協の産物」でしかありません。つまり、実際には、教科書などによくでてくる、ランダムサンプリングによる確率標本という理想と現実的な制約条件とのあいだの「落としどころを探った」上で調査がおこなわれ、またその結果が報告されているのです。

Column　選挙予測調査をめぐる都市伝説
　　　　──「テキストブックケース」の落とし穴

　統計学や調査法の入門書などでは、よく米国の大統領選挙の予測に関する世論調査の例が取りあげられます。その上で、次のような説明がなされます──「ランダムサンプリングをきちんとおこなえば、たった 2000 ないし 3000 人程度のデータだけでほぼ正確に結果が予測できる」。このような解説には、明らかな事実誤認が含まれているだけでなく、幾つかの点で大きな誤解を招きかねない、という問題さえあります。その意味では、ほとんど「都市伝説」に近いのです。

　まず、たしかに個別におこなわれた世論調査のサンプルサイズは 3000 程度であるかも知れません。しかし、米国の場合も含めて選挙予測のための調査は、通常「一発勝負」などではなく、むしろ何度も繰り返しておこなわれます。したがって、「2000 ないし 3000 人程度のデータ」という言い方は明らかに事実に反しています。また、選挙予測調査というのは、少なくとも次の３つの点において、かなり特殊な性格を持つ調査であり、経営学などにおける標本調査のモデルとしてはほとんど参考になりません──①リサーチ・クエスチョンが投票意向という実態に関する単純な問い（What の問い）になっている、②母集団（＝一定時点における有権者全体）の範囲がかなり明確に定義できる、③調査結果である予測の当否が最終的な選挙結果という形で明快に示される。

　こうしてみると、選挙予測調査というのは、非常に特異な、むしろ

例外中の例外とも言えるような性格の調査であることが分かります。そのような調査の事例は、統計的サンプリングの基本的な考え方について理解するための教材としては有効かも知れません。しかし、標本調査一般の現実について理解する上ではあまり参考にはならないのです（記述中心の標本調査と説明中心の標本調査の本質的な違いについては、姉妹編の第8章の解説を参照）。

3 「統計的事例研究」という現実

3-1 非確率標本による優れた調査研究

「限られたサンプルからの一般化」の例

　以上のように、統計的調査の多くが標本調査の理想像からはほど遠い妥協の産物であるという事実だけから見れば、その種の調査の信憑性については深刻な疑問が生じてくるかも知れません。しかし、必ずしもそれだけで現実の統計的調査から得られるデータは精度がかなり低く、したがってまた無価値な情報でしかない、ということはできません。

　たしかに、安易なご都合主義的サンプリングによるアンケート調査などは論外です。また、単純明快な実態調査をおこなう場合などは、サンプルが母集団全体の正確な縮図になるように最大限の努力を傾ける必要があります。しかし、先にあげた4つの条件は、「これらの条件を守っていなければ、その調査結果は全く使い物にはならない」というほど厳格なルールではないのです。

　事実、学術研究の中には、4つの条件を満たしていないサンプリング手法を採用しているにもかかわらず、優れた研究成果として高く評価されている例が少なくありません。たとえば、国際的なジャーナルを含む学術誌に掲載されている中には、2割以下（1割以下という例もあります）というかなり低い回収率（回答率）の標本調査で得られたデータにもとづいて書かれた論文は珍しくありません。

　また、心理学や社会心理学系の研究論文には、よく大学生という、かなり限られた層を対象にしておこなわれた実験や調査にもとづくデータ

の分析結果が報告されています。一方で、その種の論文では、心理学的な実験や調査の結果が学生だけでなく、人間一般に対して広く当てはまるものだという前提で議論が進められています。

経営学系の調査研究における「有意抽出法」

経営学系の優れた統計的研究の中にも、無作為抽出法ではなくいわゆる「有意抽出法（purposive sampling）」——調査者の判断によってサンプルを抽出していく方法——によって収集した非確率標本を分析の対象にしている例が少なくありません。たとえば、第3章で仮説検証型の模範例として取りあげた『変革型ミドルの探求』（金井壽宏著）がその一例です。この、日経・経済図書文化賞と組織学会高宮賞をダブル受賞した研究書は、日本企業47社に在籍する1231名に対する質問表調査の結果にもとづいていますが、サンプルの選択にあたっては有意抽出法が用いられています。また、回収率は特に明記されていません。

同じような点は、やはり日経・経済図書文化賞を受賞した『組織と市場』（野中郁次郎、1974）と『日本企業の多角化戦略』（吉原英樹ほか、1981）についても指摘できます。前者は、米国の企業4社に在籍していた事業部長や製品マネジャー60名を対象にしており、後者は日本の大企業118社を対象にしています。どちらの研究も、無作為抽出によって対象企業や対象者を選び出しているわけではありません。

つまり、以上の3点の調査研究は、その外形的な特徴だけで言えば、いずれも、先にあげた条件②と条件④をクリアしていない、非確率的で非代表的なサンプルを使っておこなわれた統計的研究なのです。その一方で、これらの研究書では、企業経営やミドルマネジメントの行動傾向などに関わる一般的な傾向あるいは一種の法則性に関する議論が展開されています。

3-2 「統計的研究 対 事例研究」の二分法に関する誤解

統計 対 事例？

こうしてみると、以上の研究は、いずれも「忠実な縮図」などとは言

図表8-3 〈統計的研究 対 事例研究〉対「統計的事例研究」

研究法の特徴	〈統計的研究 対 事例研究〉という通念		現実の統計的研究
	統計的研究（通念・理想）	事例研究（通念）	統計的事例研究（現実）
基本的な目標	一般法則の解明・全体的なパターンの正確な記述	個の理解	実態の把握と因果推論
事例数	多	少	比較的多数
データのタイプ	主に数値データ	非数値データ・数値データ	主に数値データ
調査結果の客観性	高	低	?
サンプル（事例）の代表性	高	低	低〜中
調査結果の一般化可能性	高	低	リサーチ・クエスチョンの性格と母集団の想定に依存
個々の事例に関する情報量	少	多	少

えない偏ったサンプル（部分）から強引に母集団（全体）の傾向や法則性に関する一般化をおこなっているように思えてしまうかも知れません。

　このような問題について考えていくためには、統計的研究の多くが基本的には**統計的事例研究**としての性格を持っている、という事実について理解しておく必要があります。この「統計的事例研究」という言葉からは奇妙な印象を受けるかも知れません。というのも、統計的研究と事例研究は、互いに両極端の性格を持つ対照的なアプローチとして考えられることが多いからです。上にあげた図表8-3の左側の2つの欄には、そのような一般的なイメージでとらえられたそれぞれのアプローチの特徴をまとめてあります。

統計的研究に関する通念

　統計的研究に関する通念的なイメージは、〈大量サンプルから得られた情報によって一般的な傾向や法則性の解明を目指す研究アプローチ〉というものでしょう。また、分析（統計解析）の対象になるのが数値データであることから、それだけで、客観的で科学的かつ洗練された研

究法であると思われがちです。それに加えて、標本抽出に際してランダムサンプリングが採用されている場合には、分析対象となるサンプルは母集団を代表するものであると見なされます。したがってまた、その分析結果は一般化可能であるとされます。

　その一方で、統計的研究では、個々の事例について得られる情報は、どうしても少なく（薄く）なりがちです。つまり、統計的研究は「広いけれども浅い」アプローチであると見なされる場合が少なくないのです。

事例研究に関する通念

　一方、事例研究は、統計的研究とは正反対の性格を持つアプローチであると言われてきました。一般的な解説では、事例研究の主な目的は、個々の事例の個性や特殊性を理解することにあるとされます。たしかに、ケーススタディでは、数値データだけでなく文書資料などの非数値データも積極的に利用する場合が多く、また、それによって個々の事例に関する豊富な情報が得られます。

　しかしそのように情報の密度が濃い半面、ケーススタディで分析対象として扱える事例数はどうしても少なくなりがちです。1事例だけに焦点を絞って詳細な検討をおこなうことも珍しくありません。この事例数の少なさという点からすれば、どうしても分析結果の一般性が疑問視されることになります。さらに、文書資料などもデータとして扱うことから、調査結果は客観的な「分析」というよりは主観的な「解釈」としての性格が強いものだと考えられがちです。

　このようなこともあって、事例研究は、事実の詳細な（「分厚い」）記述が可能である半面、一般的な法則性の解明や「説明」には向いていないとも言われてきました。要するに、事例研究については、「深いけれども狭い」アプローチであるとされることが多かったのです。

ランダムサンプリングでなければ「科学」じゃない?

　以上の解説だけを見ると、統計的研究は、一定の限界はそれなりにあるにしても、事例研究（ケーススタディ）とは比べものにならないほど科学的なリサーチの代表であるようにも思えてきます。標本抽出法という点だけをとっても、RDDやRDSあるいはランダムサンプリングというような用語や「コンピュータで無作為に電話番号を発生」などという説明を耳にしたりすると、いかにも厳密かつ客観的な科学的研究という感じがしてきます。

　また、現代社会には数値信仰とでも呼ぶべき「思考のクセ」が広く根付いています。つまり、私たちは、ともすれば次のような幻想を抱いてしまいがちなのです──〈小数点以下を含む数値データやそのデータをもとにして作成された図ないしグラフというものは、複雑な現実世界を的確かつ効率的に要約して示してくれる魔法のような力を持っている〉。この数値信仰もまた、統計的研究の「科学性」に関する印象を強めています。

　さらに、統計学関連の入門的な授業を受講していれば、ランダムサンプリングこそが科学的なリサーチの大前提であるという思い込みはさらに強くなっていることでしょう。また、大量サンプルを扱っている統計的研究については、「これだけ多くの標本について調べたのだから一般性は高いだろう」と思えてくるかも知れません。

　しかし先に指摘したように、このような通念的なイメージと現実の調査研究とのあいだには大きなギャップがある場合が少なくありません。たとえ大量のサンプルを扱っていたとしても、実際の回収率（回答率）は低くなりがちですし、有効な情報が得られる事例が占める比率にも限界があります。その結果として、どれだけ最善を尽くしていたとしても、ほとんどの場合は、何らかの偏りを持ったサンプルとなり、その分析結果がどの程度母集団全体に対して一般化できるものであるかという点については相当の疑問が残ることになります。実際、こうした統計的研究の限界は、調査の専門家のあいだでは、「職業上の秘密」とは言わ

ないまでも、ほぼ共通の了解事項なのです。

統計的事例研究＝大量サンプルによる数値データ中心の事例研究

もっとも、母集団の「正確な縮図」と呼ぶにはほど遠い非代表的なサンプルを使った研究の場合でも、先行研究を踏まえて問いと仮説を明確にした上で適切な指標を設定し、またきちんとした統計解析をおこなえば、少なくともそのサンプルに限っていえば適切な実態把握や因果推論ができるかも知れません。

たとえば、何らかのコネクションがあって調査に応じてくれた特定の企業の従業員数百名を対象にして「職務満足度と労働生産性の関係」というテーマについて質問表調査を実施したとします。その分析結果は、少なくともその企業に特定の時点で在籍していた従業員については適切なものであるかも知れません。もっとも、限られた特定の事例に関する分析結果であるという点からすれば、どれだけ大量のサンプルを扱っていたとしても、そのリサーチは事例研究としての性格を持っていると言えるでしょう。

このように事例研究としての一面を持つ統計的研究のことを、本書では**統計的事例研究**（ないし「定量的事例研究」）と呼ぶことにします。実際、どれだけ大量のサンプルが得られていたとしても、特定の層の組織や集団あるいは個人から抽出した標本である以上、一般化可能性という点では本質的に限界があります。つまり、その特定の層についてのみ妥当であるという意味で事例研究としての性格を持っているのです。

なお、ここでもう１つ改めて確認しておかなければならないのは、仮に理想的な形で無作為抽出ができても、統計的研究には基本的に事例研究としての一面がある、という点です。というのも、調査データというものが現実の世界で収集されたものである限りは、どのような調査研究であっても必然的に、特定の時点における特定の地域に存在ないし居住する特定の組織・集団、あるいは個人について収集された情報に関する研究としての性格を持たざるを得ないからです。したがって、極端に言えば、調査データから得られた情報がその特定の地域と時間という範

囲を越えて、将来にわたっても妥当性を持つという保証はどこにもありません。そのような時間的・空間的な限界があるという意味では、全ての統計的な調査は、まぎれもなく事例研究としての性格を持っているのです（Ragin, 1992：2）。

3-4　ジグソーパズルとしての統計的事例研究

統計的事例研究 対 ご都合主義的サンプリング

　このように見てくると、事態は絶望的だと思えてくるかも知れません。というのも、統計的事例研究が本当に上で解説したような性格を持つとすれば、先にあげたご都合主義的サンプリングによる調査とほとんど違いがないように思えるからです。極論すれば、両方とも単にたまたま調査に応じてもらえた調査対象（者）からデータや情報を入手しているだけとも言えるのです。

　もっとも、両者のあいだには少なくとも1つの本質的な違いがあります。それは、筋の良い統計的事例研究の場合には、事前にサンプリングの基本的な方向性に関して明確な計画が立てられている、という点です。したがって、結果としてかなり偏ったサンプルになった場合でも、その偏りないし歪み（バイアス）の具体的な内容を明らかにできるのです。ご都合主義的サンプリングによる調査では、無計画かつ無方針に「出たとこ勝負」で数だけを揃えようとしているのとは本質的な違いがあると言えます。

　先に「少なくともそのサンプルに限って言えば適切な実態把握や因果推論ができるかも知れない」と指摘したように、明確なサンプリング計画が事前に設定されており、また最終的に調査対象となったサンプル（事例群）の属性が確実に把握されている場合は、その情報を手がかりにして、調査結果が適用できる範囲をある程度は明確にできます。それは取りも直さず、当初想定していたサンプルのうちで特にどのような特徴を持った層（年齢や性別あるいは職業など）からの情報が得られなかったかを明示することによって、一般化可能性という点での分析結果の限界を明らかにしていくことに他なりません。

パズルのピースを埋めていく——標本調査のアートとサイエンス

　以上のように分析結果が適用できる範囲や限界が明確になっていれば、リサーチを次の段階に進めることができます。つまり、その結果を踏まえて、当初は調査対象として想定していなかった層や、今回は有効な情報を得られなかった層に関する情報の収集を目指すのです。事実、筋の良い調査研究の中には、単なる「一発勝負」などでなく、サンプルの構成を変えながら何度となく調査を繰り返すことによって、リサーチ・クエスチョンと仮説について検討を重ねていくものがあります。

　このように、個々の調査研究におけるサンプルの偏りや位置づけを明確に認識した上で調査を積み重ねていく手続きは、ジグソーパズルのピースを一つひとつ埋めていきながら全体の絵柄を完成させていく作業に喩えることができます。サンプルになった特定の層から得られた情報をピースの1つであるとするならば、欠けていた他のピースを探し出していく中で徐々に母集団の全体像に迫っていくのです。

　そのようなアプローチを採用したリサーチの代表例が、『孤独なボウリング』です。同書では、政治、宗教、教育など多様な社会領域の動向を各種のデータセットを組み合わせて検討することによって、米国全体における長期にわたる社会関係資本の衰退傾向をさまざまな角度から裏づけています。

　ここで強調しておきたいのは、このような形でさまざまな層をサンプルとして選び出していくことによって「ジグソーパズルのピースを埋めていく」作業は、型どおりの公式を当てはめればそれで済むというものではない、という点です。実際、この作業をおこなうためには、先行研究の情報に加えて、対象となる地域や組織あるいは人々の属性に関する知識の蓄積や一種の「土地勘」のようなものが必要不可欠です。その意味では、統計的事例研究を的確な形で実施していくためには、確率論や統計学などをはじめとする「サイエンス」に関する知識と技能だけでなく「アート」としての素養が要求されるのです。

4 ケーススタディ（少数事例研究）の場合
──戦略的創発による事例選択

4-1 事例研究におけるサンプリングに関する疑念

「いもづる式」の事例選択はご都合主義的サンプリング？

明確な計画があることの利点 これまで解説してきたように、入門書などで解説されている統計的サンプリングの理想や建前と調査研究の現実とのあいだには、どうしてもある程度のギャップが生じがちです。もっとも、ほとんど全ての統計的研究が持っている「妥協の産物」としての性格は、ケーススタディの際におこなわれる事例選択の典型的な手続きに比べれば、はるかにマシだと言えるかも知れません。

　実際、現実的条件との折り合いをつける必要があるとはいえ、筋の良い統計的調査では、きちんとした計画を立てた上でサンプリングの作業にとりかかります。また、そのように標本抽出についての事前の計画があるからこそ、その計画からのズレやその結果として生じるサンプルに含まれる歪み（バイアス）を明確にすることもできるのです。さらに、そのズレや歪みを重要な手がかりにして、調査結果の適用範囲や一般化可能性という点での限界を明らかにしていくこともできます。

コネ頼みの事例研究？ それに対して、事例研究の場合、事態ははるかに絶望的であるように思えます。事例の選択に関する計画らしい計画もなく、また戦略と呼べるようなきちんとした方針もないように見えるからです。たとえば、企業のケーススタディとして発表された論文や報告書などには、次のような解説が見られることがよくあります。

- ・40社近くの企業に断られ続けたあげく、ようやく2社から現場観察とインタビュー調査を許可してもらえた
- ・経営幹部の中に遠い縁戚関係にある人物がいたことでコンタクトが取れた。また、そこから「いもづる式」に他の企業にもアクセスできた

・指導教員がたまたまその企業の役員と中学・高校時代の同級生であったことからインタビュー調査が実施できた
・たまたまコンサルタントとして関わっていた企業から事例研究の許可を得ることができた

　こうした「出たとこ勝負」のようにも思える事例選択の方法は、特に珍しいことではありません。それどころか、実は、非常に高い評価を受けているビジネス・ケーススタディの中にも、上であげたのと同じような、ある意味では運任せないし成り行き任せとしか言いようがない事例選択法を採用している例が少なくないのです。
　こうしてみると、ケーススタディにおける事例選択の方法は、ご都合主義的サンプリングの極みであるとさえ思えてきます。「たまたま」コンタクトが取れたり調査許可が得られたりした企業について収集した情報が、どれだけ代表的なものであり、また一般化可能であるかという点については、かなり疑わしく思えてくるに違いありません。

雪玉式サンプリングとは?

　調査法のマニュアルなどを読むと、疑念はさらに深まります。その種の解説書では、統計的サンプリングに関しては、確率論をベースにした幾つかの定番的な方法（系統抽出法、多段抽出法、層化抽出法など）がその根拠となる数式や表などを添えて紹介されています。それに対して、ケーススタディについては、それに匹敵するほどに体系だった解説はあまり見あたりません。
　「雪玉式サンプリング」などという用語があげられている例もあります。これは、最初にコンタクトの取れた企業や人々から得られた情報をもとにして、次に調査に応じてくれそうな組織や人々を選び出してアプローチしていく、というやり方です。そうするうちに、対象者の数は雪だるま式に増えていくことになります。これを「雪玉式サンプリング（snowball sampling）」と呼ぶと、いかにも専門用語のように思えるかも知れませんが、実質的にはいもづる式の事例選択の方法とほとんど変わ

るところはありません。

このような「友だちの輪」を広げていくようなやり方は、きちんとしたポリシーのない、実にいい加減で非科学的な事例選択法のように思えます。実際、たまたまコンタクトが取れた相手だけを対象にして調査しているわけですから、ひょっとしたら主観的な印象にもとづいて自分にとって都合のいい結論を引き出しているだけに過ぎないのではないか、という疑念すら湧いてきます。

4-2　事例選択における戦略的創発

ケーススタディにおける事例選択法の「科学性」や「客観性」に関する以上のような疑念や疑問は当然のものだと言えます。たしかに、計画らしい計画も立てずに、運任せでいわば「行き当たりばったり」式で事例を選んでいるようにも見えます。もし実際にそうだとしたら、果たしてそれは科学的な調査のやり方だと言えるでしょうか。また、その分析結果にはどれだけの一般性があるのでしょうか。

もっとも、それらの疑問は、事例選択における「計画」というものを〈手続きの細部にいたるまで事前に決めておき、基本的にそのプランをほとんど変えることなく最後まで貫いていく〉という非常に狭い意味でとらえた時にのみ成立するものだと言えます。たしかに統計的研究の標本抽出法にくらべれば、ケーススタディにおける事例選択の方法は、きわめて無秩序かつ無計画であるように思えるかも知れません。しかし、だからと言って、それは必ずしも全く無方針のご都合主義的サンプリングだというわけではないのです。

実際には、「雪玉式サンプリング」を採用している場合も含めて、筋の良いケーススタディでは、何らかの一定の方針のもとに最初の段階で幾つかの事例を選択します。そして、その分析結果を踏まえた上で次の事例を選択していきます。また、途中で事例選択の方針自体を柔軟に変更していくこともよくあります。こうしたアプローチをここでは**戦略的創発**による**事例選択**と呼びます。つまり、〈明確な目的と方針にもとづき、また一定の範囲内であれば、その都度判明した事実を臨機応変に取

図表8-4 統計的サンプリング 対 目的志向型サンプリング

基本的な特徴	統計的サンプリング （標本抽出）	目的志向型サンプリング （事例選択）
計画と創発の相対的比重	計画＞創発	計画＜創発（戦略的創発）
主なサンプリング技法・ 事例選択法	定番的な技法のラインナップが存在	目的によって多種多様
母集団の性格（一般化のターゲット）	実態としての母集団 （範囲が事前に分かる）	理論上の母集団 （範囲が事前に分からない）
サンプル・事例の選択基準	確率理論にもとづく形式要件 としての「代表性」	社会科学理論・先行研究の知見に もとづく「適切性」
サンプルサイズ・事例数	事前に決定済み	調査を進めていく中でステップ・バイ・ ステップ方式で決定していく
サンプリング・事例選択の手続き	事例の計画にしたがって 一度に選択（「抽出」）する	調査を進めていく中で必要に応じて 選択していく

（出所）Strauss & Corbin（1990：Ch.11）、フリック（2014：145）、佐藤（2015b：240-258）などをもとに作成。

り入れて軌道修正をしていく〉ことを基本とする事例選択のアプローチです。

　第7章ではリサーチ・デザイン全般について、さまざまな試行錯誤を経た上で最終的に「計画と創発のバランス」が達成できた時にこそ最も有効になるという点について指摘しました。ここでいう戦略的創発による事例選択というのは、まさにそのような、計画と創発のバランスを念頭においたサンプリングの方針なのです。

4-3 目的志向型サンプリングの発想

統計的サンプリング 対 目的志向型サンプリング

　実は、戦略的創発の発想にもとづく事例選択のアプローチは、少数事例を扱うケーススタディの「専売特許」ではありません。たとえば、先に解説した、ジグソーパズルのピースを埋めていくようにして次第にサンプリングの範囲を広げていくアプローチをとる統計的事例研究にも、戦略的創発の発想が生かされています。

　もっとも統計的調査の場合は、大量サンプルから共通のフォーマットで一度に情報を収集することが多いものです。それとは対照的に、ケーススタディの場合には、個々の事例について一定の段階を踏んで詳細な情報を獲得していきます。したがって、分析対象にした1事例ないし

数事例に関してある時点までに判明した事実を踏まえて、次の事例を選択していく際の基準を慎重に検討していくことも可能になります。これはまた、筋の良い少数事例研究にとって不可欠の条件でもあります。

前ページの図表8-4は、上で述べたような、ケーススタディに特有のステップ・バイ・ステップ方式の事例選択法の特徴を「目的志向型サンプリング（purposeful sampling）」（Patton, 2002）と名づけた上で、通常の統計的サンプリングの特徴と対比させて示したものです。

統計的サンプリング

図表8-4で「統計的サンプリング」と呼んでいるのは、通常の統計学や調査法のマニュアルでは究極の理想型のように扱われることも多い、ランダムサンプリングを原則とする標本抽出の方法です。本章で先に指摘したように、この方法については幾つかの定番的な技法が確立されています。また、統計的サンプリングと最も相性がいいのは、母集団の範囲が比較的明確な形で設定できるような調査です。たとえば、視聴率や選挙予測に関する調査あるいは工場の生産過程における抜き取り検査などがその典型例です。

つまり、実態を明らかにするための調査（＝Whatの問いに対する答えを求めていくリサーチ）の場合には、先にあげた4つの条件をはじめとして、統計的サンプリングの原則を適用することが大切なポイントになるのです。この統計的サンプリングの場合には、比較的明確な輪郭を持った母集団の姿を忠実に反映する標本であること、つまり標本の「代表性」が最も重要なポイントになります。またサンプルサイズについては、調査自体の目的や母集団のサイズなどの条件を考慮に入れて、あらかじめ決めておく必要があります。そして、実際の標本抽出やデータ収集の作業は、事前の計画にしたがって比較的短期間のあいだで一斉に（一度に）おこなわれます。

目的志向型サンプリング
事例選択法のタイプ分け　以上のように、物事の実態を正確に把握する

ためにおこなわれる調査で採用される統計的サンプリングについては、入門的な教科書にも書かれている原則をできるだけ遵守することが非常に重要なポイントになります。また、先に指摘したように、コストやマンパワーなどの制約条件を考慮に入れた、幾つかの現実的な標本抽出法が定番的な調査上の技法として存在しています。

それに対して、ケーススタディにおける目的志向型サンプリングの場合は、幾つかのガイドラインやタイプ分けのようなものはあっても、定石ないし「定番」と呼べるような技法のリストはありません。

これについて、たとえば米国の政治学者ジョン・ゲリングは『事例研究法』(2006) で、原因と結果の関係について掘り下げて検討していく上で効果的な事例選択法として9つのタイプをあげています。一方、質的な手法による評価研究に関する包括的なガイドブックであるマイケル・パットンの『質的調査と評価手法』の第3版 (2002) では、主に改革や政策評価のためにおこなわれる事例研究の目的志向型サンプリングを16種類に分類しています。その数は、同じ教科書の第4版 (2015) では40種類にまで増えています。また、経営学者の田村正紀氏は『リサーチ・デザイン』(2006) で、実践的な経営学理論の構築にとって有効な事例の例として次の6つのものをあげています――先端事例、逸脱事例、代表事例、原型事例、適合事例、不適合事例。

ここでは、これらの事例選択法に関する詳しい解説は省略します。実際にケーススタディを企画していく際には、上記の3点の解説書などを参考にしてみると良いでしょう。

母集団の範囲　このように、事例選択法についてさまざまなタイプ分けが存在しているのは、ケーススタディの目的自体が多様であるからに他なりません。一方で、これらの多様な事例選択法には幾つかの共通点もあります。その1つは、事例研究の場合にはその分析結果の一般化を目指す対象である「母集団」の範囲が事前には分からない場合が多い、という点です。これは1つには、ケーススタディの場合には、その理論的枠組みが変化していく中で母集団の範囲が広がったり逆に縮まって

いったりすることがよくあるからです。

　たとえば、前章であげたテンキ・ホートを中心とする事例研究は、検討を進めていく中で母集団の範囲が広がっていった例の1つだと言えます（このケースについては、すぐ後でもう少し詳しく解説します）。実際この場合には、事例研究を進めていく中で次第に同社に関する単一事例研究という範囲を越えて、小売り販売に関わる企業全体に分析対象の幅が広がっていったのでした。さらに、この架空の比較事例研究の場合には、「コロナ後対応力」という新しい変数を導入していくことが想定されています。

「代表性」と適切性　このように、母集団それ自体の範囲が柔軟に変化していき、また考慮に入れる変数なども含めて理論的枠組みも大幅に変更されていくような場合には、サンプルの的確さについて判定する際の基準である「代表性」はそれほど重要な意味を持たなくなります。

　目的志向型サンプリングの場合に重要なのは、むしろ調査を進めていく中で分析対象として新たに取りあげていく事例が、理論的な考察を深めていく上でどれだけ「適切」であるか、という点です。実際、比較事例研究などでは、多くの場合、何らかの一定の方針のもとに最初の段階で幾つかの事例を選択し、それらの事例の分析結果を踏まえた上で、理論的な観点も踏まえた上で次の事例を選択していく、という形を取ります。

　このようにステップ・バイ・ステップ式の事例選択法を採用している以上、全体の事例数は必ずしも事前に決定されているわけではなく、むしろ調査を進めていく中で段階的に決まっていくことの方が多くなります。

4-4　目的志向型サンプリングの実例
——テンキ・ホートを中心とする比較事例研究
カスタムメイド式の事例選択

　先に述べたように、統計的サンプリングについては、幾つかの標準的

な標本抽出法がいわばレディメイドのメニューないし「作法」として確立されています。それとは対照的に、目的志向型サンプリングの場合には、調査者自身が研究の目的や現実的制約を踏まえた上で、いわばカスタムメイド式の事例選択法を独自に考案していく必要があります。

ここでは、前章で取りあげたテンキ・ホートのケースを中心とする比較事例研究のケースを題材にして、戦略的創発を前提とする目的志向型サンプリングにおける幾つかのポイントについて解説していきます。

この例について、特に重視した事例選択の要点は、次の3点です。

①リサーチ・クエスチョンが興味深い「謎」として成立することを重視する

②因果推論に焦点をあわせ、事例―変数マトリクスを基本的な分析図式として設定した上で事例選択をおこなっていく

③対抗仮説との対決を通して仮説をきたえあげていくことを目指す

これら3点は、いずれも本書の各章で解説してきた、リサーチを筋の良いものにするための幾つかのポイントと密接に関連しています。

「逸脱事例」で謎を提示する―― 黒 鳥（ブラックスワン）を探せ！

謎解きの旅としての事例研究　前章でテンキ・ホートを主な分析対象として取りあげたのは、取りも直さず、同社の事例が、他の小売企業ないし小売業態の多くが「ネット通販」の拡大にともなって業績不振に陥っているにもかかわらず、目覚ましい成長を示していたからに他なりません。このように、一般的なパターンから見て例外として考えられるような事例のことを「逸脱事例（deviant case）」と言います。

例外ということは、つまり、常識や通念を裏切るようなミステリーを含む事例ということになります。実際、前章でテンキ・ホートを事例として選択したのは、同社が、第2章で解説したように、問いを魅力的なものにしていく上で絶大な効果がある「謎」を示している例外的な事例であったからです。このように、逸脱事例をリサーチ・クエスチョン

の中心に据えることは、調査研究を謎解きの旅<ruby>ミステリーツアー</ruby>のようなものにしていく上で最も重要なポイントの1つです。

非逸脱事例（群）との比較　ただし、ここで注意しておきたいのは、逸脱事例ないし例外的なケースについて詳しく検討する際には、その一方で、一般的ないし典型的なパターンを示していると思われる複数の事例との比較が暗黙のうちに想定されている、という点です。実際、それらの「逸脱していない」（＝例外ではない）事例の概要が明らかになっているからこそ、逸脱事例の特異性が浮き彫りになります。このように、逸脱事例を中心とする単一事例研究の場合であっても、実質的には、比較事例研究としての側面が含まれている場合が多いのです。

　当然ですが、その点からすれば、あるケースが逸脱事例であると考えて、そのケースに関する単一事例研究を集中的におこなう場合には、他の一般的ないし典型的な複数の事例についても情報を収集しておく必要があります。ただし、それらの事例については、必ずしも逸脱事例と同レベルの密度で情報が入手できるとは限りません。ですので、先に第2章と第7章で「横への展開」的な事例比較のポイントについて解説した際にふれたように、少なくとも最も重要な項目や変数に関しては最低限の情報を収集した上で事例を比較してみる必要があります。また、そのような比較検討をおこなう際には、事例─変数マトリクスなどの分析図式を適用してみてもいいでしょう。

従属変数のバリエーションに着目する

　前章でも解説したように、事例─変数マトリクスというのは、ケーススタディを通して因果推論をより確実なものにしていく上でも効果的に使える分析図式です。この点について特に注意が必要なのは、同じような傾向を示す事例だけを選択しても、原因と結果の関係について明確にすることはできない、という点です。

　これは、第6章で解説した因果推論の3原則のうちの「相関関係の確認」という点からすれば当然の注意事項のようにも思えます。しかし

実際には、成功ケースだけを複数あげて、その共通点を「成功の秘訣（秘密）」として強調するようなビジネスレポートは少なくありません。

たしかに、同じような成功パターンを示す企業を列挙することは、その「勝ちパターン」が特定の企業についてだけ成立する特殊なものではなく、一般的な適用性を持つものだという点について確認していく上では欠かせない作業の1つではあります。また、同じようなパターンを示す事例についてある程度幅を広げて検討してみることは、その成功パターンが特定の業種や規模の組織についてだけでなく、広い範囲に適用可能なものであることを確認する上でも重要なポイントになるでしょう。

しかし、因果推論をより確実なものにするためには相関関係、つまり「独立変数の変化にともなって従属変数の変化が生じる」という事実を確認することが不可欠の条件になります。ところが、従属変数が「成功」という値しかとらない場合には、実際に幾つかの「成功要因候補」のうちのどれが実際に「効いている」のかが分からないことになってしまいます（この点については、本章末の補論でもう少し詳しく解説します）。

「反証事例」によって仮説をきたえあげていく

逸脱事例と反証事例の違い　逸脱事例と幾つかの重要な点で似ているのが、次に取りあげる反証事例（negative case）です。これは、〈ある時点までの調査を通して構築することができた仮説と矛盾するような傾向を示している事例〉のことです（なお、解説書によっては逸脱事例と反証事例を同じ意味のものとして扱っている場合もあります）。

逸脱事例の場合には、通念や定説として通用している一般的な傾向から外れている（＝逸脱している）事例に着目することがリサーチ・クエスチョンを魅力的な謎を含むものにしていく上で重要なポイントになっていました。それに対して、反証事例に対して焦点をあてたケーススタディでは、調査者自身がある時点までに立てた仮説それ自体を一種の通念ないし固定観念として扱う、ということになります。その調査者自身の仮説に矛盾するような事例がここで言う反証事例になるわけです。

反証事例をあえて積極的に探していくことは、特に第3章で解説した「ペット仮説の誘惑」に抵抗していく上で必要不可欠の手続きになります。つまり、反証事例を探して検討していくというのは、取りも直さず、対抗仮説との対決を通して仮説をきたえあげていく際の重要な作業に他ならないのです。

反証事例としてのリクマチ　前章で取りあげた架空の研究例では、リクマチがここで言う反証事例に該当します。リクマチは、テンキ・ホートと同じように実店舗中心の経営方針を採用しながら、ネット通販全盛の時期にあって売上を伸ばしている企業の1つであることが想定されているのです。ところが、リクマチの場合は、売り場要因である品揃えの充実度や陳列の体系性という点では、むしろテンキ・ホートとは対照的なパターンを示していました。こうなってくると、「濃密陳列」などと呼ばれる売り場空間の特徴は「例外的な成功」にとっての必要条件ではないという可能性が浮かび上がってきます。

　このように新たに検討に加えたケースが反証事例である可能性が出てきた場合、その時点までに設定していた仮説の取り扱いについては、少なくとも2つの選択肢が考えられます。

　1つは、仮説自体を、その反証事例も含めて説明できるような形に修正していくというアプローチです。2つめの可能性としては、反証事例についてもう一度詳しく再検討してみることによって、そのケースがもともとリサーチ・クエスチョンについて掘り下げて検討していくための対象としてはふさわしくない例であったことが判明するような場合です。その場合は、そのケースを比較事例研究の検討対象から外していきます（当然ですが、「仮説を全面的に捨て去って『仕切り直し』をする」という第3の選択肢もあり得ます）。

変数の再検討 対 事例の再検討　リクマチの例で言えば、このような反証事例に焦点をあてた検討作業の結果として、当初テンキ・ホートだけに注目していた際には「ネット抵抗力」の背景要因であると思われた商

品陳列の（非）体系性がそれほど重要な要因（変数）ではなかったと判断する場合があるかも知れません。その場合は、売り場要因と人材マネジメントなどの他の変数に対して焦点をあてた仮説に組み替えていくことになります。

　一方で、もしリクマチについてもう少し詳しく検討してみた結果、当初の想定とは違って、実は同社がネット通販にも力を入れていて、しかもその売上が全体の収益の４割以上を占めていたとします。そうであれば、リクマチは実際には「実店舗中心でありながら好業績をあげている小売企業」の事例としてはふさわしくなかったということになるかも知れません。その場合は、リクマチを比較事例研究の検討対象からは外していくことになるでしょう。

　もちろん、このような意思決定をする場合には、〈「実店舗中心であるか否か」という点について判定するための基準をどのように設定するか〉という新たな問題について検討する必要が生じてきます。また、その検討の作業を通して、仮説が適用される「母集団」の範囲が次第により明確なものになっていくでしょう。

　本章を通して見てきたように、リサーチにはさまざまな「選び間違い」の落とし穴があります。調査研究を企画して実施していく際には、それらの落とし穴のリスクを見きわめながら、調査の目的と具体的なリサーチ・クエスチョンにとって最もふさわしいサンプル（事例群）を選択していく必要があります。もっとも、たとえ仮に適切な方法で事例が選ばれていたとしても、それらの事例が持つ各種の属性を測るモノサシが不適切なものであった場合には、リサーチの結果はGIGOになりかねません。最終章である次章ではそのような「測り間違い」にともなう問題とそれを回避するための基本的な考え方について解説していくことにします。

大手調査会社の「アンケートサイト」では数百万人ものモニター
登録者を対象にしてインターネット調査をおこなっています。ま
た、モニター登録者については、登録時およびそれ以降の時点で
定期的にその属性（性別、年齢、職業等）のチェックをおこなう場合
もあります。このようなタイプの「アンケートサイト」を利用し
て調査研究を実施する際には、サンプリングという点でどのよう
な注意が必要になるでしょうか。

新聞や雑誌に時折掲載される各種の「アンケート調査」に関する
記事について、本章で解説したサンプリングの4条件という観点
から批判的に検討してみましょう。もしそれら4条件の幾つかを
満たしていない場合は、その調査が筋の良い「統計的事例研究」
になっているかどうか、という点について確認してみましょう。

CHAPTER 8　5つのポイント

1.　調査研究では多くの場合、特定の事例やサンプルという「部
分」から得られた情報をもとにして「全体」、つまり一般的な傾
向について知ることを目指す。

2.　事例やサンプルの選び間違いはGIGOにつながりかねない。
事例選択（サンプリング）には細心の注意を払う必要がある。

3.　統計的研究の場合の無作為抽出（ランダムサンプリング）は、
選び間違いを避ける上では理想的な方法である。しかし、現実
の数値データを中心とする調査は、ほとんどの場合「統計的事

例研究」としての一面を持っている。

4.　統計的事例研究によって得られた情報は、ジグソーパズルにおけるピースのようなものとして考えることができる。したがって、統計的調査をおこなう場合には、「パズル」の全体像について常に意識しておくことが重要なポイントになる。

5.　少数事例研究をおこなう場合には、戦略的創発の発想にもとづく目的志向型サンプリングを心がけていく必要がある。そのような際に、逸脱事例や反証事例は、リサーチ・クエスチョンの「謎」を浮き彫りにしたり、対立仮説との対決を経て仮説をきたえあげていく上で重要な役割を果たすことになる。

［補論］ ビジネス・ケーススタディにおける因果推論をめぐる問題

　経営学者の藤本隆宏氏は、『経営学研究法』（2005）という解説書の
コラムで、事例―変数マトリクスとよく似た表を使って、ビジネス・
ケーススタディが因果推論という点で陥りがちな落とし穴について説明
しています。図表8-5は、その藤本氏が用いた一覧表の一部を簡略化し
て示したものです。以下では、藤本氏の説明に沿って、私たちが成功物
語的なビジネス・ケーススタディを参考にする際に注意すべき幾つかの
問題に焦点をあてて解説していきます（単純化のために、ここでは「成功
要因」とされる施策は企業の成功にとって不可欠な条件であり、また複数の
変数のあいだには相互作用がないという仮定を置いています）。

図表8-5　ビジネス・ケーススタディの落とし穴

事例 （企業）	独立変数群（施策）								従属変数
	x1	x2	x3	x4	x5	x6	x7	x8	y
S	○	○	○	○	○	○	○	○	成功
F	-	-	○	-	-	○	-	○	失敗

- (1)成功ケースだけの単一事例研究
- (1)失敗ケースも加えた2事例研究

事例（企業）	x1 (d1)	x2	x3 (a1)	x4	x5 (d2)	x6 (a2)	x7	x8 (a3)	従属変数
S I	○	○	○	○	○	○	○	○	成功
S II	?	?	○	○	○	○	?	○	成功
S III	?	○	○	?	?	○	○	○	成功
S IV	○	○	○	?	○	○	○	○	成功
S V	○	?	○	○	○	○	○	○	成功
F I	-	-	○	-	-	○	-	○	失敗
F II	○	-	○	-	○	○	-	○	失敗
F III	○	-	○	-	○	○	-	○	失敗

- (2)成功ケースだけの複数事例研究（例『エクセレント・カンパニー』）
- (3)失敗ケースも加えた複数事例研究

x1〜x8……特定の施策（経営戦略、組織構造等）
S……成功ケース、F……失敗ケース
○……施策あり、－……施策なし、？……不明
d……成功・失敗とは無関係の「どうでもいい（dōdemoii）」施策
a……どの企業でも採用されていると考えられる「当たり前（atarimae）」の施策

（出所）藤本（2005：34-35）をもとに作成。

（1）　成功ケースの単一事例研究・失敗ケースも加えた 2 事例研究

　表の一番上にある横の行には、成功ケースである S 社についておこなわれた単一事例研究の例をあげています。その種のサクセスストーリー的なビジネスレポート（ビジネス記事、ビジネス書など）などでは、S 社の特徴であると見なされる経営上の施策を何点か重要な独立変数として取りあげて、それらの施策が成功要因であると主張する例が少なくありません。この表の場合は、y（従属変数）が「成功」という変数値をとる上で x1 ～ x8 という 8 個の独立変数が寄与した、ということが想定されています。しかし、従属変数にバリエーションが無い以上、そのような因果推論が「つまみ食い的事後解釈」ではないという保証は、どこにもありません。

　そこで、「失敗ケース」と見なされる F 社を加えた 2 事例研究をおこなってみました。その結果が、表の 2 つの行に示すようなものだったとします。これでみると、実は x3、x6、x8 の 3 つの施策については F 社も採用していたのでした。したがって、この 3 つの施策は、成功ケースだけが採用してきた、とりたてて「成功の秘訣」と言えるようなものではなかったという可能性が浮かび上がってきます。

（2）　成功ケースだけの複数事例研究

　サクセスストーリー的な事例研究やビジネス書の中には、1 社だけでなく成功ケースとされる数社の事例を取りあげている例もよく見られます。たとえば、第 5 章のコラムでも取りあげた『エクセレント・カンパニー』の場合は 14 社の事例を取りあげています。このように、対象になっている事例数が多いと、その分だけ単一事例研究よりも説明力が高いようにも思えてきます。

　もっとも実際には、図表 8-5 では S I 社から S V 社という 5 社について「?」の記号で示したように、そのような種類のビジネスレポートは、実際には確かな情報が得られていない「穴だらけ」のレポートである場合が少なくありません。そうではあっても、その種のビジネスレポートでは、とりあえず複数の企業を採用しているということで、x1

からx8の8個をとりあえず共通の成功パターンとして取りあげてしまうことがあります。こうなってくると、たとえ事例の数を増やしたとしても、依然として単一事例研究の場合と同じように「つまみ食い」の可能性が残ってしまいます。

（3）　失敗ケースも加えた複数事例研究

このような問題に加えて、5社の成功ケースだけの事例研究では、もう1点、S社だけの単一事例研究と全く同じように、相関関係が確認できない、という重大な問題があります。そこで表の下部に示した、FⅠ、FⅡ、FⅢという3社を失敗ケースとして付け加えて検討してみました。

この失敗ケースも加えた比較事例研究からは、次のような可能性が浮かび上がってきます。

・x1とx5は、成功・失敗どちらのケースでも採用している場合があり「どうでもいい」施策である。それを、ここではd1およびd2と表記する
・x3、x6、x8は、ほとんど全ての企業で採用されている「当たり前」の施策である。こちらは、a1、a2、a3と表記しておいた

以上のような検討作業を通してみると、当初想定されていた8個の施策のうちx2、x4、x7という3つの施策だけが成功要因らしきものとして当面は「生き残って」いくことになったのでした。

当然ですが、これら3つの施策も完全に安泰というわけではありません。その後さらに事例を増やした上での検討を続けていけば、3つの中からさらに成功要因から脱落していくものがあるかも知れないのです。もっとも、実際の事例研究では、必ずしもこのような「しらみつぶし」的な要領で要因に関するダメ出し的な分析をおこなっていくわけではありません。むしろ、調査研究の前提になっている理論的視点や先行研究という「ふるい」にかけることによって、あらかじめ要因を絞り込

んでいくことの方が多いでしょう。

（4）　総当たり方式の限界

　一方で、ある種の統計的手法を使用すれば、関連のありそうな変数をとりあえず「総当たり式」に列挙した上で成功要因候補を絞り込んでいくことができる場合もあります。しかし、それは、地図づくりに喩えて言えば、地形や街路の状況などに関してとりあえず入手できた情報を「あれもこれも」と闇雲に入れ込んだ上で、当面の目的にとって「何となく使えそう」な情報だけを残していく、というアプローチにも近い無鉄砲なやり方だと言えます。

　地図づくりの際に、地図学や測量学の理論あるいは現地の地理的状況に関してそれまでに蓄積された知識は、あらかじめ必要な情報を絞り込んでおく上で非常に重要な意味を持っています。それと同じように、第5章で解説したような手続きを通して理論的視点や先行研究から得られる情報について検討することは、最終的な分析モデルの中に盛り込んでいく情報に対して事前にフィルターをかけておく上で必要不可欠な作業なのです。

　なお、ここで解説したような事例研究における因果推論の背景にあるのは、いわゆる「ミルの方法」です。これは、19世紀に英国の哲学者であるジョン・スチュアート・ミルによって体系化された論理学の方法です。田村正紀氏の『リサーチ・デザイン』の第7章には、ミルの方法およびその発展形態としてのQCA（Qualitative Comparative Analysis：質的比較分析法）に関するコンパクトな解説があります。

測定
「数字で語る」ことの意味と意義

　「数字の魔術」という言葉があるように、私たちは、言葉だけでなく数字の形でも議論の根拠を示されると、わけもなくその主張を鵜呑みにしてしまうことがあります。しかし、世の中にはむしろ数字の詐術と呼ぶ方がふさわしいとさえ思えるほどに不誠実で不正確なデータが満ちあふれています。GIGO 的な「アンケートデータ」は言うに及ばず、公的統計や政府機関の報告に含まれている数値データなども例外ではありません。もっともその一方では、きちんとした手続きによって作成された質の高い統計資料も少なからず存在しています。このように玉石混淆としか言いようがない大量の数値データの中から有益な情報を選び出した上で活用していくためには、「データ鑑識眼」的なリサーチ・リテラシーを身につけていく必要があります。

1 データ鑑識眼を身につけていくために

1-1 物理的測定と社会的測定

「数字（測定値）で黒白をつける」ということ

　私たちは、熱があるかどうか自信が持てない時には体温計を使います。また、空調機（エアコン）の効き具合について意見が分かれた時には、室温計に表示された温度の数値で議論に決着がつけられる場合が少なくありません。同じように、正確な長さについては物差しをあてて確認するでしょうし、正しい重さを知るためには秤を使います。

　このような一連の対応の前提には、私たちが正確さや精度という点に関して測定器具に対して寄せている絶対的な信頼感があります。実際、

	物理的測定の理想	社会的測定の現実
国際的な標準器	有	無
ヒトの関与（判断・選択・解釈等）	無	有
現実形成力	無	有
時代・社会の変化による影響	無	有

　物理的な現象や状態については、各自の主観的な印象であれこれ議論を重ねるよりは、何らかの測定器具を使って客観的な証拠（エビデンス）を示した方がはるかに確実です。つまり、物理的な測定値は議論が紛糾した際に、場合によっては物事の「是非善悪」に関する判定も含めて、決着をつける（「黒白をつける」）上で有力な根拠になるのです。

　社会的な現象について判断したりその判断に基づいて意思決定したりする際も、同じようなことが言えます。事実、経済・経営指標などのような数値情報は、経済政策や経営方針について議論が紛糾した際に、よく「客観的」な根拠として引き合いに出されます。そのような時によく使われる言葉の１つに「数字は嘘をつかない」というものがあります。

物理的測定との違い──「GDP 原器」とは？

　もっとも、物理的な現象や傾向を確認するために使われる測定器と社会現象を測るために考案されてきた各種のモノサシ（指標・指数・尺度）とのあいだには幾つかの点で重要な違いがあります。図表9-1 は、それらの違いを「物理的測定 対 社会的測定」という形で整理してみたものです。

国際標準の有無　２つのタイプの測定のあいだの最も大きな違いは、国際的に広く認められた標準が有るか無いかという点です。

　物理的な測定の場合には、たとえばメートル原器（長さ）、キログラム原器（重さ）などのように究極の基準になる国際的な標準器が100年以上にわたって使われてきました。また、ある時期からは、物体として

の標準器でなく物理現象を基準にした、より厳密な定義が国際標準として使われています。さらに、日常的な業務で使っている測定器の精度については、専門機関や国レベルの標準器によって較正（校正）することもできます。このように、物理的な測定値である度量衡（長さ・容積・重さ）などの値については、厳格な基準と厳正な手続きにもとづいて「唯一正しい測定値」を確定することもできるのです（クリース、2014）。

　それに対して社会現象については、そのような意味での「正しい値」を確定することはかなり難しい場合が少なくありません。というのも、社会的な測定については、必ずしも国際的に認められた基準が決定的な影響力を持ってきたわけではないからです。むしろ、無数の理論上の流派が設定した基準や指標が「百花繚乱」のように林立している場合が少なくありません。また、それぞれの流派の内部ですら、どのような概念や変数をどのような尺度（モノサシ）を使って測定するのかという点について明確な合意があるとは言えない面があります。実際、たとえば、国内総生産（GDP）の値を確定する上で、メートル原器あるいはキログラム原器に匹敵するような「GDP原器」を使えるはずもないのです。

人間の関与　この「流派による違い」という点からも明らかなように、社会現象に関する測定値の場合は、人間による判断や解釈が関与する余地がかなりあります。ですので、物理的な測定の場合のように、測定器具上の表示欄から読み取れる測定値を誰もが納得して受け入れるわけではありません。それどころか、測定結果に関して見解の相違が生じてくる可能性が十分にあるのです。

　また、測定に関わる人々の理論的立場や利害関心によって、どのような項目をどれだけの重み付けで考慮に入れるかという判断も大きく左右されます。さらに、政治的な利害や思惑次第で、数値情報をいつ、どのような形で、またどれだけの範囲で公表していくかという判断が変わってくる場合も少なくありません。特に各種の経済指標をはじめとする公的統計については、政治家や官僚をはじめとする政策担当者の「さじ加

減」が重要な意味を持つことがあります。

現実形成力　これは１つには、社会現象に関する測定値は、それ自身が１個の事実になって社会的現実を変えていく潜在力を持っているからです。たとえば、企業を対象にした各種のランキングや格付けは、それ自体が重要な原因になってその企業の株価やブランド価値を左右していくことがあります。同じように、政府から発表されるインフレ率の数値が実際にインフレーションの傾向を加速させてしまうことがあります。つまり、社会的な現象や傾向に関する測定値というのは、必ずしも現実をありのままに映し出す鏡のようなものではなく、時には現実そのものを作り上げていく上で大きな影響力を持つことがあるのです。

時代・社会の変化による影響　以上のように、社会的測定には、永久不変の自然法則を解明する努力の一環としておこなわれる物理的測定とは非常に対照的な面があります。特に経済・経営現象に関する測定は、その時々の政治家たちや経済界の要請や関心に対して応える形で新たな指標が考案され、また従来使われてきた指標が作り替えられたりしていく場合が少なくありません。これは、社会や経済、経営というものが、測定法の進化や変化をはるかに超えるほどの猛烈なスピードで刻々と変化する、いわば「生き物」のような存在だからでもあります。また、上で述べたように、その生き物のような社会現象をできるだけ正確に描き出すために考案されたはずの指標それ自体が、その社会的現実の姿を大きく変えていくことも稀ではありません。

0.01 秒 対 0.01 点——社会的測定の「精度」

測定精度という点での違い　以上で見てきたように、外見上は同じ数字のように見えても、物理的な測定値と社会的な測定値とのあいだには本質的な違いがあります。

　特に重要なのが、測定の精度に関する違いです。物理的な状態や現象に関する測定値の場合は、先にあげた標準器が究極のよりどころとなる

国際的な基準や厳密な手続きを通して非常に高い精度が保証されています。たとえば、私たちは、100メートル走の日本記録について、2022年時点の第1位は2021年6月に山縣亮太が出した9.95秒で、2位が9.97秒のサニブラウン・アブデル・ハキーム（2019年の記録）、9.98秒で3位に並んでいるのが桐生祥秀（2017年）と小池祐貴（2019年）だと言われても何の不思議も感じないでしょう。

　一方で、社会的な測定の場合には、それと同じレベルの精度が保証されることは滅多にありません。ところが現実には、本来それだけの精度が保証されないはずの数値が一種の社会的な事実として一人歩きしてしまう例が珍しくありません。その典型が、各国の報道機関やメディア企業などが独自調査の結果をもとにして公表してきた大学ランキングです。中には、小数点以下2桁の数値で順位に差がつけられている例もあり、その精度や信頼性はこれまで何度となく厳しい批判にさらされてきました。

大学ランキングのケース　日本でも、メディア関連企業などが頻繁に大学ランキングを発表してきました。その中でも興味深いのが、2019年に発表された大学の「就職力」に関するランキングです（『日経Career Magazine　価値ある大学　2020年版就職力ランキング』）。その調査では、主に企業の人事担当者に対する「イメージ調査」（回答企業数815社、回答率17.1％）にもとづいて、「学生のイメージ」と「大学の取り組みへのイメージ」の評価点を集計した上で各大学を順位づけしています。

　このランキングで注目に値するのは、0.01点という差で順位の「明暗が分かれて」いる例が幾つか見られるという点です。たとえば、総合ランキングで言えば、3位の大阪大学が32.16点だったのに対して4位の東北大学は32.15点でした。同じように、全国を7ブロックに分けた「エリア別ランキング」については、0.01点差で順位に差がつけられていたケースが5例あります。

　このような調査の場合、0.01点程度の差は、本来無視して差し支え

ない「誤差の範囲内」として扱われるべきものでしょう。しかし、この「イメージ調査」の報告書には、その点に関する解説は一切見当たりません。それどころか、それぞれのランキング表では、上位3位までは、大きめの活字でしかも大学名の前に金銀銅のメダルを模したと思われるマークが付けられていました。一方、4位以下は「無印」で小さめの活字で名前があげられています。こうしてみると、このランキング表の作成に関わった人々は、どうやら何としてでもとりあえず順位をつけたかったようなのです。たしかにその方が、ランキングの順位という分かりやすい数値で一般読者や企業あるいは大学に対してアピールできるに違いありません。

「物理学への羨望」とゴム製のモノサシとのあいだ
——たかが数字、されど数字

以上の例からも改めて確認できるように、社会的な測定に対して物理的な測定と同じような精度を期待するのは「無いものねだり」でしかありません。また、このように見てくると、経済学者や経営学者を含む一部の社会科学者たちが抱く「物理学への羨望 (physics envy)」が、場合によっては現実離れした幻想のような願望に過ぎないことがよく分かります。

その羨望とは、数学に基礎を置いて目覚ましい成果をあげてきた物理学とその理論的・実証的方法へのほとんど崇拝と呼んでもいいような憧れの感情のことです。その憧れが募るあまりに、物理学と同じような方法で社会現象を正確な数値データと洗練された数式の形で描き出すことを目指そうとするのです。そして、前章でふれた社会一般に広く根付いている数値信仰の背景にも、このような、物理学を典型とする「ハードサイエンス」や「厳密科学」を理想視してしまう思い込みがあると考えられます。

一方で、このような「見果てぬ夢」のような願望とは裏腹に、現実におこなわれてきた社会的測定には、多かれ少なかれ「ゴム製のモノサシ」のような一面が認められます。当然ですが、ゴムを素材にしたモノ

サシは、力の入れ加減で伸び縮みしますし、目盛りと目盛りのあいだの間隔も不均等になりがちです。先にあげた大学ランキングがまさにその典型であるように、社会現象の測定のために使われてきた指標の中には、ゴム製のモノサシにしか喩えようがない性格を持つものがあります。

　もっともその一方で、幾つかの分野には比較的定評のある指標や尺度が存在しています。また、それらのモノサシは、学術研究だけでなく行政や企業活動などさまざまな領域で盛んに利用されてきました。たとえば、よく知られている定番的な経済指標の例としては、GDP（国内総生産）やCPI（消費者物価指数）などがあげられます。また、企業経営に関わる実践や研究の世界でも、売上高総利益率、売上高営業利益率、ROE（自己資本利益率）などをはじめとしてさまざまな指標が使われてきました。

　これらの指標については、その限界や問題点も数多く指摘されています。しかし、そのような点も含めて、定番的な指標が共通の土台になることによって、研究者や実務家のあいだではまがりなりにも会話や議論が成立してきたのです。したがって、それら定番的な尺度についてその問題点も含めて十分に理解し、また必要に応じて適宜活用していくこと、つまり言葉だけでなく「数字で語れる」ようになることは非常に重要なポイントであると言えます。

　Column　戦争と数字

　「数字なんかどうでもいい！　日本は戦争しているんだ！」（五味川、
　　　1979：16）
　「フォード時代にもまた、ペンタゴン［国防総省］にあっても、彼
　　　［ロバート・マクナマラ国防長官］は常に統計と事実を愛した。とくに
　　　自分が証明したいことを証明する数字や事実を愛した」（ハルバースタ
　　　ム、1983：81）

２つとも戦争と数字（統計情報）にまつわるエピソードです。どちらのエピソードも、「数字」が示す事実に対して真摯に向き合うことなくなされてしまった意思決定が、国家と多くの国民を悲惨な状況へと追い込んでいく経緯とその背景を象徴的に示しています。

　最初にあげたのは、五味川純平のベストセラー小説『人間の條件』の一節からの引用です。五味川は、この一節で、鉄鋼生産高や石油備蓄量などに関する日米間の明らかなギャップを示す「数字」を無視し、「大和魂」だけを頼りにして対米開戦に突き進んでいった日本政府の無謀な意思決定の背景にある精神状況を描き出しています。

　一方、下の引用は、米国のジャーナリストのデイビッド・ハルバースタムによるノンフィクション『ベスト＆ブライテスト』の一節です。このドキュメンタリーでは、1960年代から1970年代初めにかけて当時のケネディ政権とジョンソン政権の中枢を占めていた「最良で最も賢いはずの人々」が実際にどのような意思決定をおこない、またそれによって米国をベトナム戦争の泥沼的状況へと深入りさせていったかという点が克明に描かれています。マクナマラは「ベスト＆ブライテスト」の代表的な人物の１人であり1961年から1968年までは米国の国防長官をつとめていました。彼はまた、創業家以外から初めてフォード自動車の社長に就任した人物でもあります。

1-2　数字の魔術と数字の詐術

統計不正をめぐる不祥事の衝撃――「数字は嘘をつかない」というウソ

発覚の経緯　統計資料をはじめとする数値データを利用して「数字で語る」ことを目指すのであれば、世の中にはどう見ても「嘘」としか言いようがない統計情報が存在している、という事実について明確に認識しておく必要があります。その事実が最もショッキングな形で明るみに出たのが、2018年末から翌19年初めにかけて発覚した「統計不正」をめぐる一連の不祥事です。

　発端は、2018年の12月になって、厚生労働省の基幹統計である「毎月勤労統計」に関して、全数調査であったはずの調査が実際には標

本調査としておこなわれていたという事実が発覚したことでした。

　本来は、従業員数500名以上の事業所については全数調査をおこなう規定になっていました。ところが、東京都については全体の3分の1程度の事業所しか調査対象にしておらず、しかも、それが2004年以降15年にもわたって継続されていたのです。また、厚労省の職員は、虚偽のデータを正規の手続きを踏んだ全数調査のように見せかけるための改変ソフトまで作成していました。さらに同省は、内部で問題を把握した後もその事実を公表することなく、誤った統計を正式のデータとして公表していたのです。

基幹統計全般に及ぶ不備と不正　「毎月勤労統計」は、賃金や労働時間の動向について把握する際にも使われるきわめて重要な情報であり、同統計にもとづいて計算される平均給与額は雇用保険や労災保険の給付額の算定根拠になっています。一連の統計不正の検討結果から明らかになったのは、これらの保険が過少給付されていた人々の数がのべ2000万人以上におよび、追加給付だけでも800億円以上の経費がかかるという事実でした。その事実が判明したことによって、日本政府は2019年度予算案の見直しを余儀なくされました。

　それだけではありません。厚労省の統計不正をきっかけにして各府省の統計について検査した結果、全部で56ある政府の基幹統計のうち少なくとも24に深刻な不備があることが判明したのです。しかも、その中には、統計法（公的統計に関する法律）を所管し、政府による統計調査全体を指導・監督する責務を担っていたはずの総務省が担当する4統計（全国消費実態調査、小売物価統計など）も含まれていたのでした（『日本経済新聞』2018年12月〜2019年2月の記事）。

　これら一連の「統計の嘘」をめぐる出来事は、公的統計に対する国内外の信頼を大きく揺さぶることになりました。実際、「数字の魔術」という言い方がありますが、この統計不正事件によって、政府機関みずからが数字の詐術とでも言うべき行為、換言すれば数字で騙る行為に手を染めていたことが明るみに出されたのでした。

GDP をめぐる数字の詐術

GDP とは？　日本の場合に限らず、公的統計に明らかな「嘘」ないしひどい誤解を招きかねない情報が少なくないという事実は比較的よく知られています。この点に関してよく取りあげられるのが GDP（国内総生産）の例です。

　GDP は、「一定期間（通常は 1 年間）に国内で新たに生み出された財・サービスの価値の合計」（『広辞苑』）のことであり、各国の経済規模ないし「国力」を比較する際の尺度（モノサシ）としてよく使われます。たとえば、「名目 GDP について、日本は 1968 年以来 42 年間にわたって維持してきた世界第 2 位の座を 2010 年になって中国に明け渡した」などという解説がなされることがあります。

　また、GDP は、政府による経済政策の成果やそれによる国内の「景気」の変動を示す数値としても使われてきました。たとえば「新型コロナウイルスの感染拡大によって、日米欧の 2020 年 4 〜 6 月期の GDP は第二次世界大戦後で最悪のマイナス成長を示した」というような言い方をすることがあります。

　このように、景気や国力の指標として使われることが多い GDP については、さまざまな問題が指摘されてきました。比較的よく知られている問題の 1 つが、20 世紀半ばに考案された指標である GDP には、21 世紀の世界経済で重要な意味を持つようになったイノベーションや無形サービス、あるいは新しい情報技術によって生み出されている膨大な価値が十分に反映されていない、というものです（コイル、2015；カラベル、2017）。このような批判を受けて GDP については、何度か、考慮に入れるべき各種の下位指標や計算方法に関する改定がおこなわれてきました。

「GDP 偽装」の事例　一方で、それとは全く違った意味で深刻な問題とされてきたのは、さまざまな国の政府がそれぞれの思惑で GDP の値を水増ししたり一部を偽装したりする例が後を絶たない、という事実です。

たとえば中国については、公式の経済統計の信憑性が以前から疑問視されてきました。特にGDPに関しては、地方政府が中央政府に報告する数値の水増しによって、2000年代前半には国と地方の合計のあいだに6パーセント以上のギャップが認められる年もあったと言われています（『日本経済新聞』2019年10月25日付）。またギリシャのGDPをはじめとする各種の経済統計については、2000年代前半に、IMF（国際通貨基金）やEC（欧州委員会）からの経済支援を受けるために極端な改竄が加えられていたことが明らかになっています（コイル、2015）。

　こうしてみると、たしかに「数字は嘘をつかない」と言えるかも知れませんが、「数字で嘘をつく」（ないし「数字で騙る」）ことは驚くほど容易だとも言えます。また非常に不幸なことではありますが、ウソの数字によって粉飾された虚偽情報が客観性と科学性のオーラを帯びて広く通用してしまうという事態が稀ではなかったのです。たとえば、相次いで生じてきた企業の粉飾決算、あるいはまた、その種の不誠実で不正確な決算情報を鵜呑みにして書かれてきた各種のビジネス・ケーススタディないしビジネスレポートは、その典型と言えるでしょう。

1-3　データ鑑識眼──数値信仰と統計不信を越えて

　以上の幾つかの事例を通して改めて確認できるのは、調査データや統計上の数値というものは、現実の姿を1点の曇りもなく正確に映し出す鏡のようなものではない、という事実です。社会的な測定値というのは、むしろ、人間の意図（思惑）や解釈というさまざまな屈折要因を経て社会や経済の姿を描き出すものだと言えます。言葉を換えて言えば、調査データは、ヒトが関与する何重ものフィルターを介して初めて情報として提供されていくものなのです。

　したがって、調査研究や実務の上で数値データを活用していこうとする際には、統計数値をはじめとする各種の測定値というものが、各種の人為的な操作や加工を経て出来上がっていく社会的な構築物である、という点について改めて認識しておく必要があります。その社会的なプロセスの背景にある基本的な発想について理解しておくことは、意図的な

情報操作による「数字の詐術」やうっかりミスによる「測り間違い」などによって生み出されてきた数値情報の「嘘」や歪みを見抜いていく上で不可欠の条件になります。

その一方では、数値データの中には、長年の経験の積み重ねに裏打ちされた確かな調査法と高い精度に裏付けられており、したがって「エビデンス」としても貴重な価値を持つ統計情報が大量に存在していることも忘れてはならないでしょう。

このように玉石混淆とも言える大量の数値データの中から調査研究や実務の上で有益な情報を選び出した上で活用していくためには、数値データに関する基本的な読解力、つまり「データ鑑識眼」とでも呼べるリサーチ・リテラシーが不可欠になります。つまり、数字の詐術を見破る一方で、自分自身が調査を実施する場合に数字の魔力の誘惑に屈してしまわないようにするためにも、社会科学系の指標の性格と限界について最低限度の知識とセンスを身につけておく必要があるのです。

Column 「忖度した数字」の背景——日銀の景気予測の事例

　経済学者の鈴木亘氏（学習院大学教授）は、かつて日本銀行に勤務していたことがあります。鈴木氏は、あるところでその当時（1990年代末）の体験について次のように述べています。

　　日銀は官僚組織ですから、まず「天の声」がある。「そろそろ金利を上げたいので成長率が2％より低いと困る」といった声がある。そうするとエコノミストは鉛筆をなめなめ、忖度した数字を作るのです。……景気予測は……［入行の年次によって］担当が決まっています。積み上げて全体の数字が悪いと、リーダーが年次の低い順にたたき始めるのです。「君、住宅はこんなに悪くないだろ？」といった感じで（鈴木、2019）。

　もし実際に「天の声」や「忖度」あるいは「年次」によって作為が

加えられた数字が日銀の政策を決めていたのだとしたら、他の官庁における政策立案プロセスの実状についても「推して知るべし」なのかも知れません。先に取りあげた統計不正問題は、第1章で解説したEBPM（科学的根拠にもとづく政策形成）が行財政改革の切り札としてクローズアップされるようになってきた重要な背景の1つであるとされています。しかし、官僚機構の組織構造が旧態依然たるままであり、また、政治家を含む政策担当者が数字に対して真摯な姿勢で向き合うことを怠っている限りは、今後も同じような問題が繰り返されてしまう可能性は十分にあると言えるでしょう。

2 「数字で語る」ことによって不毛な水掛け論を避ける

2-1 操作的定義という発想

データ鑑識眼を身につけるためには、まず、社会現象について何らかのモノサシで測った数値データを使って議論すること、つまり言葉だけでなく「数字で語る（語り合う）」ことの意義について改めて確認しておく必要があります。

この章の冒頭では、空調の効き具合をめぐる議論に決着をつけるために室温計に表示されている数字で確認するという例や、正確な長さを知るために（目分量などではなく）物差しを使うという例をあげました。それらの例と基本的には同じような考え方が、社会現象について何らかの尺度や指標を使って測定した数値にもとづいて議論や分析を進める際の基本的な前提にあります。それが「概念の操作的定義」と呼ばれる発想です。

この発想の基本にあるのは、「概念」つまり頭の中のイメージを、その概念に対応する対象を測定するための具体的な手続き、つまり「操作」の手順を軸にして定義することによって、定義をより客観的なものにし、また定義をめぐる混乱を少なくしていこうという考え方です。これについては、知能という概念を「知能テストによって測られるもの」という風に定義する、という例がよく知られています。

図表9-2 概念の操作的定義——「知能」の場合

概念＝頭の中のイメージを……　　　それを測るための操作で示す

「知能」　　知能テストによって
測られるもの

※index＝指標、指数
（index finger＝人差し指）

　この例は、図表9-2のような形で図解することができるでしょう。

2-2　抽象的なイメージを具体的な指標で示す

　この図の真ん中には、人差し指で何かを示している手の絵が描いてあります。概念を指数や「指標」で表現するというのは、これと同じように、抽象的な概念を何らかの具体的なモノによって指し示すことができる、モノサシないし「標」（めじるし）を設定する、ということに他なりません。ちなみに、人差し指は英語では index finger と言いますが、index には指標ないし指数という意味があります。

　概念が頭の中にあるイメージである限り、たとえ言葉では表現できても、それ自体は直接見ることも触ることもできないものです。また、全く同じ言葉でも、思い浮かべるイメージは人によってかなり多様なものになってしまう可能性があります。

　たとえば、「国の経済規模」という言葉を聞いて頭に思い浮かぶイメージはまさに千差万別であるに違いありません。それをさらに「一定期間に国内で新たに生み出された財・サービスの価値の合計」と、言葉である程度詳しく定義してみたとしても事情はあまり変わりません。今度は、その詳しい定義を構成するそれぞれの言葉の定義が問題になってくるからです。

　このように、概念が抽象的なイメージやそれを単に言葉で説明したものにとどまる限りは、議論は堂々巡りの水掛け論や「空中戦」になってしまいかねません。というのも、言葉の上では同じ対象について話しているように見えて、実は、全く違う対象について議論している可能性があるからです。それでは、話が噛み合うはずはないでしょう。それに対

図表9-3 操作的定義——「国の経済規模」の場合

概念＝頭の中のイメージを……　　　　それを測るための操作で示す

「国の経済規模」　　GDPの計算式によって
測られるもの

して、たとえば具体的な GDP の値のような場合は、少なくともその数値という点に関して言えば、基本的には誰でも見たり聞いたりして観察することができる「データ」として扱えます。したがって、そのデータを共通の土台にして議論や分析を進めていけばよいのです。

　これについては、上の図表 9-3 のような形で図解することができるでしょう。

2-3　指標をめぐって議論が生じた場合

　先にふれたように、GDP が国の経済規模ないし「国力」あるいは景気の変動について測る上でどれだけ適切な指標であるかという点については、さまざまな見解があります。しかし、その場合でも、いったん図表 9-3 のような形で基本的な考え方や計算方法について合意しておきさえすれば、GDP の値という観察可能なデータやそのデータを得るための実際の手続きという、より具体的なレベルでの議論ができるようになります。また、もし異論があれば、そのデータの解釈やデータを入手するための手続きに含まれる具体的な問題点について指摘した上で代案を示せばよいのです。

　このように、概念について「言葉だけで語る」ことをいったんやめて、「数字（指標）で語る」ということには、〈具体的な観察内容を通して同じ土俵の上に立って議論することができる〉という点で大きな利点があるのです。

　同じようなことが企業経営に関する指標についても指摘できることは言うまでもありません。実際、経営学関連でも、数え切れないほど多くの指標が使われてきました。たとえば、次のような指標については、どこかで耳にしたことがあると思われます——株価、時価総額、売上高総

利益率、売上高営業利益率、ROA（総資産利益率）、ROE（自己資本利益率）、EVA（経済付加価値）、労働生産性、労働分配率。

　これらは、企業経営のさまざまな側面について測定するための定番的な指標の一部ですが、企業経営の健全さの程度や「経営体力」についてさまざまな角度から分析したり議論を進めたりする上で役に立つモノサシだと言えます。

Column　指標・指数・尺度——モノサシに関する用語をめぐる混乱

　社会現象を測定するために使われるモノサシを示す用語としては、「指標」以外では「指数」と「尺度」の2つが代表的です。これら3つの用語のあいだに厳密な区別を設ける場合もあれば、特に区別せずに使ったりどれか1つの用語だけを用いたりする例もあります。

　3つの用語を区別して用いる際に指標（indicator）という場合、通常は、概念や変数に対応する個々の項目を指します。質問表調査の場合であれば、個々の質問項目およびその回答を数値化したものが指標ということになります。それに対して、指数と尺度という場合は、どちらも複数の指標の数値を集計した上で1つのモノサシを構成することになります。指数（index）は、それらの指標を合計して算術平均を出したものを数値として使うのに対して、尺度（scale）については、個々の指標に対して重み付けなどをした上で得点として用いる場合が少なくありません。

　ただし、学問分野によっては、もっぱら以上の3つのうちのどれか1つの用語のみを使っている例があります。たとえば、心理学や社会心理学では、主として「尺度」が用いられます。これに対して、経済学では「指標」と「指数」を使うことが多く、また、指標と指数を厳密に区別しないで用いることも少なくありません。一方で経営学の場合には、尺度、指標、指数という3つの言葉を特に区別しないで使っている例が多いようです。なお、後で述べる変数の「測定レベル」という点に関しては、どの学問分野であっても、「尺度」という言葉を

使って次のような言い方をする例が少なくありません——名義尺度（名目尺度とも）、順序尺度（順位尺度）、間隔尺度（距離尺度）、比率尺度（比例尺度）。

3 モノサシ（指標・尺度）の信頼性と妥当性

3-1 測定値の「正確さ」に関する2つの基準

測定の適切さについて疑問が生じる場合

当然ですが、社会的な現象や傾向について知るためには、それを測るモノサシとして何らかの指標や尺度を設定しておきさえすれば、それだけで全ての問題が解決するというわけではありません。というのも、測ろうとしている対象をそのモノサシがどの程度正確にとらえているか、という点に関して疑問や異論が出てくる可能性があるからです。たとえば、先にあげた室温をめぐる議論について言えば、温度計が狂っている場合だってあるかも知れません。また、温度計だと思っていたものが実は湿度計であったとしたら、どうでしょうか。

どちらの場合も、「暑いか寒いか」という点に関する議論がいったんは決着したように見えるのですが、実は、単にあやふやな根拠にもとづいて議論がおこなわれていただけに過ぎない、ということになります。実質的に意味がある議論や分析をおこなうためには、測定器具の品質や精度について事前に確認しておく必要があります。また、必要に応じて、測定器具の調整（較正）をおこない、さらには、より適切な器具に交換しなければならない場合だってあるでしょう。

社会調査における測定の適切さ

全く同じことが社会調査についても指摘できます。つまり、何らかの尺度や指標というモノサシによる測定結果の数値をもとにして社会現象に関する分析をおこなうためには、その基本的な前提として〈モノサシが適切でありかつ精度が高いものであるかどうか〉という点について確認しておかなければならないのです。

先にふれた GDP の改定をめぐる論争は、まさにこの指標の適切さを
めぐる議論であったと言えます。つまり、経済活動においてサービスや
イノベーションが中心的な役割を担うようになった時代において、旧来
の GDP が果たして経済規模について測定する上で適切で正確なモノサ
シであるかどうか、という点が問題になっていたのです。

　このような指標や尺度とその数値の適切さについて評価する際の重要
な判断基準に、信頼性と妥当性の２つがあります。信頼性（reliability）
というのは、測定した結果の数値がどれだけ安定しているかという点に
関わる基準です。一方、尺度や指標の妥当性（validity）という場合に
は、測定の結果が、測定したいと思っている対象そのものをきちんと
測っているかどうかが重要なポイントになります。

3-2　信頼性と妥当性の違い

日常語との区別

　「信頼」も「妥当」も、日常生活でよく使われる言葉です。そのため、
日常語からの連想によって、調査研究の測定に関連する信頼性と妥当性
という２つの基準のあいだの違いが分かりにくくなっている面があり
ます。たとえば、「信頼できるモノサシ（で測る）」と言うような場合に
は、普通は、ここで言う信頼性と妥当性の両方の意味が含まれていると
考えられます。つまり、そのモノサシは、測りたいと思っている長さを
測定する上でうってつけの道具であり（妥当性）、かつ、精度の高い測
定ができるものである（信頼性）という風に受けとられることが多いで
しょう。

　この２つの基準のあいだの区別については、成績評価の際に、講義
の出席日数を使う場合と記述式の試験の点数を使う場合という２つの
やり方を比べてみると分かりやすいかも知れません（鎌原ほか、1998）。

　単純にカウントできる出席日数は、きわめて安定した、その意味では
信頼性の高い指標になりうるでしょう。しかし、出席日数だけでは、受
講生が実際に講義の内容を理解できているかどうかは分かりません。つ
まり、出席日数だけで成績評価をしてしまうと「妥当性という点では問

題アリ」ということになります。

　一方、記述式テストの場合には、講義内容に踏み込んだ良問であれば、それに対する解答の点数は妥当性の高い指標となるでしょう。その半面、答案に書き込まれた内容は、受講生の理解の程度だけでなく、受講生の体調や試験場の雰囲気などさまざまな要因に左右されている可能性があります。同じように、評価に関しても採点者の気分や主観的判断などによって影響される面が完全には否定できません。つまり、記述式テストの点数は、評価の精度や安定性という点では必ずしも信頼性の高いモノサシであるとは限らないのです。

2つの基準の組み合わせ

射撃に喩えてみれば……　　この他にも、信頼性と妥当性については、さまざまな組み合わせを考えることができます。この2つの基準の組み合わせや両者の違いについて理解するためには、次ページの図表9-4のような図解が好都合だと思われます。

着弾点の位置とバラツキ　　この図のように測定を射撃に喩えてみた場合、最悪なのは、妥当性も信頼性も低い右下の図です。つまり単に「的外れ」であるだけでなく着弾点もばらついているようなケースです。たとえば各種の大学ランキングは、多くの場合、大学の価値について知る上で妥当性・信頼性の両方の点で深刻な問題を含んでいる指標になっています。というのも、その種のランキングの順位の根拠となる総合点の中でも大きな比重を占める質問表調査の得点は、質問表自体の内容という点でも回答者のサンプリングという点でも、かなり深刻な問題を含む「アンケート調査」になってしまっている場合が多いからです(Hazelkorn, 2015；石川、2016)。

　一方、指標や尺度の中には、右上の図のように、的の中心からは外れているものの、比較的狭い範囲にコンスタントに弾をあてることができるものもあります。つまり、信頼性は高いものの妥当性については疑問が残る指標です。上の例で言えば、出席日数（だけ）を成績評価の指標

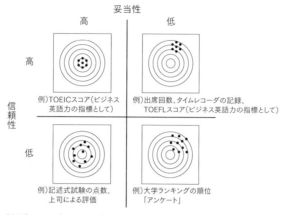

図表9-4　射撃に喩えた場合の妥当性と信頼性の違い

妥当性

　　　高　　　　　　　　　　低

高

　例）TOEICスコア（ビジネス　　　例）出席回数、タイムレコーダの記録、
　　　英語力の指標として）　　　　　　TOEFLスコア（ビジネス英語力の指標として）

信
頼
性

低

　例）記述式試験の点数、　　　　　例）大学ランキングの順位
　　　上司による評価　　　　　　　　　「アンケート」

（出所）Babbie（2011：134）、Singleton & Straits（2010：134）、山田（2010：
139）をもとに作成。

として採用した場合がこれに該当します。人事労務管理で言えば、タイムレコーダ（出勤記録計）の記録だけを勤務態度の評価指標として使う場合についても、同じようなことが言えます。また、ビジネス関連の英語力を測るための指標としてTOEFLのスコアを使ったとしたら、これも「信頼性・高×妥当性・低」という組み合わせになるでしょう。

　一方、それとは逆の「信頼性・低×妥当性・高」という組み合わせ、つまり左下の図のようになる可能性が高いのが、先にあげた記述式の試験の点数で成績を評価する場合です。射撃で言えば、〈的の中心のまわりに着弾しているが、そのバラツキはかなり大きい〉ということになります。同じような点は、上司による評価（だけ）で勤務態度を測定する場合についても言えるでしょう。

測定におけるサイエンスとアート　調査研究を実施しようとする際に目指すべきなのは、言うまでもなく狙った的の近辺に集中して弾があたっている左上のようなケースです。つまり、妥当性と信頼性がともに高い指標や尺度を目指していく必要があるのです。ビジネス英語力を測るための指標という点に関して言えば、一般にはTOEICのスコアがこのよ

うな組み合わせの指標として見なされています。

　ただし、個々の指標の多くは、信頼性や妥当性という点で一長一短の
ところがあります。したがって、経営上の重要な意思決定などをおこなう際などには複数の指標を併用して判断を下す必要があります。その際にどのような指標をどのように組み合わせて総合的な判断をおこなうかという点に関しては、絶対的な基準や決まりきった公式があるわけではありません。

　特に、ビジネス環境が大きく変動しているような状況では、むしろ経験に裏打ちされた臨機応変の対応が必要になることが多いでしょう。つまり、サンプリングの場合と同じように、指標の選択や複数の指標の組み合わせという点に関しても、サイエンスだけでなく「アート」のセンスが重要な比重を占めているデータ鑑識眼が要求されるのです。

4　尺度の測定レベル

4-1　加減乗除ができる数とできない数

　既存の統計データを利用したり、調査研究をみずから実施して数値データを収集したりしていく際には、もう1点どうしても理解しておかなければならない大切なポイントがあります。それは、外見上は同じような数字に見えて、調査研究で使われる数字には本質的に性格が異なるものが混在している、という事実です。

　この点に関して特に注意が必要なのは、本章で使ってきた「モノサシ」という喩えです。当然ですが、物差しで測ることができる「長さ」を示す数値については、次のように、加減乗除（足し算・引き算・かけ算・割り算）という4種類の演算が全て適用できます。

$$30\,\text{cm}+20\,\text{cm}=50\,\text{cm} \quad 30\,\text{cm}-20\,\text{cm}=10\,\text{cm}$$
$$20\,\text{cm}\times3=60\,\text{cm} \quad 60\,\text{cm}\div20\,\text{cm}=3$$

　同じように、金額を表す数値についても全ての演算を適用することが

できます。だからこそ、たとえば「所得倍増政策」あるいは「○○社の株価はこの2年で半分になってしまった」というような言い方が成立するのです。

一方で、調査研究に関わる各種の作業では、それ以外にも実にさまざまな種類の数字が登場してきます。たとえば、質問表の回答の集計作業では、女性の回答者には1、男性の回答者には2というように数字を割りあてる場合があります。このような場合、これらの数字は、「コーディング」と呼ばれるデータ整理のための手続きの中で、一種のラベルとして便宜的に適用されているだけに過ぎません。

ラベルに過ぎないのですから、「2−1＝1（男−女＝女）」のような計算式が成立するはずはありません。同じように、「2＝1×2（男＝女×2）」という数式や「2＞1（男＞女）」という不等式も無意味です。先に第6章では、「変数」という用語について解説しましたが、コーディング作業のためのラベル（目印）に過ぎない数字は、私たちが通常「数」ないし「数値データ」という言葉から思い浮かべるイメージとは全く違う性格を持っています。

4-2　4つの測定レベル

この、コーディング用の数値というのは比較的理解しやすい例だと思われます。一方で、ふだん私たちが目にすることも多い測定値の中には、数値としての性格や計算上の処理という点でもう少し分かりにくい例も結構あります。

その典型が温度です。温度は明らかに物理的な測定値であり、物差しで測った長さと同じような性格を持つ数値であると思われるかも知れません。しかし、摂氏や華氏で示される温度の数値は、足したり引いたり平均値を求めたりすることはできますが、かけ算や割り算はできません。実際、たとえば「気温30度は15度の2倍の温度」とは言えませんし、その逆に「気温15度は30度の半分」というようなことも言えません。同じようなことは、知能指数（IQ：知能偏差値）についても言えます。たとえば、「IQ120の人はIQ60の人の2倍分だけ知能が高

	測定レベル	例	概要
質的データ	名義レベル	性別（男＝1、女＝2）。企業形態（合名＝1、合資＝2、合同＝3、株式＝4）。	数値は、調査対象となる事例の分類や区別のための便宜的なラベルとしてのみ使われる。加算したり平均値を出したりすることは無意味であり、順序付けも意味がない場合が多い。
	序数レベル	各種ランキングの順位。「よくある」「ときどきある」「まれにある」「ない」に3点、2点、1点、0点を便宜的に割り振ったもの。成績評価で「秀・優・良・可・不可」に便宜的に4点、3点、2点、1点、0点を割り振ったもの。	数値は一定の基準による序列における特定の位置を示す。数値どうしの距離が等間隔であることは保証されない。平均値を求めることはできず、中央値などが用いられる。
量的データ	間隔レベル	温度（摂氏、華氏）、知能偏差値、暦年、心理尺度得点、質問表の評定値の合成得点（見なし間隔尺度）。	数値の差は等間隔。ただし、原点（ゼロ）は任意に設定される。平均値や分散を求めることができる。
	比率レベル	絶対温度、長さ、金額。	数値が等間隔であるだけでなく、原点は意味のある絶対的ゼロ点になる。数値どうしの差だけでなく比が意味を持つ。

（出所）佐藤（2015b：41-42）、鎌原ほか（1998：65）をもとに作成。

い」ということには決してならないのです。

　以上で幾つかの例を示してきた各種の測定値に見られる基本的な性格の違いについては、尺度の「測定レベル」を、名義レベル、序数レベル、間隔レベル、比率レベルの4段階に区分した分類が最もよく知られています。それぞれの測定レベルの特徴を整理して示したのが図表9-5です。

4-3　測定レベルの誤用

　この表からも改めて確認できるように、外見上は同じ数値で示される調査データであっても、測定レベルによっては全く違う性格のものになります。したがってまた、調査データについて各種の統計分析をおこなう際には、そのデータの測定レベルが実際にはどのようなものであるか、という点について十分に注意しておかなければなりません。

　たとえば、平均値や分散などを求めることができるのは、本来は、

「量的データ」などと呼ばれる間隔レベルと比率レベルの数値に限られます。それに対して、名義レベルと序数レベルの数値のような「質的（定性的）データ」（「カテゴリカルデータ」とも）に対して、量的データと同じような集計や統計解析を当てはめようとすると、とんでもない誤りを犯してしまいかねません。

たとえば、先にあげた「就職力」に関する大学ランキングでは、それぞれの質問項目について「非常にあてはまる」（10点）から「まったくあてはまらない」（0点）までの6段階で2点刻みの点数を与えています。この得点を集計した結果にもとづいて最終的に大学別の「就職力ランキング」の順位が決められているのです。

図表9-5からも分かるように、この6段階の得点は序数レベルの数値、つまり大まかな目安という程度に過ぎません。したがって、その集計結果をもとにして0.01点という「超僅差」の場合についても強引に順位づけしてしまうというのは、かなり乱暴なやり方だと言わざるを得ません。したがってまた、それぞれの大学の関係者や卒業生が、もし「メダル付きの順位で3位以内に入った・入れなかった」という点に関して一喜一憂していたとしたら、それはとんでもない見当違いの反応だということにもなります。

4-4 「見なし間隔尺度」の悩ましさ

もっとも、現実の調査研究では、厳密には序数レベルでしかないはずの質的データを間隔レベルの量的データの場合と同じような数値として扱った上で、各種の統計分析をおこなう場合がよくあります。その種の数値を「見なし間隔尺度」の変数と呼ぶことができます。

見なし間隔尺度の典型は、質問表調査などでよく用いられる5段階から7段階程度の評定値です。たとえば、特定の質問項目について回答者に「よくある」から「全くない」のどれかを選択してもらい、上であげた大学ランキングの場合と同じようにして、それぞれの選択肢に得点を与えるのです。

このような評定値は、各段階のあいだの距離が等間隔であることは保

証されておらず、したがって厳密に言えば序数レベルの変数値でしかないとも言えます。もっとも、実際には、幾つかの質問項目の評点を合計して合成得点を出したりすることがあります。また、その合成得点についても、平均値や分散の算出をはじめとする各種の統計分析が適用されたりします。その背景には、研究や実務の世界における、「そのような扱いをしてもそれほど間違いはないだろう」という程度の経験則にもとづく合意があります。

多くの読者にとって最も身近な見なし間隔尺度の例は、GPA（Grade Point Average：成績平均値）でしょう。これは学生の全般的な成績を示す数値であり、各教科の段階別の評価をたとえば「秀（A）―4、優（B）―3、良（C）―2、可（D）―1、不可（F）―0」という具合にして単純に数値化した上で、全教科の合計点を総科目数ないし総単位数で割った値が使われます。つまり、この場合も、本来は序数レベルの評価であるはずの成績を、仮に加算・減算（足し算・引き算）が適用できる数値として見なした上で平均値を計算しているのです。

このように、調査研究や社会生活では実務上の必要もあって、本来は序数レベルであるはずの尺度が便宜的に間隔レベルの尺度として扱われている場合があります。この場合は、序数レベルの変数が本来持っているはずの限界について十分に注意しておかないと、調査者自身が「数字の魔術」に幻惑されかねません。たとえば、「大まかな目安」という程度の意味しかない点数のはずなのに、精度の高い測定値のように思い込んでしまう恐れがあるのです。

4-5 測定レベルの混同による「グラフの魔術」の事例

社会関係資本と「都市度」の関係？

以上の見なし間隔尺度というのは、比較的理解しやすいケースでしょう。中には、測定レベルに関する混同という点でもう少し分かりにくい例もあります。その典型が次ページの図表9-6のような折れ線グラフです。

これは、日本における社会関係資本と市民活動の関係について明らか

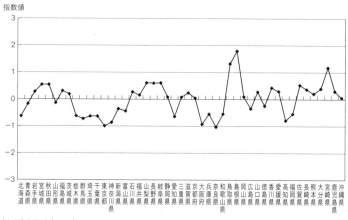

図表9-6　奇妙な折れ線グラフ──都道府県別社会関係資本の指数値

指数値

北海道　青森県　岩手県　宮城県　秋田県　山形県　福島県　茨城県　栃木県　群馬県　埼玉県　千葉県　東京都　神奈川県　新潟県　富山県　石川県　福井県　山梨県　長野県　岐阜県　静岡県　愛知県　三重県　滋賀県　京都府　大阪府　兵庫県　奈良県　和歌山県　鳥取県　島根県　岡山県　広島県　山口県　徳島県　香川県　愛媛県　高知県　福岡県　佐賀県　長崎県　熊本県　大分県　宮崎県　鹿児島県　沖縄県

（出所）内閣府（2003）。

にすることを目的とした調査研究の報告書にあげられていたグラフです。内閣府の委託を受けて実施された調査の報告書では、郵送調査とインターネット調査等の結果を組み合わせた「統合指数」の値を都道府県別に算出しています。上の図の折れ線グラフはその分析結果をもとにして作成されたものであり、このグラフについては次のような解説がなされています──「概ね東京や大阪等の大都市部において［社会関係資本の］値が相対的に低く、地方部の値が相対的に**高い傾向**にある」（強調は引用者）。

折れ線グラフと測定レベル

　これは明らかに奇妙なグラフの使い方です。というのも、折れ線グラフの横軸には、本来、何らかの点で順番や連続性がある項目、つまり、序数レベル以上の尺度項目をその順番どおりに配置しなければならないからです。

　したがって、もし上のような解説の根拠として折れ線グラフを使いたいのであれば、本来、「大都市─地方」の度合いに関する何らかの基準（モノサシ）を適用して都道府県を並べ直しておくべきでしょう。とこ

ろが、図表9-6では都道府県が、単純に左から順番に北から南へという、分析上はほとんど意味がない地理上の相対的な位置で並べられています。要するに、横軸には都道府県名が名義レベルの項目として配置されてしまっているのです。そのために、この折れ線のグラフからは上の解説で主張されているような「傾向」を読み取ることはほとんどできません。むしろ、「統合指数」の値がランダムに上がったり下がったりしているだけのようにも見えます。

　内閣府の報告書の中には、この変則的なグラフの使い方に関する解説は一切ありません。したがって、あくまでも推測でしかないのですが、もしかしたらこの図は、調査の初期段階で全般的な傾向を見るために、いわば舞台裏の作業として作られたはずのグラフが、「うっかりミス」のような形で報告書という表舞台に出てきてしまったのかも知れません。

　もっとも、薄手のビジネス書や新書あるいはコンサルティング企業の報告書などには、これとあまり変わらない「ルール違反」ないし「掟破り」の折れ線グラフが掲載されている例が少なくありません。また、頻度は少ないのですが、実は、学術研究の成果として発表される論文や書籍の中にも、測定レベルという点からすれば明らかに問題のある形で作成された、折れ線グラフや帯グラフあるいは円グラフなどが登場している例があります。

　たしかに、論文や報告書の中に何らかのグラフや数値表を盛り込んでおけば、「精度の高い正確な数値データによる科学的な調査研究」という、外向けの体裁を整える上では効果的かも知れません。しかし、そのような場合には、変数の測定レベルという点について注意を払っておかないと、思いがけないほど初歩的なミスを犯してしまう恐れがあるのです。

経営現象に関する調査研究では、「事実」について調べる場合（たとえば、現在の収益と経費、経営戦略とその成果、過去の出来事など）と「意識」や「意見」について調べる場合があります（たとえば、企業経営に関する評価、期待、展望など）。それぞれの場合について、どのような測定レベルの尺度が用いられており、また、それらの尺度を使って得られた測定値には信頼性と妥当性あるいは精度という点でどのような特徴があるかという点について考えてみましょう。

論文や報告書の中に掲載されている折れ線グラフを幾つか探してみて、その中で図表 9-6 と同じように変則的な図解表現になってしまっているものがないかどうか調べてみましょう。

CHAPTER 9　5つのポイント

1.　物理的な測定値と社会現象に関する測定値とのあいだには、幾つかの点で顕著な違いがある。特に精度という点に関しては、社会的測定には本質的な限界がある。

2.　言葉だけでなく「数字で語る」ことは、抽象的な概念をめぐる水掛け論や「空中戦」を回避する上で非常に重要な条件である。

3.　社会的測定の根底には、操作的定義という発想がある。これは、概念をそれに対応する対象を測定するための操作の手順を軸にして定義しようという考え方である。それによって、定義がより客観的なものになり、また定義をめぐる混乱が少なくな

ることが期待できるとされている。

4.　指標や尺度の正確さについて判定する際の基準には信頼性と
妥当性の2つがある。信頼性というのは測定結果がどれだけ安
定しているかという点に関わる基準である。一方、妥当性は、
測定の結果が測定したいと思っている対象をきちんと測ってい
るかどうか、という点についての基準である。

5.　数値データの中には、さまざまな測定レベルのものが混在し
ている場合が多い。測定レベルは、名義レベル、序数レベル、
間隔レベル、比率レベルという4つに区分することができる。
この4つのレベルの違いを見誤ると、思わぬ失敗を犯してしま
うことがある。

参考・引用文献

※ウェブ由来の文献は、全て 2020 年 11 月 1 日時点で所在を確認。

- 明石要一（2013）『ガリ勉じゃなかった人はなぜ高学歴・高収入で異性にモテるのか』講談社＋α新書。
- 石川真由美編著（2016）『世界大学ランキングと知の序列化』京都大学学術出版会。
- 石坂公成（2005）「私の履歴書」『日本経済新聞』2005 年 3 月 13 日付。
- 伊丹敬之（1980）『経営戦略の論理（第 3 版）』日本経済新聞社。
- ────（2001）『創造的論文の書き方』有斐閣。
- 伊丹敬之＋伊丹研究室編著（1991）『日本の化学産業　なぜ世界に立ち遅れたのか』NTT 出版。
- ────（1996）『日本のコンピュータ産業　なぜ伸び悩んでいるのか』NTT 出版。
- 伊藤公一朗（2017）『データ分析の力──因果関係に迫る思考法』光文社新書。
- 井上達彦（2014）『ブラックスワンの経営学──通説をくつがえした世界最優秀ケーススタディ』日経 BP 社。
- 大野耐一（1978）『トヨタ生産方式──脱規模の経営をめざして』ダイヤモンド社。
- カー、E・H（1962）『歴史とは何か』清水幾太郎訳、岩波新書。
- 加護野忠男・野中郁次郎・榊原清則・奥村昭博（1983）『日米企業の経営比較──戦略的環境適応の理論』日本経済新聞社。
- カッツ、E ／ P・F・ラザースフェルド（1965）『パーソナル・インフルエンス──オピニオン・リーダーと人びとの意思決定』竹内郁郎訳、培風館。
- 勝間和代（2010）『チェンジメーカー』講談社。
- 勝見明（2006）『鈴木敏文の「統計心理学」──「仮説」と「検証」で顧客のこころを摑む』日経ビジネス人文庫。
- 金井壽宏（1991）『変革型ミドルの探求──戦略・革新指向の管理者行動』白桃書房。

- 鎌原雅彦・宮下一博・大野木裕明・中澤潤編著（1998）『心理学マニュアル　質問紙法』北大路書房。
- カラベル、Z（2017）『経済指標のウソ──世界を動かす数字のデタラメな真実』北川知子訳、ダイヤモンド社。
- 川喜田二郎（1967）『発想法──創造性開発のために』中公新書。
- ────（1970）『続・発想法──KJ法の展開と応用』中公新書。
- 岸本太一（2004）「ドン・キホーテ──驚きと感動を売る小売業」伊丹敬之・西野和美編著『ケースブック　経営戦略の論理』日本経済新聞社、pp. 66-76。
- グラスマン-ディール、H（2011）『理系研究者のためのアカデミック ライティング』甲斐基文・小島正樹訳、東京図書。
- クリース、R（2014）『世界でもっとも正確な長さと重さの物語──単位が引き起こすパラダイムシフト』吉田三知世訳、日経BP社。
- クリステンセン、C（2001）『増補改訂版　イノベーションのジレンマ──技術革新が巨大企業を滅ぼすとき』玉田俊平太監修、伊豆原弓訳、翔泳社。
- 経済産業省（2019）「我が国におけるデータ駆動型社会に係る基盤整備（電子商取引に関する市場調査）報告書」。https://www.meti.go.jp/press/2019/05/20190516002/20190516002-1.pdf
- コイル、D（2015）『GDP──〈小さくて大きな数字〉の歴史』高橋璃子訳、みすず書房。
- 郷原信郎（2009）『検察の正義』ちくま新書。
- 国立青少年教育振興機構（2020）「『子どもの体験活動の実態に関する調査研究』報告書」。http://www.niye.go.jp/kenkyu_houkoku/contents/detail/i/62/
- 五味川純平（1979）『人間の條件』文春文庫。
- ザイゼル、H（2005）『数字で語る──社会統計学入門』佐藤郁哉訳、新曜社。
- 三枝匡（2003）『経営パワーの危機──会社再建の企業変革ドラマ』日経ビジネス人文庫。
- ────（2013a）『増補改訂版　V字回復の経営──2年で会社を変えられますか　実話をもとにした企業変革ドラマ』日本経済新聞出版社。
- ────（2013b）『増補改訂版　戦略プロフェッショナル──競争逆転のドラマ』ダイヤモンド社。
- 坂口孝則（2018）『ドン・キホーテだけが、なぜ強いのか？』PHP研究所。

- 佐藤郁哉（2015a）『社会調査の考え方［上］』東京大学出版会。
- ───（2015b）『社会調査の考え方［下］』東京大学出版会。
- 出版マーケティング研究会（1991）『書籍出版のマーケティング──いかに本を売るか』出版ニュース社。
- 鈴木淳子（2016）『質問紙デザインの技法（第2版）』ナカニシヤ出版。
- 鈴木亘（2019）「闘う経済学者」『日本経済新聞』2019年10月23日付（夕刊）。
- 盛山和夫（2004）『社会調査法入門』有斐閣。
- 田村正紀（2006）『リサーチ・デザイン──経営知識創造の基本技術』白桃書房。
- 東洋経済新報社編（2004）『Think!』第11号（特集：仮説思考トレーニング）、東洋経済新報社。
- 内閣府「ソーシャル・キャピタル：豊かな人間関係と市民活動の好循環を求めて」。https://www.npo-homepage.go.jp/toukei/2009izen-chousa/2009izen-sonota/2002social-capital
- 野中郁次郎（1974）『組織と市場──組織の環境適合理論』千倉書房。
- 野依良治（2017）「野依良治の視点(17)研究の評価、研究者の評価（その2）論文引用数は信頼できる評価指標か」科学技術振興機構研究開発戦略センター。https://www.jst.go.jp/crds/about/director-general-room/column17.html
- パットナム、R・D（2006）『孤独なボウリング──米国コミュニティの崩壊と再生』柴内康文訳、柏書房。
- ハルバースタム、D（1983）『ベスト＆ブライテスト2──ベトナムに沈む星条旗』浅野輔訳、サイマル出版会。
- ピーターズ、T・J／R・H・ウォータマン（2003）『エクセレント・カンパニー』大前研一訳、英治出版。
- 藤本隆宏・高橋伸夫・新宅純二郎・阿部誠・粕谷誠（2005）『リサーチ・マインド　経営学研究法』有斐閣。
- フリック、U（2011）『新版　質的研究入門──〈人間の科学〉のための方法論』小田博志監訳、小田博志・山本則子・春日常・宮地尚子訳、春秋社。
- ベッカー、H・S（2012）『社会学の技法』進藤雄三・宝月誠訳、恒星社厚生閣。
- Benesse しまじろうクラブ（n.d.）「20歳代の社会人の子どもを持つ親1,000人に聞いた子育てに関する実態調査」。https://kodomo.benesse.ne.jp/

open/playfullearning/reports/02.html
- ポアンカレ、H（1938）『科学と仮説』河野伊三郎訳、岩波文庫。
- ポーター、M（2018）『［新版］競争戦略論 I 』竹内弘高訳、ダイヤモンド社。
- ポパー、K・R（1971、1972）『科学的発見の論理（上・下）』大内義一訳、恒星社厚生閣。
- 益川敏英・山中伸弥（2011）『「大発見」の思考法——iPS 細胞 vs. 素粒子』文春新書。
- マーチャント、B（2019）『ザ・ワン・デバイス——iPhone という奇跡の "生態系" はいかに誕生したか』倉田幸信訳、ダイヤモンド社。
- ミンツバーグ、H（2006）『MBA が会社を滅ぼす——マネジャーの正しい育て方』池村千秋訳、日経 BP 社。
- 村木厚子（2018）『日本型組織の病を考える』角川新書。
- 安田隆夫（2000）『ドン・キホーテの「4 次元」ビジネス——新業態創造への闘い』広美出版事業部。
- 山川龍雄（2018）「ドンキがユニーをのみ込む理由」『日経ビジネス』2018 年 10 月 29 日号、p. 8。
- 山田一成（2010）『聞き方の技術——リサーチのための調査票作成ガイド』日本経済新聞出版社。
- 吉原英樹・佐久間昭光・伊丹敬之・加護野忠男（1981）『日本企業の多角化戦略——経営資源アプローチ』日本経済新聞社。
- ラザースフェルド、P・F ／ B・ベレルソン／ H・ゴーデット（1987）『ピープルズ・チョイス——アメリカ人と大統領選挙』有吉広介監訳、芦書房。
- ローゼンツワイグ、P（2008）『なぜビジネス書は間違うのか——ハロー効果という妄想』桃井緑美子訳、日経 BP 社。

- Alvesson, M., Y. Gabriel, and R. Paulsen (2017) *Return to Meaning: A Social Science with Something to Say*. Oxford University Press.
- Babbie, E. (2011) *Introduction to Social Research* (5th ed) (International Edition). Wadsworth.
- Davis, M. S. (1971) "That's Interesting!: Towards a Phenomenology of Sociology and a Sociology of Phenomenology." *Philosophy of the Social Sciences* 1 : 309–344.
- Frankfort-Nachmias, C. and D. Nachmias (2000) *Research Methods in the Social Sciences* (6th ed). Worth Publishers.

- Gerring, J. (2006) *Case Study Research: Principles and Practices.* Cambridge University Press.
- Glick, W. H., C. C. Miller, and L. B. Cardinal (2007) "Making a Life in the Field of Organization Science." *Journal of Organizational Behavior* 28 : 817–835.
- Hazelkorn, E. (2015) *Rankings and the Reshaping of Higher Education: The Battle for World-Class Excellence.* Springer.
- Patton, M. Q. (2002) *Qualitative Research & Evaluation Methods* (3rd ed). SAGE Publications.
- ―――― (2015) *Qualitative Research & Evaluation Methods* (4th ed). SAGE Publications.
- Peters, T. (2001) "Tom Peters's True Confessions." https://www.fastcompany.com/44077/tom-peterss-true-confessions
- Pfeffer, J. (2007) "A Modest Proposal: How We Might Change the Process and Product of Managerial Research." *Academy of Management Journal* 50 (6) : 1334–1345
- Putnam, R. D. (1995) "Bowling Alone: America's Declining Social Capital." *Journal of Democracy* 6 (1) : 65–78.
- ―――― (2000) *Bowling Alone: The Collapse and Revival of American Community.* Simon & Schuster.
- Ragin, C. C. (1992) "Introduction: Cases of 'What is a Case?'." In Ragin, C. C. and H. S. Becker (eds.) *What is a Case? Exploring the Foundations of Social Inquiry.* Cambridge University Press, pp. 1–17.
- Roethlisberger, F. J. and W. J. Dickson (1939) *Management and the Worker.* Harvard University Press.
- Singleton, R. A. and B. C. Straits (2010) *Approaches to Social Research* (5th ed). Oxford University Press.
- Sollaci, L. B. and M. G. Pereira (2004) "The Introduction, Methods, Results, and Discussion (IMRAD) Structure: A Fifty-year Survey." *Journal of the Medical Library Association* 92 (3) : 364–367.
- Strauss, A. and J. Corbin (1990) *Basics of Qualitative Research: Grounded Theory Procedures and Techniques.* SAGE Publications.

さらに学びたい人のためのブックガイド

伊藤公一朗『データ分析の力──因果関係に迫る思考法』光文社新書
経済学や政治学・政策学のような分野でも、ようやく近年になって因果
推論の基本的な発想や実験的研究法の有効性に関する真剣な議論が盛ん
になってきました。その恰好の入門書がこれです。

田村正紀『リサーチ・デザイン──経営知識創造の基本技術』白桃書房
長年にわたって経営学系の学部生や大学院生に対する論文指導をおこ
なってきた著者の講義のエッセンスが凝縮された解説書です。定量的研
究と定性的研究における因果推論の方法について知るうえで非常に参考
になります。

**井上達彦『ブラックスワンの経営学──通説をくつがえした世界最優秀
ケーススタディ』日経BP社**
常識や通念に反するような逸脱事例の検討をもとにして意外な事実を明
らかにしたり新しい理論を構築していく際の「目のつけどころ」につい
て、世界的に高い評価を受けた5本の論文を例に取り上げて明快に解
説しています。

**沼上幹＋一橋MBA戦略ワークショップ『市場戦略の読み解き方』
「一橋MBA戦略ケースブック」シリーズ、東洋経済新報社**
一橋大学MBAプログラムにおける教育・学修プロセスの集大成として
提出されるワークショップ・レポートを基にしてまとめあげられた戦略
分析の事例集です。徹底した文献レビューを踏まえて「謎」と呼ぶに値
する研究上の問いを設定し、また、確実な実証データの収集・分析を通
して、その答えを追究していく際の貴重なヒントが得られるはずです。

藤本隆宏・高橋伸夫・新宅純二郎・阿部誠・粕谷誠『リサーチ・マインド 経営学研究法』有斐閣

5人の著者が、みずから調査研究を企画・実施し、またその成果を論文として公表していった際の経験を踏まえて、「本音ベース」で経営学における各種の研究法について解説しています。大学院への進学を考えている人々にとっての必読書です。

伊丹敬之『創造的論文の書き方』有斐閣

取り組むに値するテーマを探し出し、それに対応する仮説を育てあげ、さらに研究成果を説得力のある文章で表現するための基本的なスタンスやコツについて、対話編と概論編の二部構成で解説しています。対話編には、かなり高度な内容が含まれています。初学者は概論編の方から読みはじめた方がいいでしょう。

ハワード・S・ベッカー『社会学の技法』進藤雄三・宝月誠訳、 恒星社厚生閣

邦訳のタイトルには「社会学」とありますが、実際には社会科学全般の「研究現場」における実践のノウハウ（コツ）に関する解説書です。特に、抽象的な理論上の想定と実証データとのあいだに生じがちなギャップについて思い悩んだ際に参考になるはずです。

索　引

書　名

【著者紹介】
佐藤郁哉（さとう　いくや）
同志社大学商学部教授、一橋大学名誉教授。
1955年宮城県生まれ。77年東京大学文学部卒業。84年東北大学大学院博士
課程中退。86年シカゴ大学大学院修了(Ph.D.)。一橋大学大学院商学研究科
教授、プリンストン大学大学院客員研究員、オックスフォード大学客員研究員など
を経て2016年より現職。専門は経営組織論・社会調査方法論。
主な著作に、『暴走族のエスノグラフィー』（新曜社、国際交通安全学会賞）、
Kamikaze Biker（University of Chicago Press）、『現代演劇のフィールドワーク』（東京
大学出版会、日経・経済図書文化賞）、『組織エスノグラフィー』（共著、有斐閣、
経営行動科学学会優秀研究賞）、『大学改革の迷走』（ちくま新書）など。

〈はじめての経営学〉
ビジネス・リサーチ

2021 年 4 月 15 日　第 1 刷発行
2023 年 4 月 26 日　第 2 刷発行

著　　者──佐藤郁哉
発行者──田北浩章
発行所──東洋経済新報社
　　　　　〒 103-8345　東京都中央区日本橋本石町 1-2-1
　　　　　電話＝東洋経済コールセンター　03(6386)1040
　　　　　https://toyokeizai.net/

装　丁‧‧‧‧‧‧‧‧‧‧‧‧‧‧橋爪朋世
カバーイラスト‧‧‧‧‧田渕正敏
本文デザイン‧‧‧‧‧‧‧‧高橋明香（おかっぱ製作所）
本文イラスト‧‧‧‧‧‧‧‧‧新倉サチヨ
印刷・製本‧‧‧‧‧‧‧‧‧丸井工文社
編集担当‧‧‧‧‧‧‧‧‧‧‧中山英貴
©2021 Sato Ikuya　　Printed in Japan　　ISBN 978-4-492-50328-7

〈はじめての経営学〉シリーズ
刊行にあたって

　本シリーズは、経営学の各分野を平易に解説したテキストシリーズです。記述の中心は初級・中級レベルの議論にあり、トピック次第で、より高いレベルの議論にも言及しています。各巻の執筆者には、それぞれの分野における第一人者の参集を得ました。

　想定読者としては、大学で経営学にはじめて触れる商学部・経営学部の1・2年生、ビジネススクールに入学し、将来のプロフェッショナル経営人材をめざしている社会人、さらには社内外の教育・研修や自学自習のおりに、みずからのキャリア転機について考えるようになったビジネスパーソンなど、幅広くイメージしています。

　本シリーズでは、経営学のおもな概念や理論を個別断片的に紹介するより、できるだけ大きな流れのなかで、それを体系的にとらえて紹介するようにしています。またビジネスの現場で使える「生きた経営学」を身につけることができるように、実例やケーススタディを豊富に活用しているのも特色のひとつです。

　本シリーズがビジネスの現場と経営学とのよき橋渡しとなり、有為な人材の輩出に寄与することを心より願っています。

編集委員：榊原清則（代表）
青島矢一
網倉久永
長内　厚
鈴木竜太